엑셀 2021

발 행 일	초판 1쇄 2024년 11월 08일
I S B N	978-89-5960-489-0
정 가	14,000원
집 필	렉스 기획팀
진 행	이 영 수
본문디자인	디자인 꿈틀
발 행 처	(주)렉스미디어
발 행 인	안 광 준
주 소	경기도 파주시 파주읍 정문로 588번길 24
대표전화	(02)849-4423
대표팩스	(02)849-4421
홈 페 이 지	www.rexmedia.net

※ 이 책은 저작권법에 따라 보호를 받는 저작물이므로 무단 전재와 무단 복제를 금지하며, 이 책 내용의 전부 또는 일부를 이용하려면 반드시 렉스미디어 출판사의 서면 동의를 받아야 합니다.

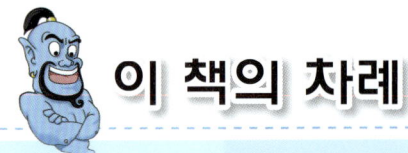

이 책의 차례

엑셀 2021

01장 엑셀 시작하기 ·· 4
- 엑셀 실행하고 문서 작성하기
- 문서 저장하고 엑셀 종료하기

02장 한자와 기호 입력하기 ··························· 10
- 문서 열고 한자 입력하기
- 기호 입력하고 다른 이름으로 문서 저장하기

03장 자동 채우기로 데이터 입력하기 ··········· 16
- 채우기 기능 사용하기
- 채우기 핸들 사용하기

04장 행/열 편집하기 ······································ 22
- 행/열 삽입하기
- 행 높이와 열 너비 변경하기

05장 시트 편집하기 ······································· 28
- 시트 이름 바꾸고 시트 복사하기
- 시트 삭제하기

06장 글꼴과 맞춤 서식 지정하기 ·················· 34
- 글꼴 서식 지정하기
- 맞춤 서식 지정하기

07장 테두리와 채우기 서식 지정하고 표시 형식 지정하기 ··· 40
- 테두리와 채우기 서식 지정하기
- 표시 형식 지정하기

08장 단원 종합 평가 문제 ····························· 46

09장 셀 스타일과 표 서식 지정하기 ············· 48
- 셀 스타일 지정하기
- 표 서식 지정하기

10장 테마 지정하고 문서 인쇄하기 ··············· 54
- 테마 지정하기
- 문서 인쇄하기

11장 WordArt 활용하기 ································ 60
- WordArt 삽입하기
- WordArt 편집하기

12장 도형과 그림 활용하기 ··························· 68
- 도형 활용하기
- 그림 활용하기

이 책의 차례

13장 SmartArt 활용하기 ······ 78
- SmartArt 삽입하기
- SmartArt 편집하기

14장 수식 알아보기 ······ 86
- 수식 입력하기
- 참조 알아보기

15장 함수 알아보기 ······ 94
- 자동 합계 사용하기
- 함수 마법사 사용하기

16장 단원 종합 평가 문제 ······ 102

17장 조건부 서식 지정하기 ······ 104
- 데이터 막대와 아이콘 집합 사용하기
- 셀 강조 규칙과 상위/하위 규칙 사용하기

18장 이름 정의하고 데이터 유효성 검사 설정하기 ······ 112
- 이름 정의하기
- 데이터 유효성 검사 설정하기

19장 차트 작성하기 ······ 118
- 차트 삽입하고 편집하기
- 새 시트로 차트 이동하기

20장 데이터 정렬하기 ······ 128
- 데이터 정렬하기
- 사용자 지정 목록 순으로 데이터 정렬하기

21장 자동 필터 사용하기 ······ 136
- 자동 필터 사용하기
- 사용자 지정 자동 필터 사용하기

22장 고급 필터 사용하기 ······ 142
- 현재 위치에 원하는 데이터만 표시하기
- 다른 위치에 원하는 네이터만 표시하기

23장 부분합 사용하기 ······ 148
- 부분합 사용하기
- 개요 기호 사용하기

24장 단원 종합 평가 문제 ······ 156

단원 종합 평가 문제 정답 ······ 158

Chapter 01 엑셀 시작하기

학습목표
- 엑셀을 실행하고 문서를 작성하는 방법에 대해 알아봅니다.
- 문서를 저장하고 엑셀을 종료하는 방법에 대해 알아봅니다.

계산 기능이 뛰어나서 용돈기입장이나 성적표와 같이 표 형태로 된 데이터(자료)를 쉽고 빠르게 처리할 수 있는 프로그램을 '스프레드시트'라고 하는데요. 엑셀은 스프레드시트 중에서 가장 대표적인 프로그램입니다.

Preview

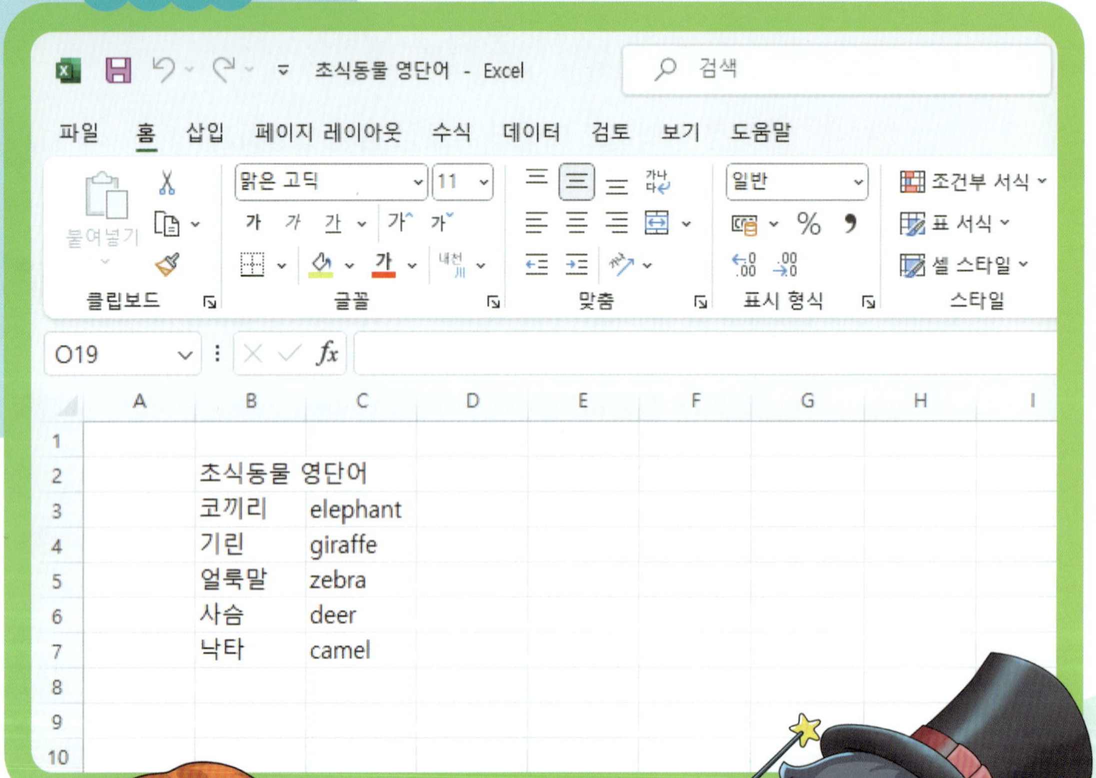

THEME 01 엑셀 실행하고 문서 작성하기

1 엑셀을 실행하기 위해 작업 표시줄에서 ■[시작] 단추를 클릭한 후 앱 뷰에서 [Excel]을 클릭합니다.

2 엑셀이 실행되면 [홈]을 클릭한 후 [새 통합 문서]를 클릭합니다.

3 새 문서가 만들어지면 B2셀을 선택합니다.

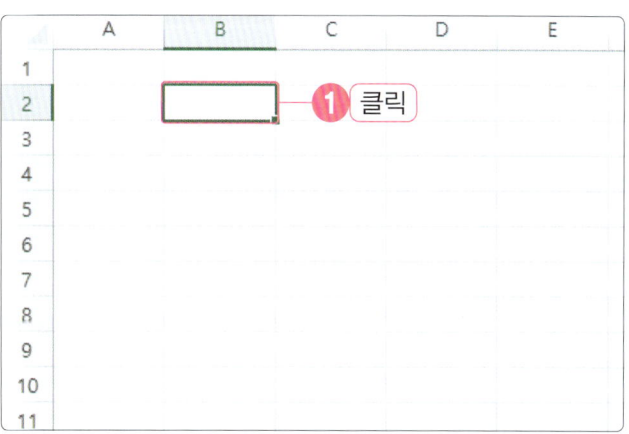

💕 Tip

'B2'와 같이 셀을 서로 구분하기 위해 열을 나타내는 문자와 행을 나타내는 숫자를 조합하여 셀에 부여한 주소를 '셀 주소'라고 합니다.

알아두면 실력튼튼

셀 선택하기

- **하나의 셀 선택** : 셀을 클릭합니다.
- **연속적인 셀 선택** : 셀 범위를 드래그하거나 첫 번째 셀을 선택한 후 Shift 를 누른 상태에서 마지막 셀을 선택합니다.
- **비연속적인 셀 선택** : 셀을 선택한 후 Ctrl 을 누른 상태에서 다른 셀을 선택합니다.
- **모든 셀 선택** : [모두 선택] 단추를 클릭하거나 Ctrl + A 를 누릅니다.

④ B2셀에 '초식동물 영단어'를 입력한 후 Enter 를 누릅니다.

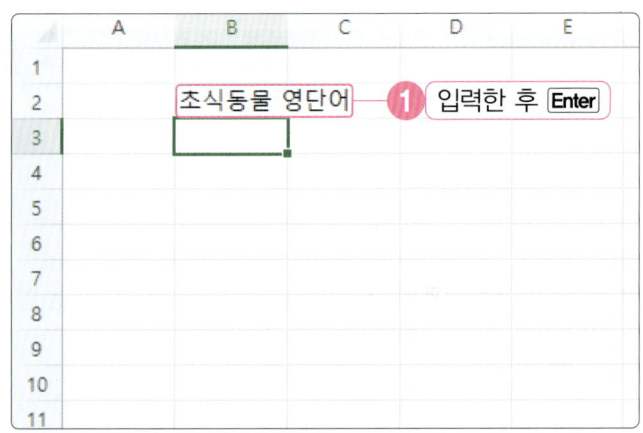

- 엑셀에서는 셀에 데이터를 입력하여 문서를 작성합니다.
- 엑셀에는 한글, 영어, 한자, 기호 등의 문자 데이터와 숫자, 날짜, 시간 등의 수치 데이터가 있는데요. 데이터를 입력하면 기본적으로 문자 데이터는 셀의 왼쪽에 맞추어 입력되고, 수치 데이터는 셀의 오른쪽에 맞추어 입력됩니다.
- 데이터의 길이가 열 너비(가로 길이)보다 긴 경우, 오른쪽 셀에 데이터가 있으면 잘려서 표시되고, 없으면 오른쪽 셀에 이어서 표시됩니다.

알아두면 실력튼튼

키보드로 셀 포인터 이동하기

셀 포인터는 선택한 셀을 나타내는 굵은 녹색 테두리를 말합니다.
- ←/→/↑/↓ : 왼쪽/오른쪽/위쪽/아래쪽으로 한 셀씩 이동합니다.
- Tab : 오른쪽으로 한 셀씩 이동합니다.
- Shift + Tab : 왼쪽으로 한 셀씩 이동합니다.
- Enter : 아래쪽으로 한 셀씩 이동합니다.
- Shift + Enter : 위쪽으로 한 셀씩 이동합니다.

새 문서 만들기

[파일] 탭에서 [새로 만들기]를 클릭한 후 [새 통합 문서]를 클릭하면 기존 문서를 그대로 둔 상태에서 새 문서를 만들 수 있고, Ctrl + N 을 누르면 기존 문서를 그대로 둔 상태에서 새 문서를 바로 만들 수 있습니다.

⑤ 같은 방법으로 다음과 같이 데이터를 입력합니다.

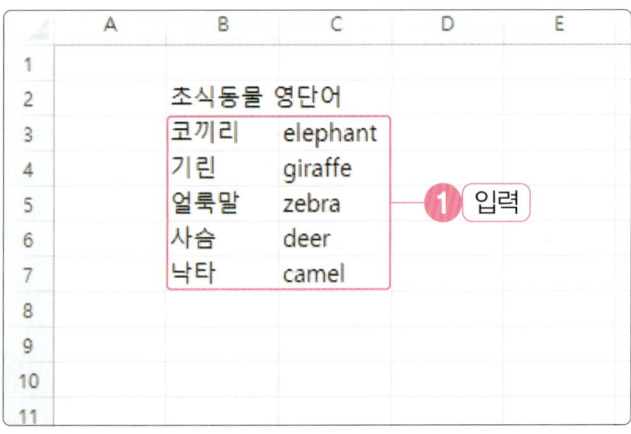

셀을 더블클릭하거나 셀을 선택한 후 F2 를 누르면 데이터를 수정할 수 있습니다.

엑셀의 화면 구성

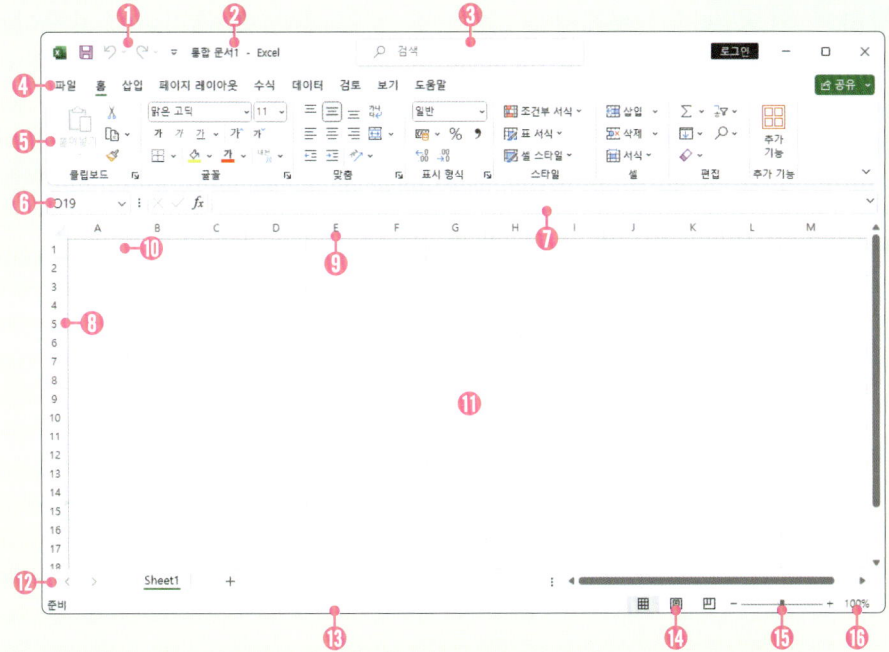

❶ **빠른 실행 도구 모음** : 자주 사용하는 기능을 빠르게 실행할 수 있는 도구 모음입니다.
❷ **제목 표시줄** : 문서의 파일 이름과 프로그램의 이름(Excel)이 표시되는 곳입니다.
❸ **검색** : 검색 상자에 질문을 입력하여 작업하는 데 도움이 되는 내용을 찾을 수 있는 곳입니다.
❹ **파일 탭** : 백스테이지(Backstage)로 전환하여 열기, 저장, 인쇄 등을 할 수 있는 탭입니다. 백스테이지에서 ⊖를 클릭하면 메인스테이지(Mainstage)로 전환할 수 있습니다.
❺ **리본 메뉴** : 메뉴와 도구 모음이 하나로 통합된 메뉴입니다. 리본 메뉴는 [홈], [삽입], [페이지 레이아웃] 등의 탭으로 구성되어 있고, 탭은 서로 관련 있는 기능별로 구분하여 놓은 그룹으로 구성되어 있습니다.

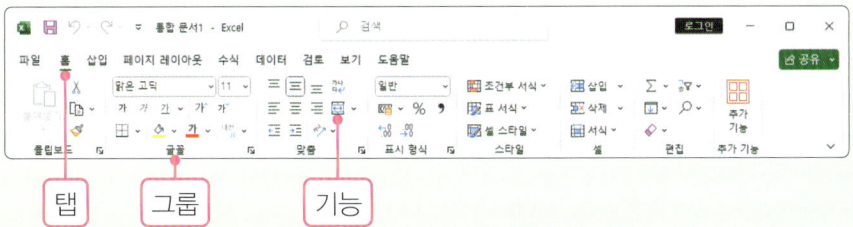

❻ **이름 상자** : 선택한 셀의 주소나 WordArt, 도형, 그림, SmartArt 등의 개체 이름이 표시되는 곳입니다.
❼ **수식 입력줄** : 선택한 셀의 데이터나 수식이 표시되는 곳입니다.
❽ **행 머리글** : 행(가로 방향)을 나타내는 숫자가 표시되는 곳입니다.
❾ **열 머리글** : 열(세로 방향)을 나타내는 문자가 표시되는 곳입니다.
❿ **셀** : 행과 열이 교차하면서 생긴 영역입니다.
⓫ **워크시트** : 문서를 작성하는 곳입니다. 셀들로 구성되어 있습니다.
⓬ **시트 탭** : 시트 이름이 표시되는 곳입니다.
⓭ **상태 표시줄** : 준비, 입력, 편집 등의 작업 상태가 표시되는 곳입니다.
⓮ **보기 바로 가기** : 통합 문서 보기를 전환할 수 있는 곳입니다. ▦[기본], ▭[페이지 레이아웃], ▭[페이지 나누기 미리 보기]로 구성되어 있습니다.
⓯ **확대/축소 슬라이더** : ╋[확대]나 ━[축소]를 클릭하거나 ▌[확대/축소]를 드래그하여 시트 화면의 확대/축소 비율을 지정할 수 있는 곳입니다.
⓰ **확대/축소** : 시트 화면의 확대/축소 비율이 퍼센트(%)로 표시되는 곳입니다.

THEME 02 문서 저장하고 엑셀 종료하기

1 문서를 저장하기 위해 [파일] 탭에서 [다른 이름으로 저장]을 클릭한 후 [찾아보기]를 클릭합니다.

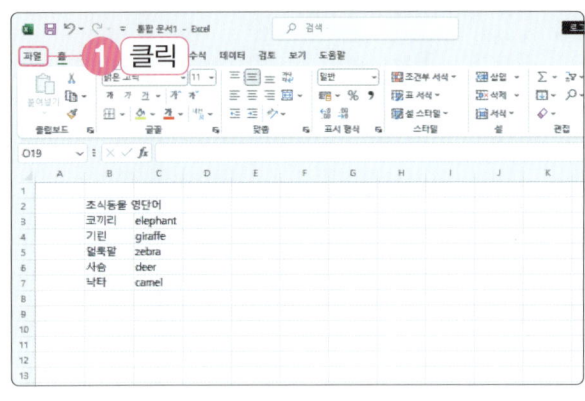 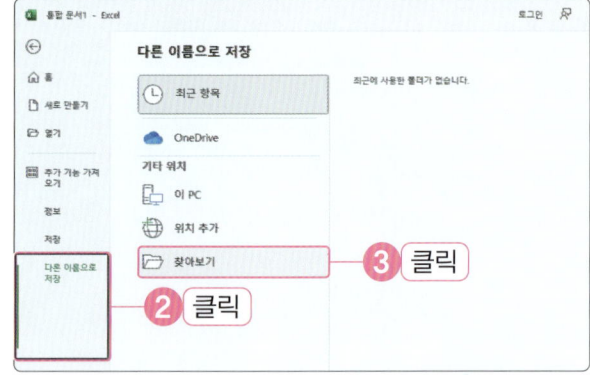

> **Tip** 새 문서를 만든 후 문서를 작성한 경우에는 [파일] 탭에서 [다른 이름으로 저장]을 클릭하거나 Ctrl+S를 누르면 문서를 저장할 수 있습니다.

2 [다른 이름으로 저장] 대화상자가 나타나면 위치(문서)를 선택한 후 파일 이름(초식동물 영단어)을 입력한 다음 [저장] 단추를 클릭합니다.

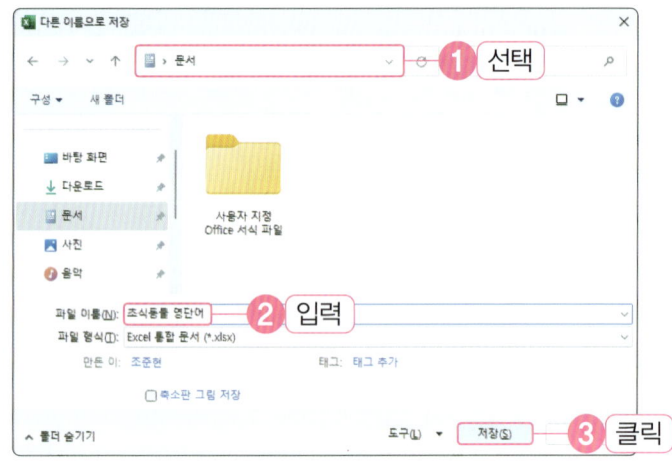

> **Tip** 문서를 저장하면 확장자가 'xlsx'인 통합 문서(하나 이상의 워크시트나 차트시트 등이 포함된 문서)로 저장됩니다.

3 엑셀을 종료하기 위해 ×[닫기]를 클릭합니다.

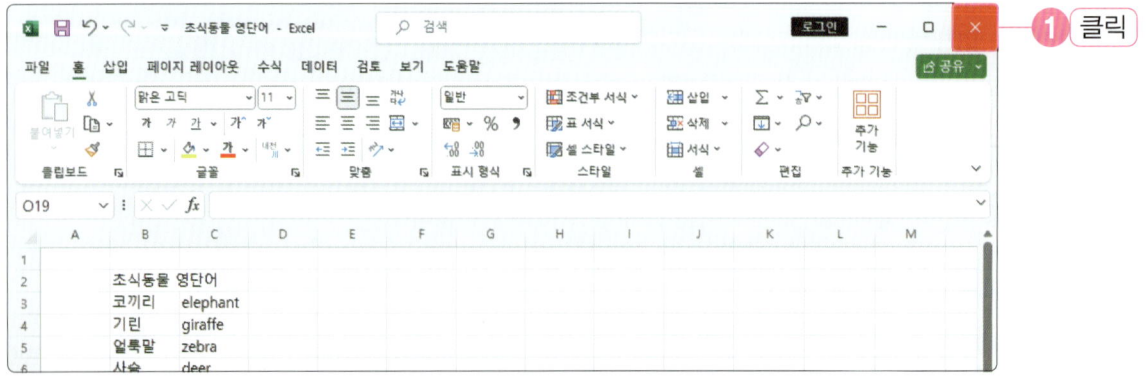

4 엑셀이 종료됩니다.

01 다음은 엑셀의 화면 구성입니다. 화면 구성 요소의 이름을 적어 보세요.

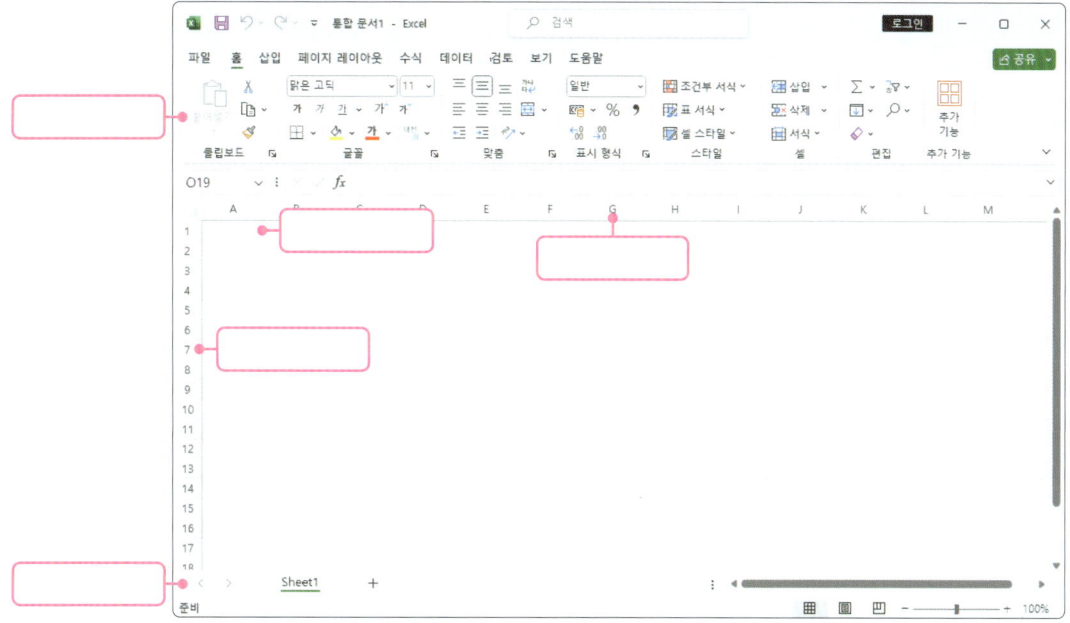

02 다음과 같이 새 문서를 만든 후 문서를 작성한 다음 저장해 보세요.

• **문서 저장** : 위치(문서), 파일 이름(육식동물 영단어)

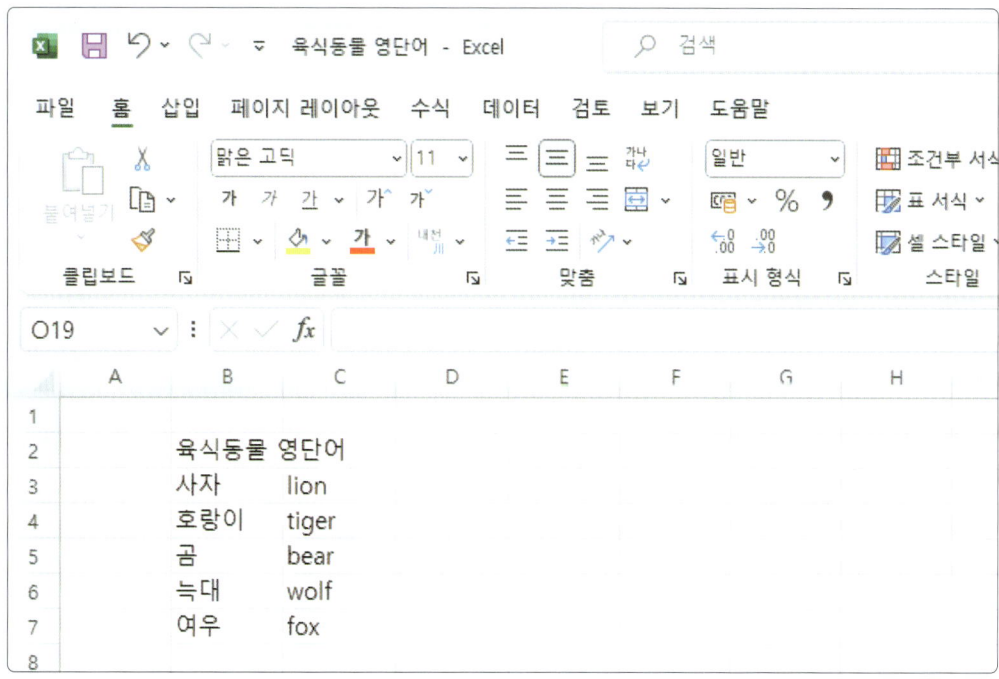

Chapter 02 한자와 기호 입력하기

학습 목표
- 문서를 열고 한자를 입력하는 방법에 대해 알아봅니다.
- 기호를 입력하고 다른 이름으로 문서를 저장하는 방법에 대해 알아봅니다.

엑셀에서 한자는 한글을 입력한 후 한글/한자 변환 기능을 사용하여 입력하고, 키보드로 입력할 수 없는 ●, □, ▲과 같은 기호는 기호 기능을 사용하여 입력합니다.

Preview

THEME 01 문서 열고 한자 입력하기

1 엑셀을 실행한 후 문서를 열기 위해 [열기]를 클릭한 다음 [찾아보기]를 클릭합니다.

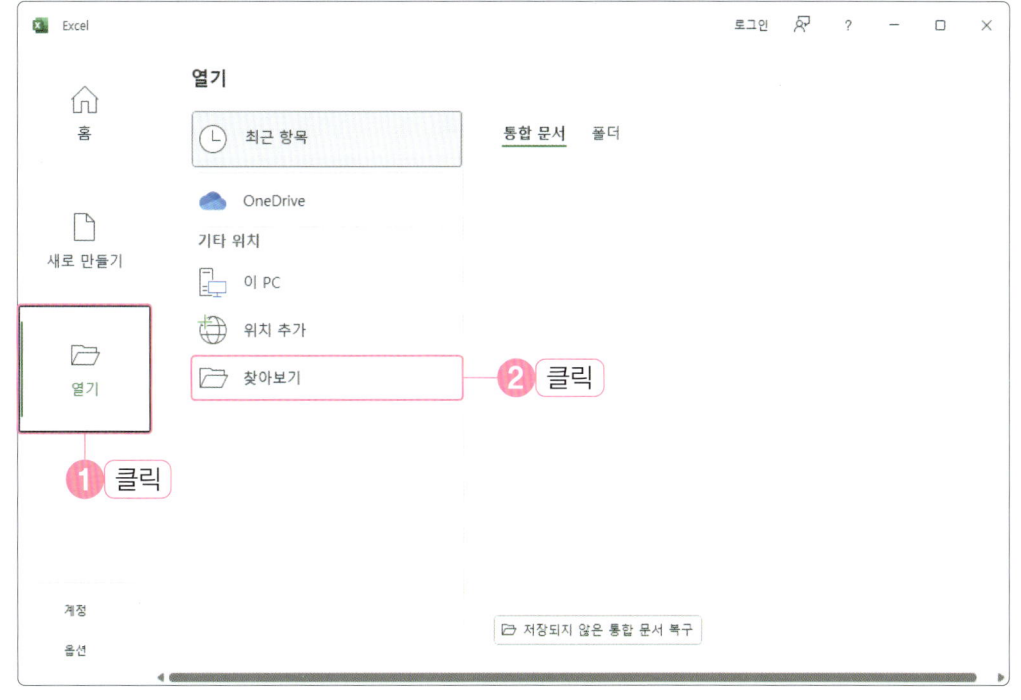

💗 **Tip**
여기서는 엑셀을 실행한 후 문서를 바로 여는 경우인데요. 다른 문서가 열려 있는 경우에는 [파일] 탭에서 [열기]를 클릭하거나 Ctrl+O를 누르면 문서를 열 수 있습니다.

2 [열기] 대화상자가 나타나면 위치(엑셀 2021\Chapter02)를 선택한 후 파일(친구 관련 고사성어)을 선택한 다음 [열기] 단추를 클릭합니다.

💗 **Tip**
'엑셀2021\Chapter02' 폴더가 없는 경우에는 자료를 다운로드합니다.

③ 한자를 입력하기 위해 B4셀을 더블클릭한 후 '간담상조'를 드래그하여 선택한 다음 [검토] 탭-[언어] 그룹에서 [한글/한자 변환]을 클릭합니다.

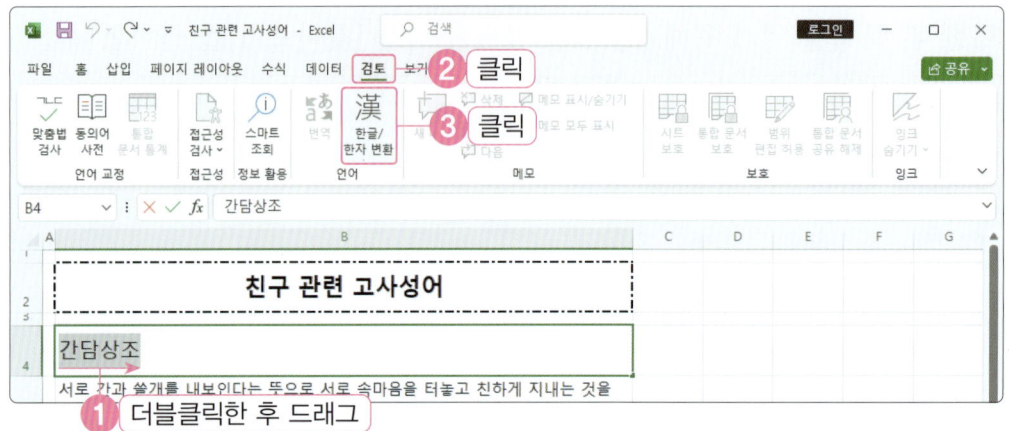

Tip B4셀을 더블클릭한 후 '간담상조'를 드래그하여 선택한 다음 한자를 눌러 한자를 입력할 수도 있습니다.

④ [한글/한자 변환] 대화상자가 나타나면 한자(肝膽相照)와 입력 형태(한글(漢字))를 선택한 후 [변환] 단추를 클릭합니다.

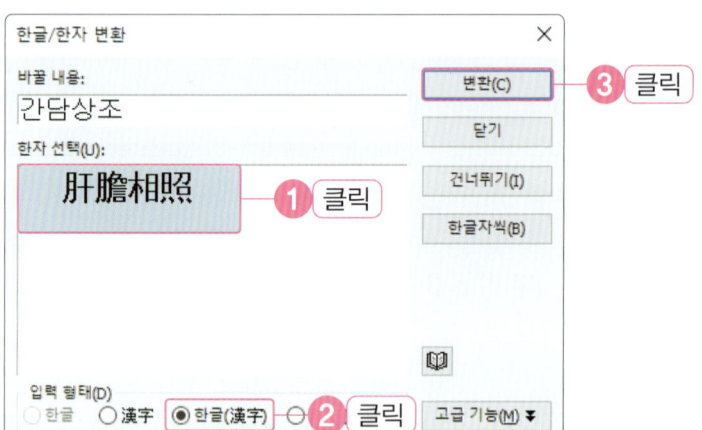

Tip [한자 사전] 단추를 클릭하면 한자의 음, 뜻, 획수 등을 확인할 수 있습니다.

알아두면 실력튼튼

입력 형태
- **한글** : 肝膽相照 → 간담상조
- **한글(漢字)** : 간담상조 → 간담상조(肝膽相照)
- **漢字** : 간담상조 → 肝膽相照
- **漢字(한글)** : 간담상조 → 肝膽相照(간담상조)

⑤ 같은 방법으로 다음과 같이 한자를 입력합니다.
- **한자 입력** : 송무백열 → 송무백열(松茂栢悅), 죽마고우 → 죽마고우(竹馬故友)

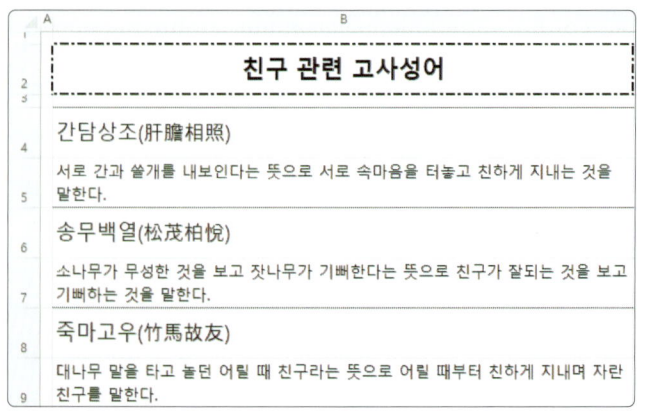

THEME 02 기호 입력하고 다른 이름으로 문서 저장하기

1 기호를 입력하기 위해 B2셀을 더블클릭한 후 '친구' 앞에 커서를 둔 다음 [삽입] 탭-[기호] 그룹에서 [기호]를 클릭합니다.

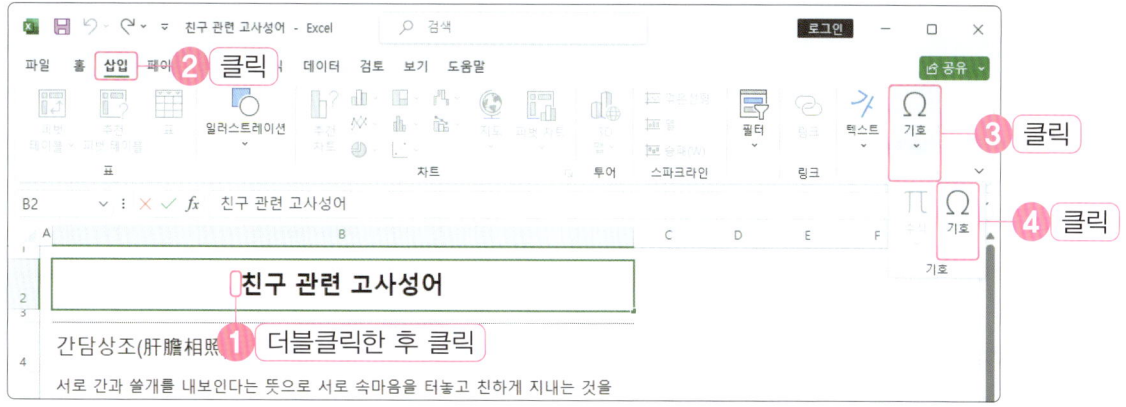

2 [기호] 대화상자가 나타나면 [기호] 탭에서 글꼴(맑은 고딕)과 하위 집합(도형 기호)을 선택한 후 기호(◆)를 선택한 다음 [삽입] 단추를 클릭합니다. 그런 다음 '◆' 기호가 삽입되면 [닫기] 단추를 클릭합니다.

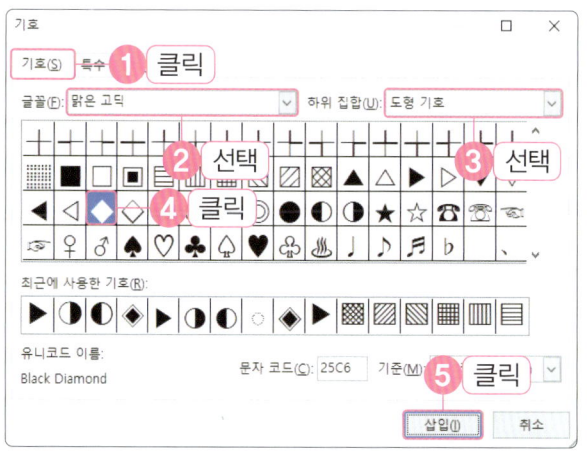 

> Tip
> [삽입] 단추를 클릭하면 [취소] 단추가 [닫기] 단추로 변경됩니다.

3 같은 방법으로 다음과 같이 기호를 입력합니다.
- 기호 입력 : ◆

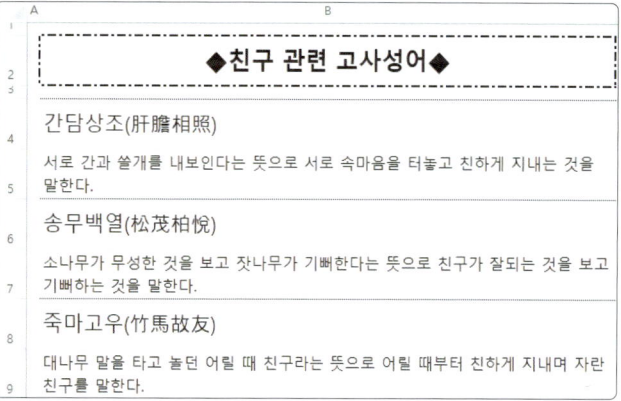

Chapter 02 – 한자와 기호 입력하기 **13**

4 다른 이름으로 문서를 저장하기 위해 [파일] 탭에서 [다른 이름으로 저장]을 클릭한 후 [찾아보기]를 클릭합니다.

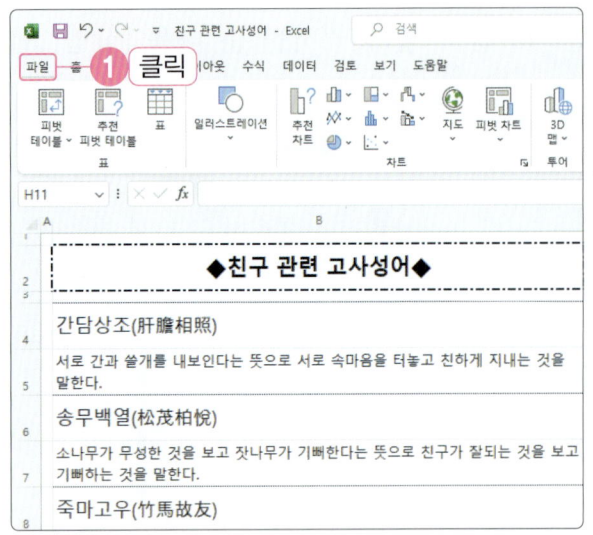 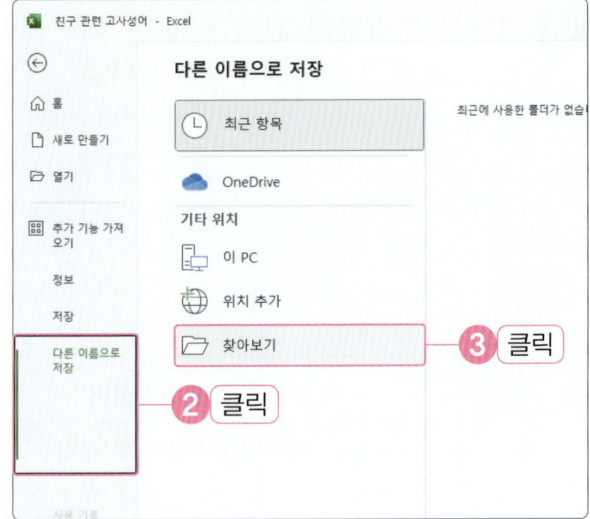

Tip
- F12를 눌러 다른 이름으로 문서를 저장할 수도 있습니다.
- 문서를 연 후 데이터를 수정한 다음 [파일] 탭에서 [저장]을 클릭하면 기존 파일 이름으로 문서가 저장됩니다. 기존 문서가 데이터를 수정한 문서로 변경되는 것인데요. 기존 문서를 그대로 두고 데이터를 수정한 문서를 하나 더 만들려면 [파일] 탭에서 [다른 이름으로 저장]을 클릭하여 다른 파일 이름으로 문서를 저장해야 합니다.

5 [다른 이름으로 저장] 대화상자가 나타나면 위치(문서)를 선택한 후 파일 이름(친구 관련 고사성어(완성))을 입력한 다음 [저장] 단추를 클릭합니다.

6 다른 이름으로 문서가 저장됩니다.

알아두면 실력튼튼

날짜와 시간 입력하기

엑셀에서 날짜는 연도, 월, 일을 '2024-12-27'과 같이 하이픈(-)이나 '2024/12/27'과 같이 슬래시(/)로 구분하여 입력하고, 시간은 시, 분, 초를 '6:40:29'와 같이 콜론(:)으로 구분하여 입력하는데요. Ctrl+;을 누르면 현재 시스템 날짜가 입력되고, Ctrl+Shift+;을 누르면 현재 시스템 시간이 입력됩니다.

01 다음과 같이 문서를 연 후 한자와 기호를 입력해 보세요.

- 문서 열기 : 위치(엑셀2021\Chapter02), 파일(효도 관련 고사성어)
- 한자 입력 : 망운지정 → 望雲之情(망운지정), 반포지효 → 反哺之孝(반포지효)
- 기호 입력 : ◎

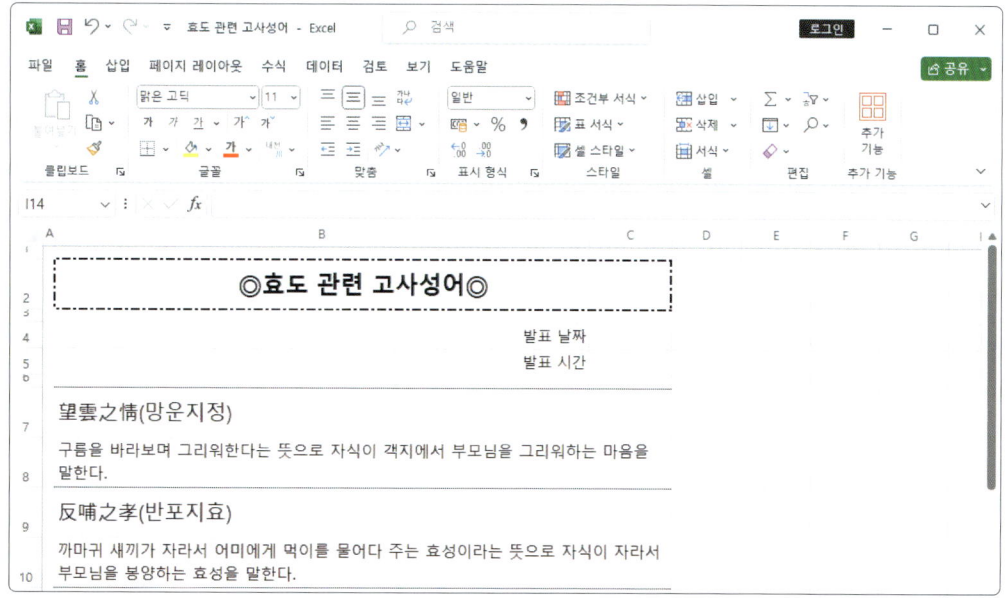

02 다음과 같이 발표 날짜와 발표 시간을 입력한 후 다른 이름으로 문서를 저장해 보세요.

- 다른 이름으로 문서 저장 : 위치(문서), 파일 이름(효도 관련 고사성어(완성))

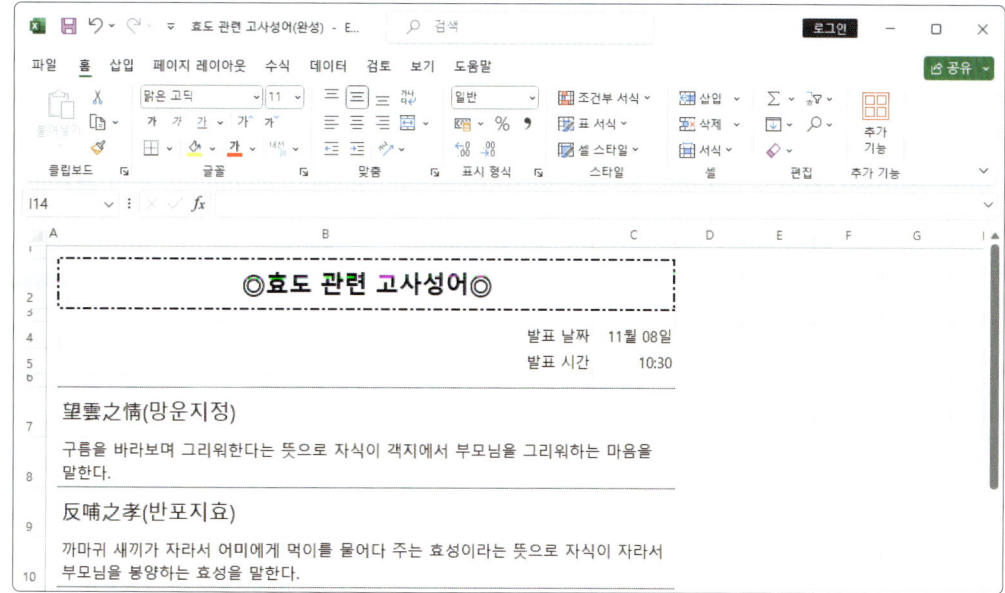

Hint

C4셀에 '11-8'을 입력하면 발표 날짜를 입력할 수 있고, C5셀에 '10:30'을 입력하면 발표 시간을 입력할 수 있습니다.

Chapter 03 자동 채우기로 데이터 입력하기

학습 목표
- ◆ 채우기 기능을 사용하는 방법에 대해 알아봅니다.
- ◆ 채우기 핸들을 사용하는 방법에 대해 알아봅니다.

자동 채우기는 같은 데이터나 일정한 간격으로 증가 또는 감소하는 데이터를 일일이 입력하지 않고 한 번에 입력할 수 있는 기능인데요. 채우기 기능이나 채우기 핸들을 사용하면 자동 채우기로 데이터를 입력할 수 있습니다.

Preview

THEME 01 채우기 기능 사용하기

1 '달력' 파일을 연 후 일요일에 해당하는 날짜를 입력하기 위해 B7:B11셀 범위를 선택한 다음 [홈] 탭-[편집] 그룹에서 [채우기]를 클릭하고 [계열]을 클릭합니다.

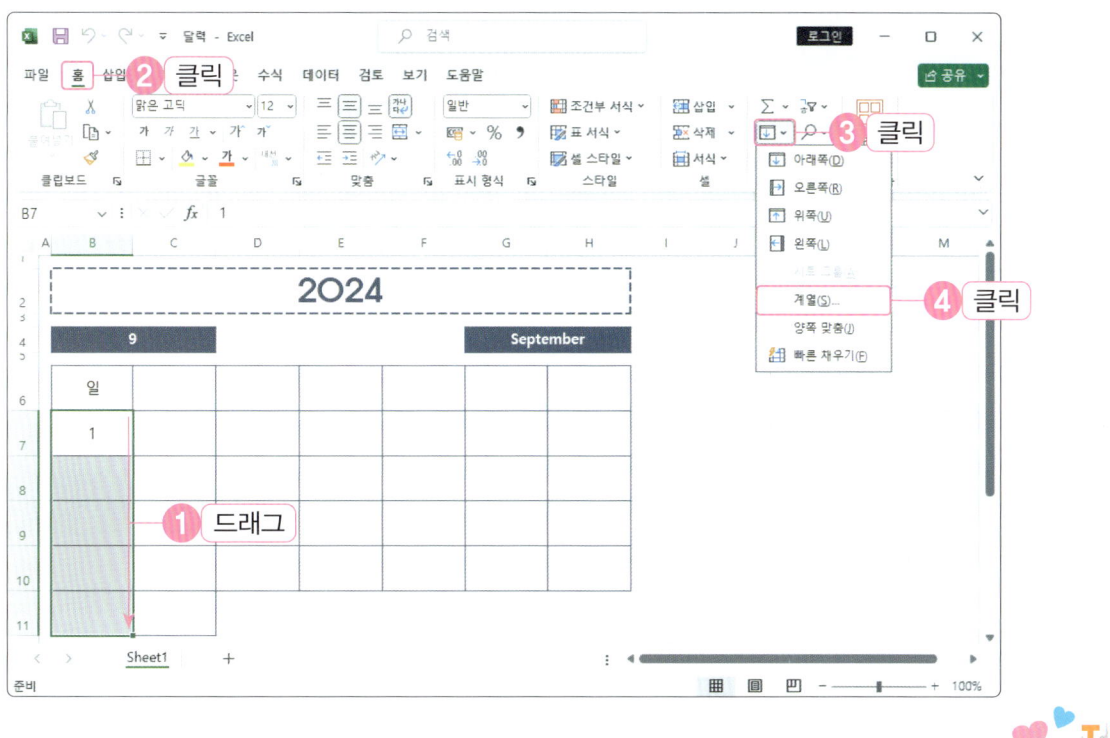

Tip
엑셀에서는 셀 범위를 표시할 때 'B7:B11'과 같이 콜론(:)을 사용하여 표시하는데요. B7:B11셀 범위를 선택하라는 것은 B7셀부터 B11셀까지 드래그하여 선택하라는 것입니다.

알아두면 실력튼튼

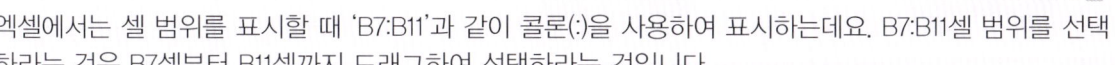

아래쪽/오른쪽/위쪽/왼쪽

셀 범위를 선택한 후 [홈] 탭-[편집] 그룹에서 [채우기]를 클릭한 다음 [아래쪽]/[오른쪽]/[위쪽]/[왼쪽]을 클릭하면 선택한 셀 범위의 맨 위쪽/맨 왼쪽/맨 아래쪽/맨 오른쪽 셀에 있는 데이터가 선택한 셀 범위의 다른 셀에 입력되는데요. 다음은 B7:B11셀 범위를 선택한 후 [홈] 탭-[편집] 그룹에서 [채우기]를 클릭한 다음 [아래쪽]을 클릭한 경우입니다.

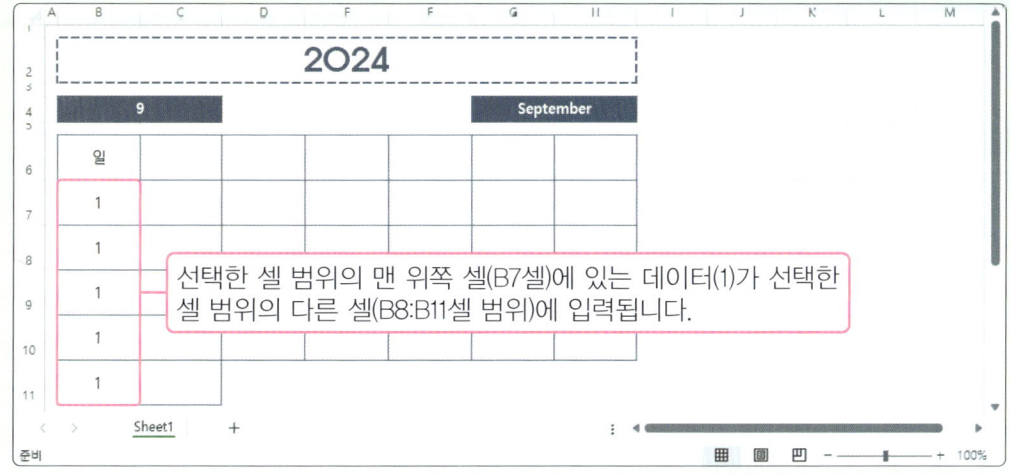

Chapter 03 - 자동 채우기로 데이터 입력하기 **17**

② [연속 데이터] 대화상자가 나타나면 유형(선형)을 선택한 후 단계 값(7)을 입력한 다음 [확인] 단추를 클릭합니다.

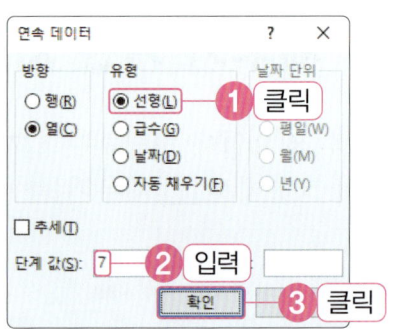

- B7셀의 데이터는 연도, 월, 일을 하이픈(-)이나 슬래시(/)로 구분하여 입력하지 않고 '1'과 같이 일만 입력하였기 때문에 엑셀에서는 날짜 데이터가 아닌 숫자 데이터로 인식합니다.
- [선형]을 선택하면 단계 값을 더한 값이 입력되고, [급수]를 선택하면 단계 값을 곱한 값이 입력됩니다.

③ 일요일에 해당하는 날짜(7씩 증가한 숫자)가 입력됩니다.

알아두면 실력튼튼

종료 값

[연속 데이터] 대화상자에서 [종료 값]을 입력하면 종료 값까지만 입력되는데요. 다음은 B7:B11셀 범위를 선택한 후 [연속 데이터] 대화상자에서 유형(선형)을 선택한 다음 단계 값(7)과 종료 값(25)을 입력한 경우입니다.

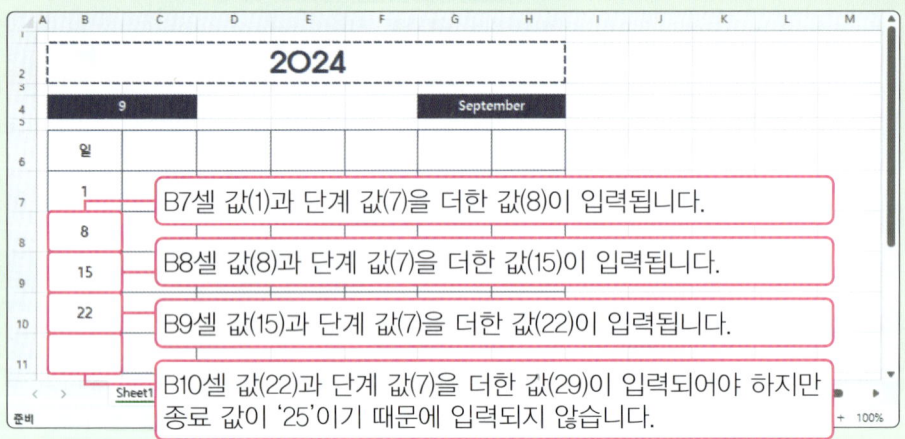

한 셀에 두 줄 이상 입력하기

다음과 같이 Alt + Enter 를 사용하면 원하는 곳에서 줄을 바꾸어 한 셀에 두 줄 이상 입력할 수 있습니다.

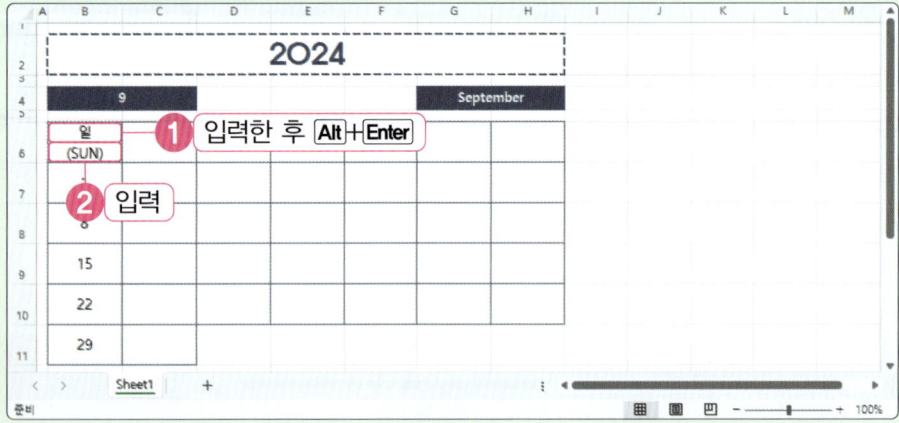

THEME 02 채우기 핸들 사용하기

1 요일을 입력하기 위해 B6셀을 선택한 후 채우기 핸들을 H6셀까지 드래그합니다.

> **Tip**
> 채우기 핸들은 셀 포인터 오른쪽 아래에 있는 정사각형()을 말합니다.

알아두면 실력튼튼

사용자 지정 목록

'일'을 입력한 후 자동 채우기로 데이터를 입력하면 '월', '화', …가 입력됩니다. 이것은 '일', '월', '화', …가 사용자 지정 목록에 등록되어 있기 때문인데요. 사용자 지정 목록에 등록되어 있는 데이터는 [파일] 탭에서 [옵션]을 클릭하면 나타나는 [Excel 옵션] 대화상자의 [고급]에서 [일반]–[사용자 지정 목록 편집] 단추를 클릭하면 확인할 수 있습니다.

2 첫째 주에 해당하는 날짜를 입력하기 위해 B7셀을 선택한 후 채우기 핸들을 H7셀까지 드래그합니다. 그런 다음 [자동 채우기 옵션]을 클릭한 후 [연속 데이터 채우기]를 클릭합니다.

> **Tip**
> 채우기 핸들을 사용하면 마지막 셀 오른쪽 아래에 [자동 채우기 옵션]이 나타납니다.

❸ 둘째 주에 해당하는 날짜를 입력하기 위해 B8셀을 선택한 후 Ctrl을 누른 상태에서 채우기 핸들을 H8셀까지 드래그합니다.

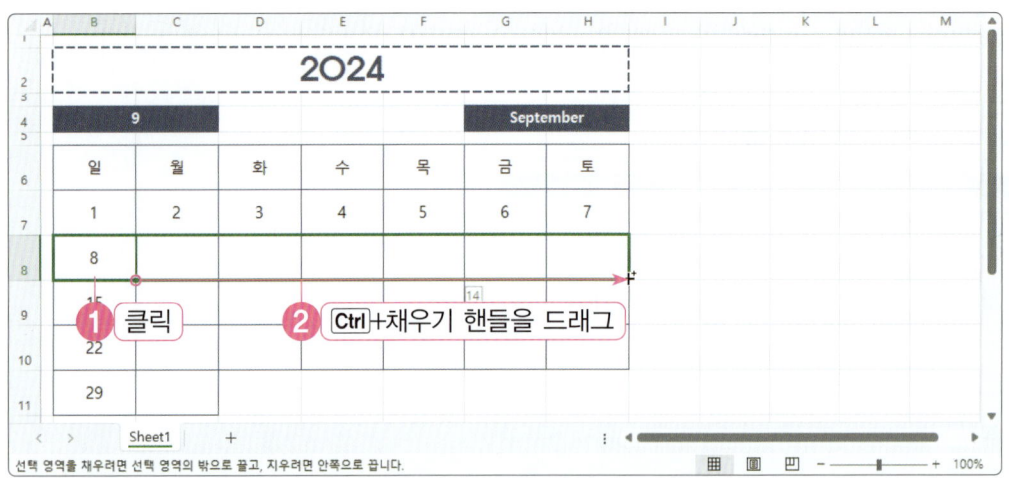

❹ 같은 방법으로 다음과 같이 다른 날짜를 입력합니다.

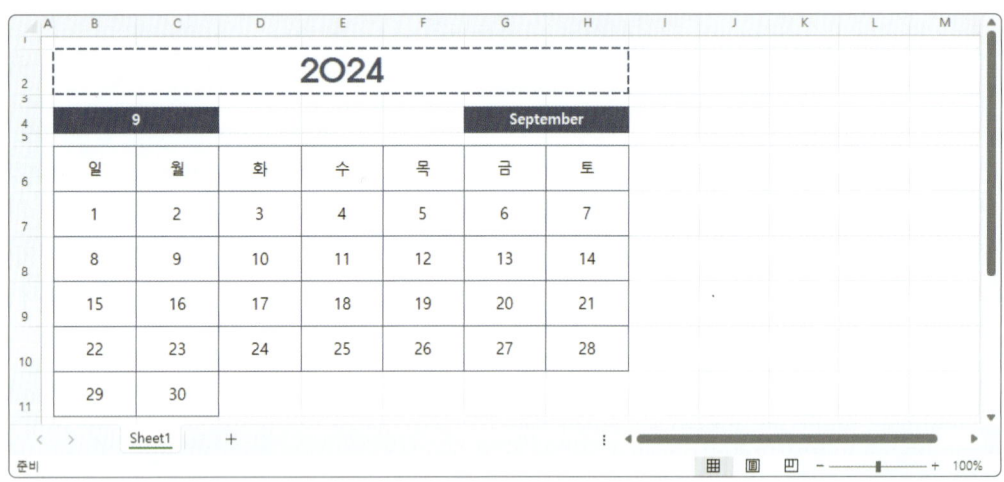

알아두면 실력튼튼

채우기 핸들을 사용하는 경우, 데이터에 따른 자동 채우기 결과

- **문자** : 같은 문자가 입력됩니다.
- **숫자** : 채우기 핸들을 드래그하면 같은 숫자가 입력되고, Ctrl을 누른 상태에서 채우기 핸들을 드래그하면 1씩 증가한 숫자가 입력됩니다.
- **문자와 숫자 조합** : 채우기 핸들을 드래그하면 같은 문자와 1씩 증가한 숫자가 입력되고, Ctrl을 누른 상태에서 채우기 핸들을 드래그하면 같은 문자와 같은 숫자가 입력됩니다.
- **날짜** : 채우기 핸들을 드래그하면 1일씩 증가한 날짜가 입력되고, Ctrl을 누른 상태에서 채우기 핸들을 드래그하면 같은 날짜가 입력됩니다.

Jump! Jump!

01 다음과 같이 '식단표' 파일을 연 후 채우기 핸들을 사용하여 요일을 입력해 보세요.

요일	월요일	화요일	수요일	목요일	금요일
날짜				08월 01일	
점심				혼합잡곡밥 두부된장국 메추리알조림 사과무생채 배추김치	수수밥 비지찌개 폭찹 건새우마늘쫑볶음 깍두기
간식				옥수수부추죽	브로콜리채소죽
날짜	08월 05일				
점심	혼합잡곡밥 닭개장 뱅어포구이 도라지나물 배추김치	옥수수밥 시금치된장국 떡사태찜 물미역무침 깍두기	친환경차조밥 유부장국 치킨까스/소스 양상추샐러드 배추김치	율무밥 조갯살콩나물국 고등어우거지조림 감자야채볶음 백김치	친환경차조밥 참치김치찌개 장떡 취나물무침 깍두기
간식	쇠고기죽	현미버섯죽	단팥죽	두부아욱죽	고구마죽

Hint C4셀을 선택한 후 채우기 핸들을 G4셀까지 드래그하면 요일을 입력할 수 있습니다.

02 다음과 같이 채우기 명령을 사용하여 날짜를 입력해 보세요.

Chapter 03 - 자동 채우기로 데이터 입력하기 **21**

Chapter 04 행/열 편집하기

학습 목표
- ◆ 행/열을 삽입하는 방법에 대해 알아봅니다.
- ◆ 행 높이와 열 너비를 변경하는 방법에 대해 알아봅니다.

엑셀에서는 행/열을 삽입하거나 삭제할 수 있고, 행 높이와 열 너비를 변경할 수 있는데요. 행/열을 삽입하면 새로운 데이터를 추가할 수 있고, 행/열을 삭제하면 필요 없는 데이터를 지울 수 있습니다.

Preview

태양에서 행성까지의 거리	
수성	5,800만km
금성	1억 800만km
지구	1억 5,000만km
화성	2억 2,800만km
목성	7억 7,800만km
토성	14억 2,600만km
천왕성	28억 7,100만km
해왕성	45억 1,300만km

THEME 01 행/열 삽입하기

1 '태양에서 행성까지의 거리' 파일을 연 후 행을 삽입하기 위해 5행 머리글을 선택한 다음 [홈] 탭-[셀] 그룹에서 [삽입]을 클릭합니다.

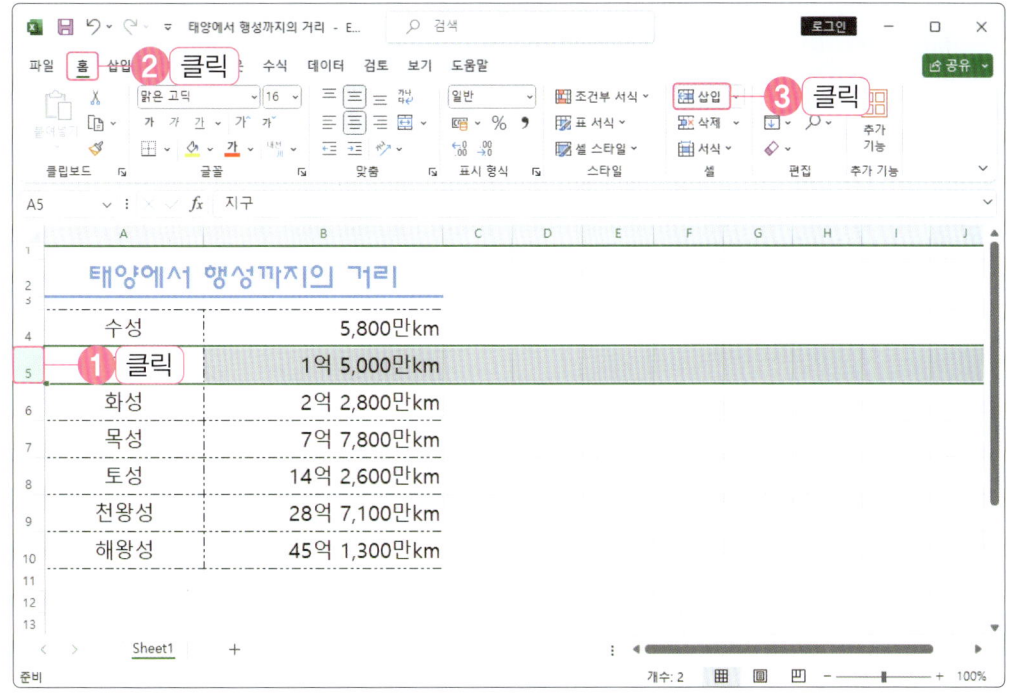

> **Tip**
> 행 머리글의 바로 가기 메뉴에서 [삽입]을 클릭하여 행을 삽입할 수도 있습니다.

알아두면 실력튼튼

행/열 선택하기
- **하나의 행/열 선택** : 행/열 머리글을 클릭합니다.
- **연속적인 행/열 선택** : 행/열 머리글을 드래그하거나 첫 번째 행/열 머리글을 선택한 후 Shift 를 누른 상태에서 마지막 행/열 머리글을 선택합니다.
- **비연속적인 행/열 선택** : 행/열 머리글을 선택한 후 Ctrl 을 누른 상태에서 다른 행/열 머리글을 선택합니다.

2 새로운 행이 삽입되면 다음과 같이 데이터를 입력합니다.

> **Tip**
> 행을 삽입하면 기존 행이 뒤로 밀리면서 선택한 행의 위쪽에 새로운 행이 삽입됩니다.

Chapter 04 - 행/열 편집하기 **23**

❸ 열을 삽입하기 위해 A열 머리글을 선택한 후 [홈] 탭-[셀] 그룹에서 [삽입]을 클릭합니다.

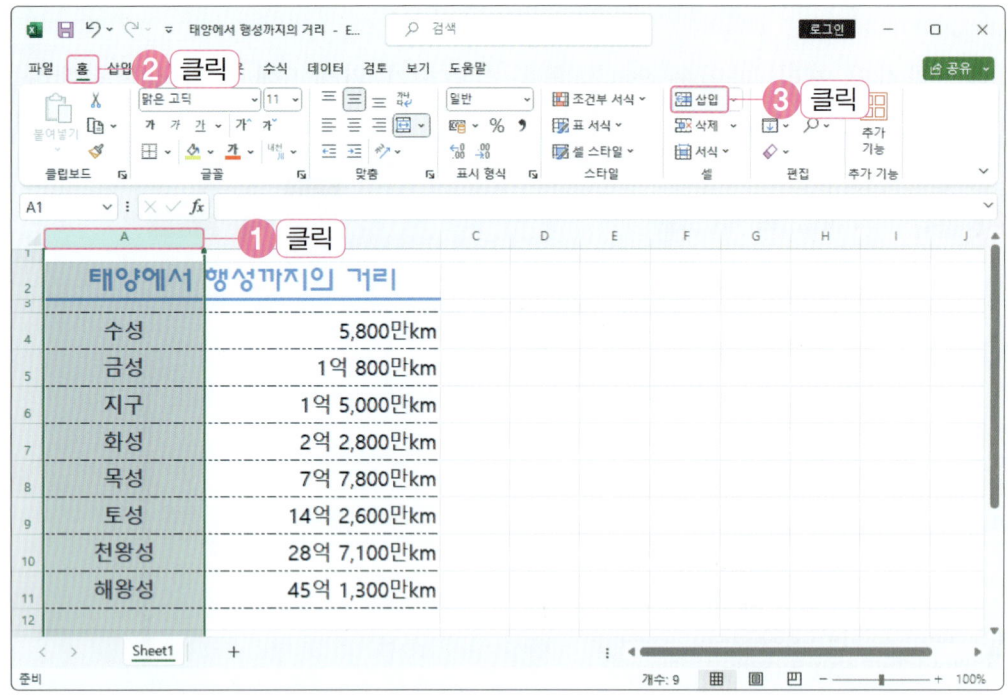

> **Tip**
> 열 머리글의 바로 가기 메뉴에서 [삽입]을 클릭하여 열을 삽입할 수도 있습니다.

❹ 다음과 같이 새로운 열이 삽입됩니다.

> **Tip**
> 열을 삽입하면 기존 열이 뒤로 밀리면서 선택한 열의 왼쪽에 새로운 열이 삽입됩니다.

알아두면 실력튼튼

행/열 삭제하기

행/열 머리글을 선택한 후 [홈] 탭-[셀] 그룹에서 [삭제]를 클릭하거나 행/열 머리글의 바로 가기 메뉴에서 [삭제]를 클릭하면 행/열을 삭제할 수 있는데요. 행/열을 삭제하면 기존 행/열이 앞으로 당겨지면서 선택한 행/열이 삭제됩니다.

THEME 02 행 높이와 열 너비 변경하기

1 행 높이를 변경하기 위해 2행 머리글을 선택한 후 [홈] 탭-[셀] 그룹에서 [서식]을 클릭한 다음 [행 높이]를 클릭합니다.

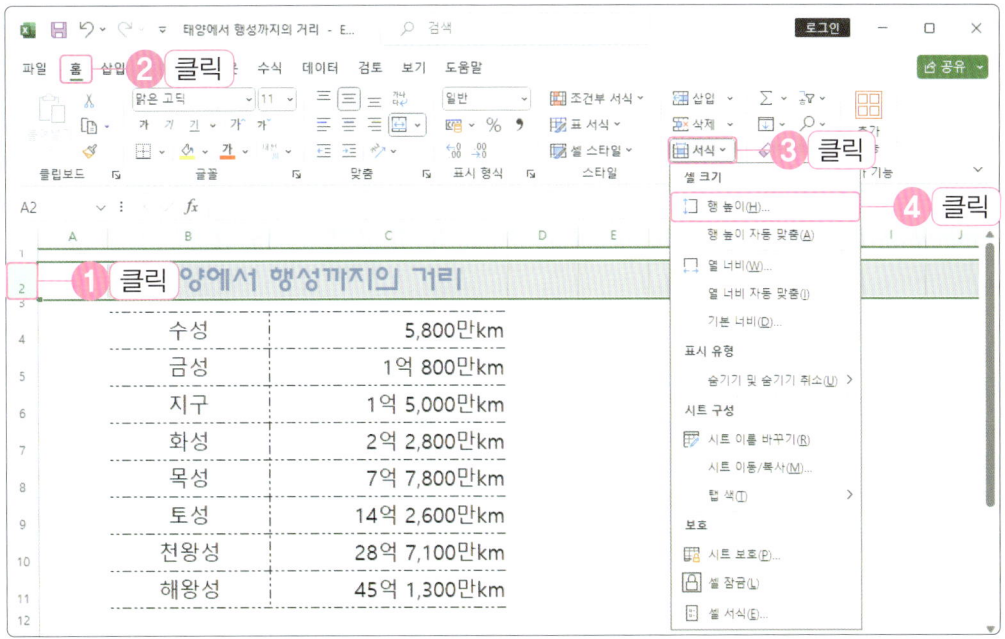

2 [행 높이] 대화상자가 나타나면 행 높이(36)를 입력한 후 [확인] 단추를 클릭합니다.

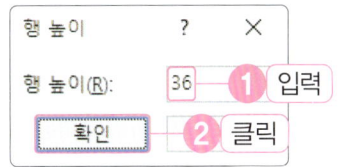

3 열 너비를 변경하기 위해 A열 머리글을 선택한 후 [홈] 탭-[셀] 그룹에서 [서식]을 클릭한 다음 [열 너비]를 클릭합니다.

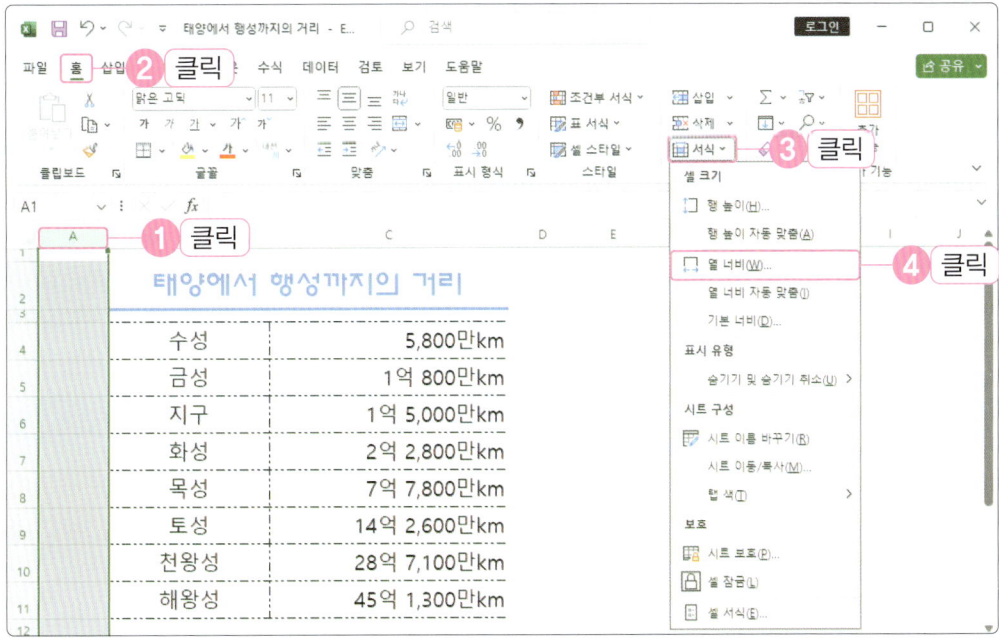

④ [열 너비] 대화상자가 나타나면 열 너비(1)를 입력한 후 [확인] 단추를 클릭합니다.

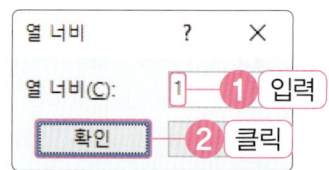

⑤ 다음과 같이 열 너비가 변경됩니다.

알아두면 실력튼튼

행 높이를 변경하는 다른 방법

- **방법1** : 행 머리글의 경계선을 드래그합니다. 행 머리글의 경계선으로 마우스 포인터를 가져가면 마우스 포인터가 ✢ 모양으로 변경됩니다.

- **방법2** : 행 머리글을 선택한 후 [홈] 탭-[셀] 그룹에서 [서식]을 클릭한 다음 [행 높이 자동 맞춤]을 클릭하거나 행 머리글의 경계선을 더블클릭합니다. 이 방법을 사용하면 행 높이가 데이터의 크기에 맞게 변경됩니다.

열 너비를 변경하는 다른 방법

- **방법1** : 열 머리글의 경계선을 드래그합니다. 열 머리글의 경계선으로 마우스 포인터를 가져가면 마우스 포인터가 ↔ 모양으로 변경됩니다.
- **방법2** : 열 머리글을 선택한 후 [홈] 탭-[셀] 그룹에서 [서식]을 클릭한 다음 [열 너비 자동 맞춤]을 클릭하거나 열 머리글의 경계선을 더블클릭합니다. 이 방법을 사용하면 열 너비가 데이터의 길이에 맞게 변경됩니다.

Jump! Jump!

01 다음과 같이 '지구에서 태양까지 가는 데 걸리는 시간' 파일을 연 후 행을 삭제한 다음 열을 삽입해 보세요.

- **행 삭제** : 6행
- **열 삽입** : A열 앞

	A	B	C	D
1				
2		지구에서 태양까지 가는 데 걸리는 시간		
3				
4		빛(300,000km/초)	8분 20초	
5		소리(340m/초)	14년 8개월	
6		새마을호(41.7m/초)	114년 3개월	
7		도보(1.1m/초)	4,270년	

Hint 6행 머리글을 선택한 후 [홈] 탭-[셀] 그룹에서 [삭제]를 클릭하면 행을 삭제할 수 있고, A열 머리글을 선택한 후 [홈] 탭-[셀] 그룹에서 [삽입]을 클릭하면 열을 삽입할 수 있습니다.

02 다음과 같이 행 높이와 열 너비를 변경해 보세요.

- **행 높이 변경** : 2행(36), 4:7행(30)
- **열 너비 변경** : A열(2)

	A	B	C	D	E
1					
2		지구에서 태양까지 가는 데 걸리는 시간			
3					
4		빛(300,000km/초)	8분 20초		
5		소리(340m/초)	14년 8개월		
6		새마을호(41.7m/초)	114년 3개월		
7		도보(1.1m/초)	4,270년		

Chapter 05 시트 편집하기

학습 목표
- 시트 이름을 바꾸고 시트를 복사하는 방법에 대해 알아봅니다.
- 시트를 삭제하는 방법에 대해 알아봅니다.

엑셀에서는 시트 이름을 바꿀 수 있고, 시트를 복사하거나 이동할 수 있으며 시트를 삽입하거나 삭제할 수 있는데요. 시트 이름을 데이터에 맞게 바꾸면 시트 이름만 보고도 데이터를 쉽고 빠르게 찾을 수 있습니다.

Preview

THEME 01 시트 이름 바꾸고 시트 복사하기

1 '국내외 과학자' 파일을 연 후 시트 이름을 바꾸기 위해 시트 탭에서 [Sheet1] 시트를 선택한 다음 [홈] 탭-[셀] 그룹에서 [서식]을 클릭하고 [시트 이름 바꾸기]를 클릭합니다.

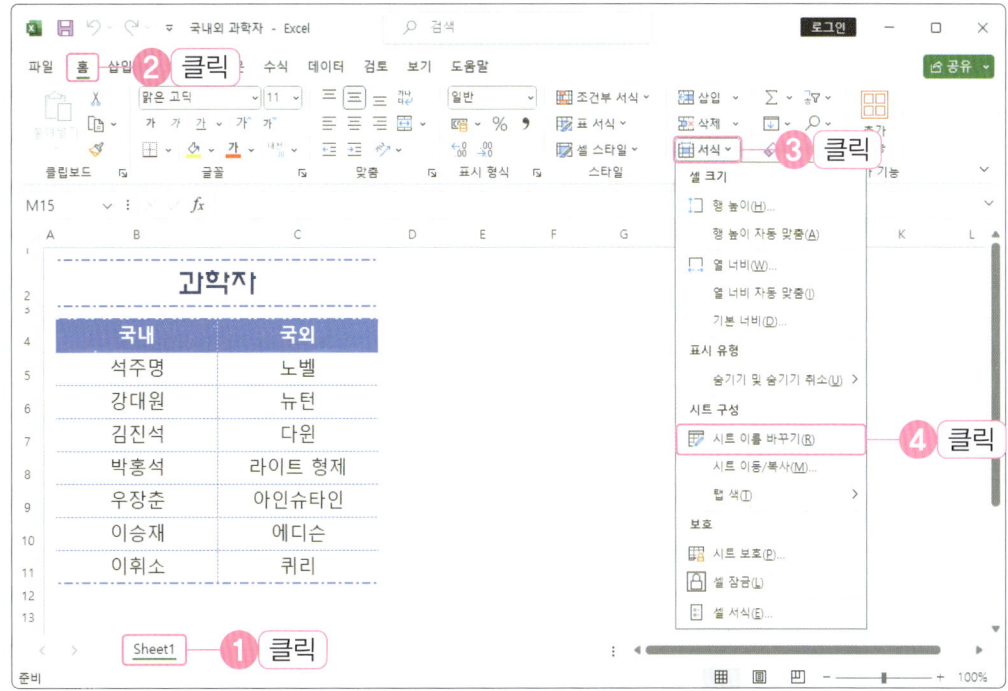

Tip

시트 탭에 있는 시트의 바로 가기 메뉴에서 [이름 바꾸기]를 클릭하거나 시트를 더블클릭하여 시트 이름을 바꿀 수도 있습니다.

알아두면 실력튼튼

시트 선택하기

- **하나의 시트 선택** : 시트 탭에서 시트를 클릭합니다.
- **연속적인 시트 선택** : 시트 탭에서 첫 번째 시트를 선택한 후 Shift를 누른 상태에서 마지막 시트를 선택합니다.
- **비연속적인 시트 선택** : 시트 탭에서 시트를 선택한 후 Ctrl을 누른 상태에서 다른 시트를 선택합니다.

2 [Sheet1] 시트에 '국내외 과학자'를 입력합니다.

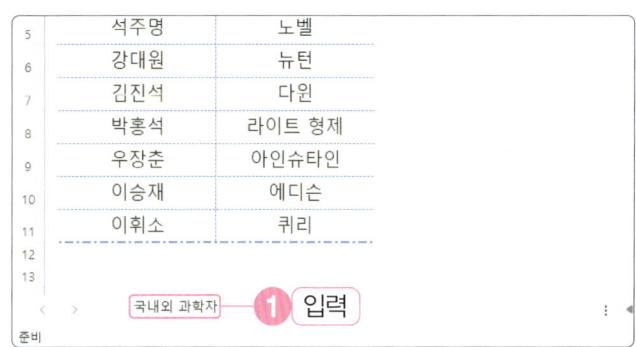

Chapter 05 – 시트 편집하기 **29**

③ 시트를 복사하기 위해 시트 탭에서 [국내외 과학자] 시트를 선택한 후 [홈] 탭-[셀] 그룹에서 [서식]을 클릭한 다음 [시트 이동/복사]를 클릭합니다.

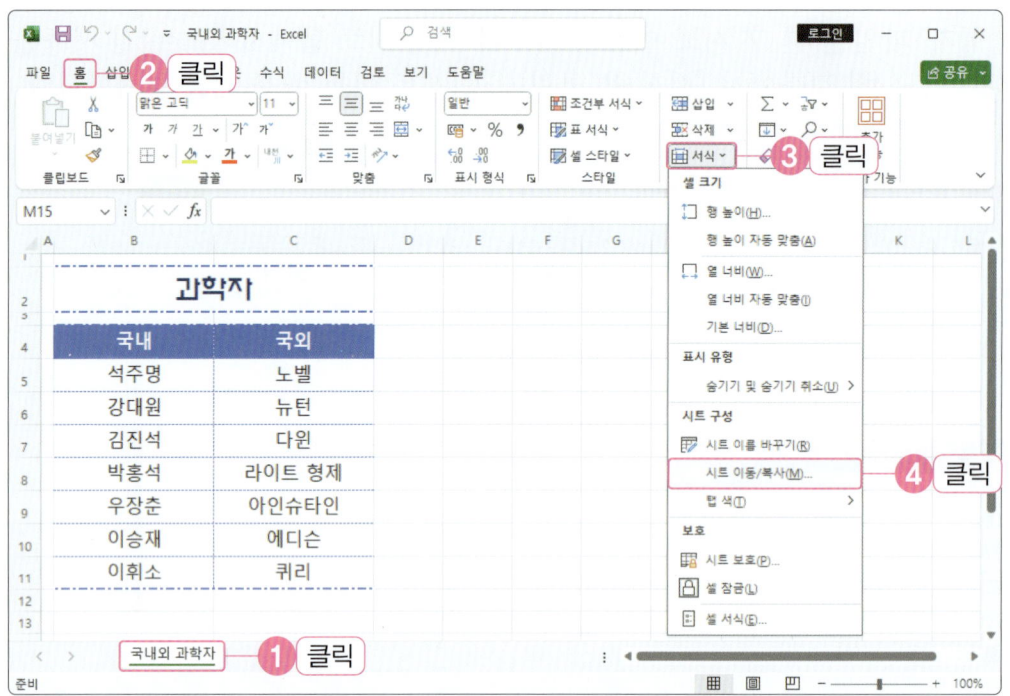

④ [이동/복사] 대화상자가 나타나면 다음 시트의 앞에((끝으로 이동))를 선택한 후 [복사본 만들기]를 선택한 다음 [확인] 단추를 클릭합니다.

> Tip
> [복사본 만들기]를 선택하면 시트가 복사되고, 선택 해제하면 시트가 이동됩니다.

⑤ 다음과 같이 시트가 복사됩니다.

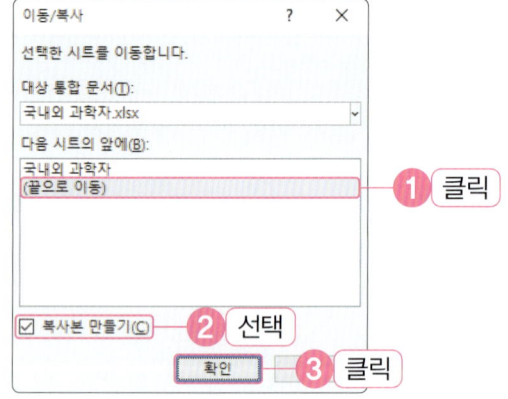

알아두면 실력튼튼

시트를 복사/이동하는 다른 방법

시트 탭에서 Ctrl을 누른 상태에서 시트를 드래그하면 시트가 복사되고, 시트를 드래그하면 시트가 이동됩니다.

THEME 02 시트 삭제하기

1 시트를 삭제하기 위해 시트 탭에서 [국내외 과학자 (2)] 시트를 선택한 후 [홈] 탭-[셀] 그룹에서 [삭제]의 [목록] 단추를 클릭한 다음 [시트 삭제]를 클릭합니다.

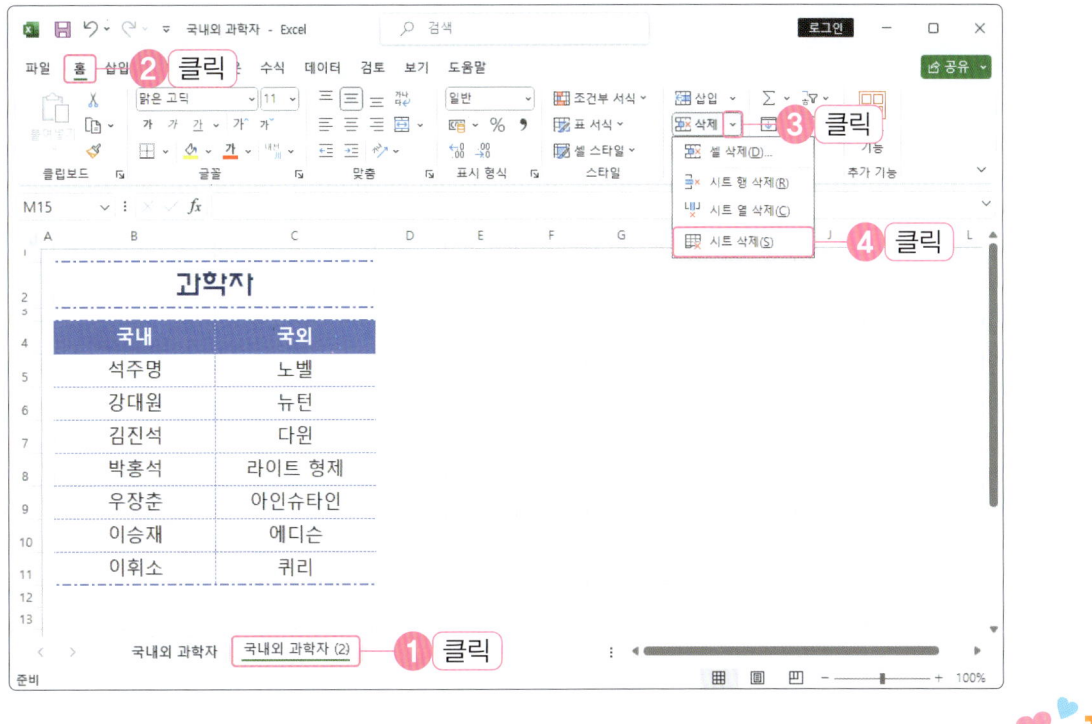

Tip
시트 탭에 있는 시트의 바로 가기 메뉴에서 [삭제]를 클릭하여 시트를 삭제할 수도 있습니다.

2 '이 시트가 Microsoft Excel에서 영구적으로 삭제됩니다.'라는 내용의 메시지가 나타나면 [삭제] 단추를 클릭합니다.

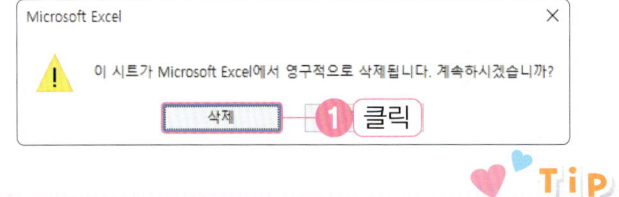

Tip
데이터가 없는 시트를 삭제하면 '이 시트가 Microsoft Excel에서 영구적으로 삭제됩니다.'라는 내용의 메시지가 나타나지 않습니다.

3 다음과 같이 시트가 삭제됩니다.

시트 삽입하기

- **방법1** : 시트 탭에서 시트를 선택한 후 [홈] 탭-[셀] 그룹에서 [삽입]의 [목록] 단추를 클릭한 다음 [시트 삽입]을 클릭하거나 Shift+F11을 누릅니다. 새 시트는 선택한 시트의 앞에 삽입됩니다.

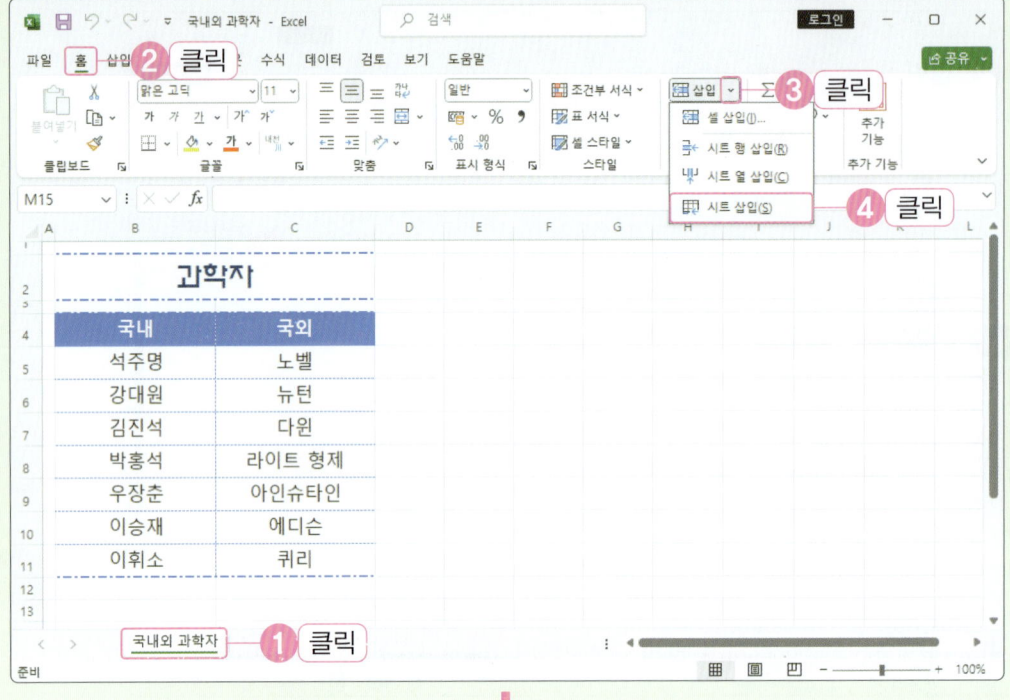

- **방법2** : 시트 탭에서 +[새 시트]를 클릭합니다. 새 시트는 맨 끝에 삽입됩니다.

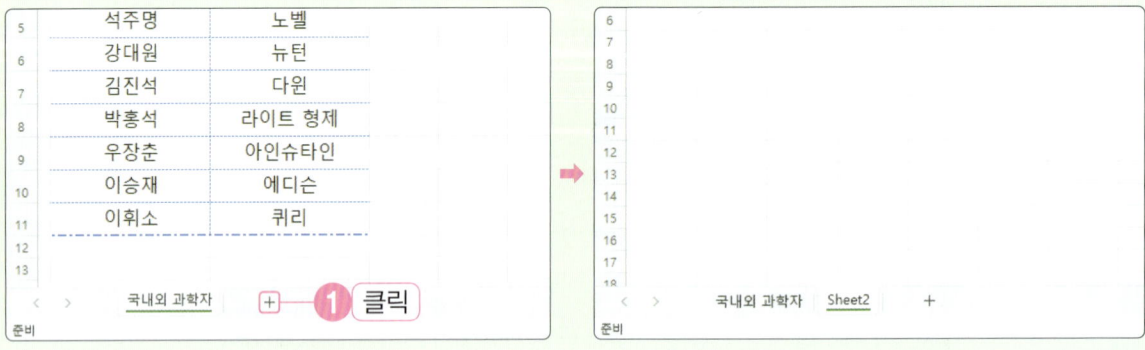

01 다음과 같이 '과학과 과학자' 파일을 연 후 시트 이름을 바꾼 다음 시트를 복사해 보세요.

- **시트 이름 바꾸기** : Sheet1 → 과학과 과학자
- **시트 복사** : [과학과 과학자] 시트를 복사

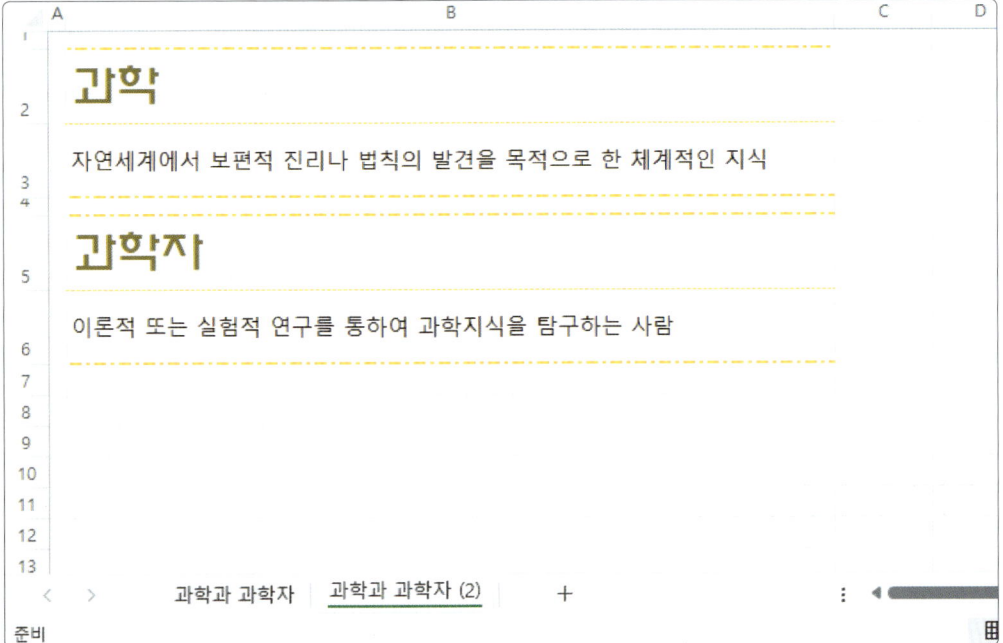

02 다음과 같이 시트를 삭제해 보세요.

- **시트 삭제** : [과학과 과학자 (2)] 시트

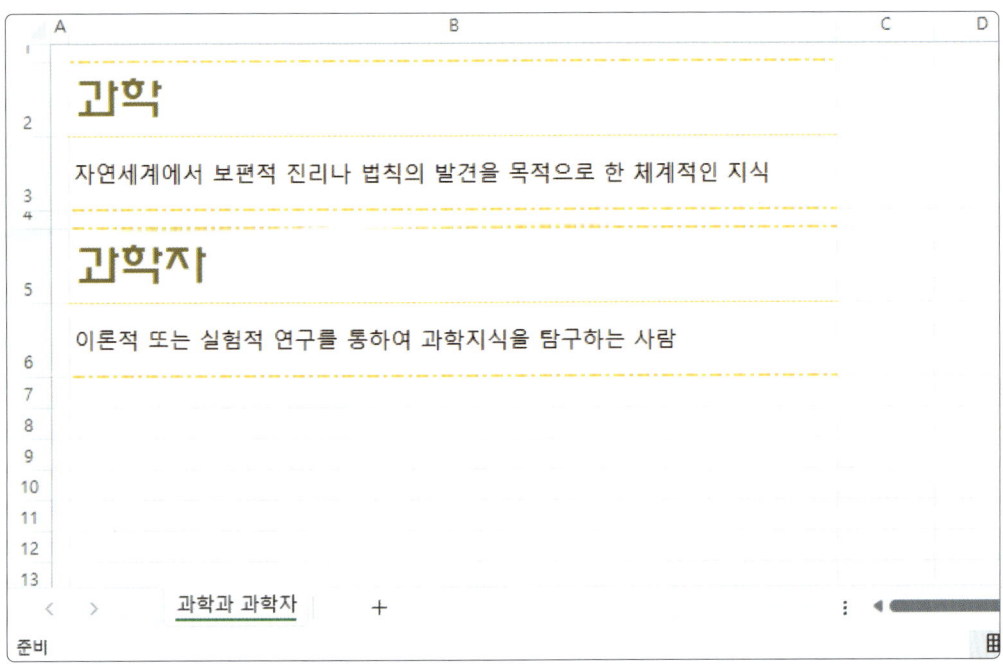

Chapter 05 - 시트 편집하기 **33**

Chapter 06 글꼴과 맞춤 서식 지정하기

학습 목표
- ◆ 글꼴 서식을 지정하는 방법에 대해 알아봅니다.
- ◆ 맞춤 서식을 지정하는 방법에 대해 알아봅니다.

셀 서식은 셀과 셀에 입력한 데이터를 원하는 모양으로 변경할 수 있는 기능으로 글꼴, 맞춤, 테두리, 채우기 등의 서식 및 표시 형식이 있는데요. 글꼴 서식을 지정하면 글자 모양을 원하는 모양으로 변경할 수 있고, 맞춤 서식을 지정하면 텍스트를 셀의 원하는 위치에 맞추어 표시할 수 있습니다.

Preview

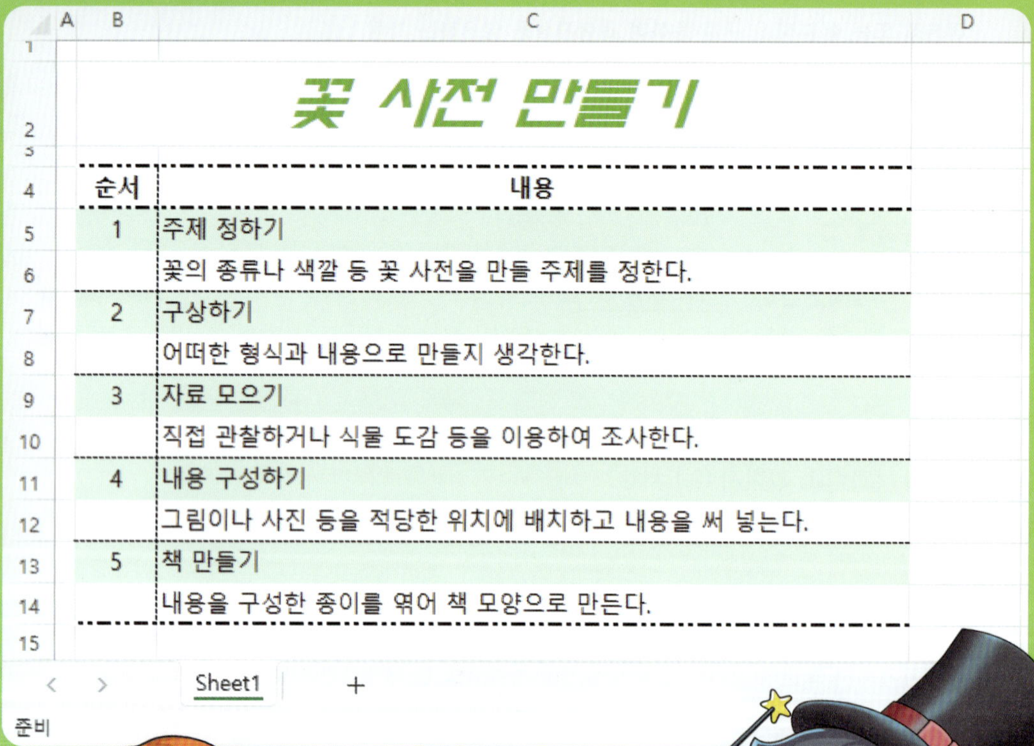

THEME 01 글꼴 서식 지정하기

❶ '꽃 사전 만들기' 파일을 연 후 글꼴 서식을 지정하기 위해 B2셀을 선택한 다음 [홈] 탭-[글꼴] 그룹에서 [글꼴 설정]을 클릭합니다.

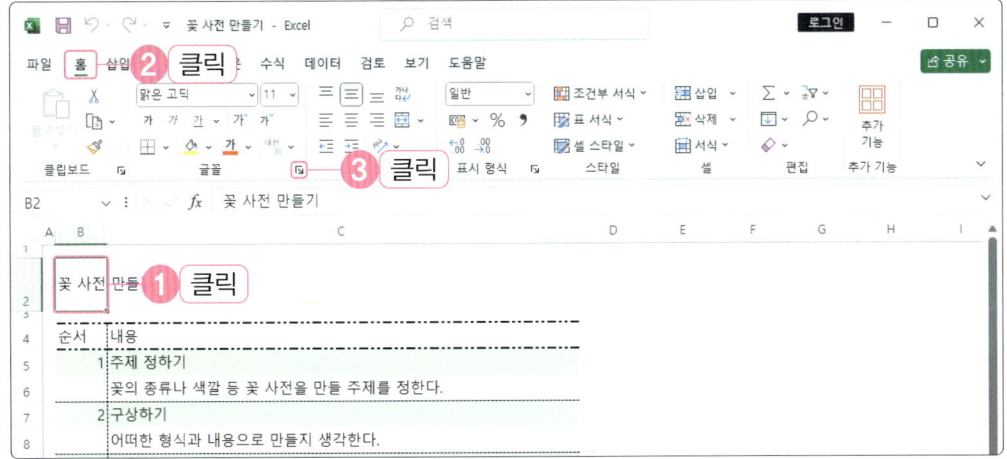

❷ [셀 서식] 대화상자의 [글꼴] 탭이 나타나면 글꼴(휴먼엑스포), 글꼴 스타일(굵은 기울임꼴), 크기(28), 색(녹색, 강조 6)을 선택한 후 [확인] 단추를 클릭합니다.

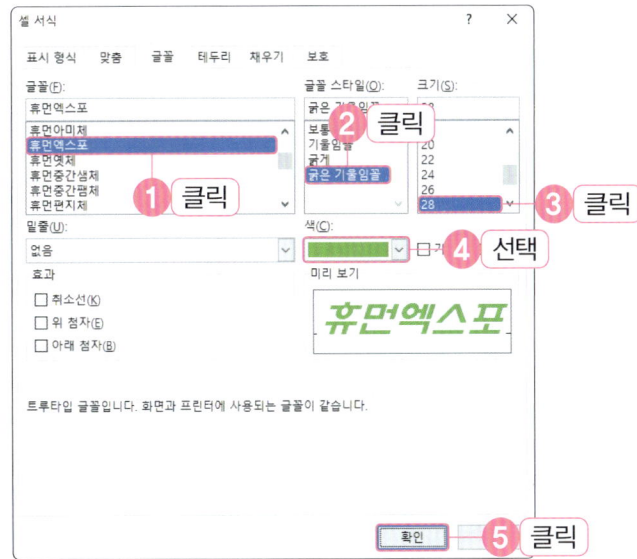

Tip

[셀 서식] 대화상자는 셀의 바로 가기 메뉴에서 [셀 서식]을 클릭하거나 Ctrl+1을 눌러 나타나게 할 수도 있습니다.

❸ B4:C4셀 범위를 선택한 후 [홈] 탭-[글꼴] 그룹에서 [굵게]를 클릭합니다.

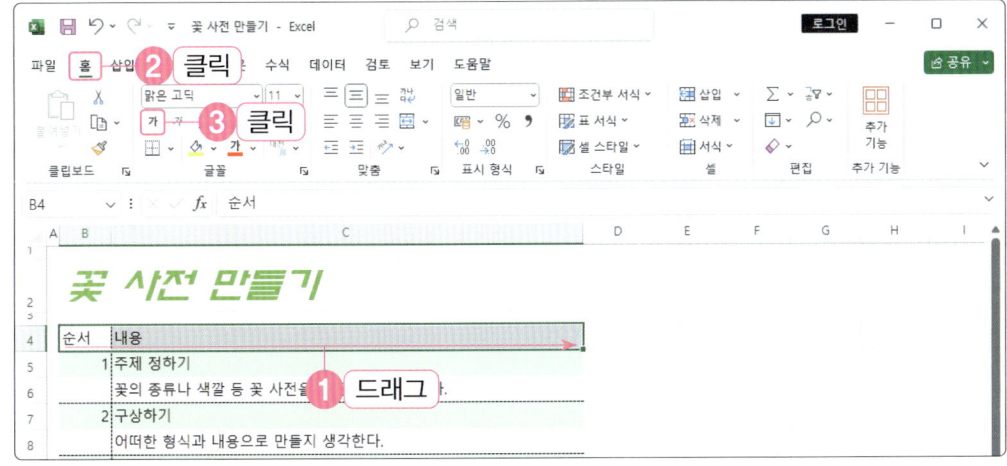

Chapter 06 – 글꼴과 맞춤 서식 지정하기 **35**

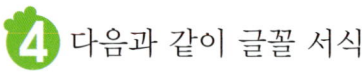 다음과 같이 글꼴 서식이 지정됩니다.

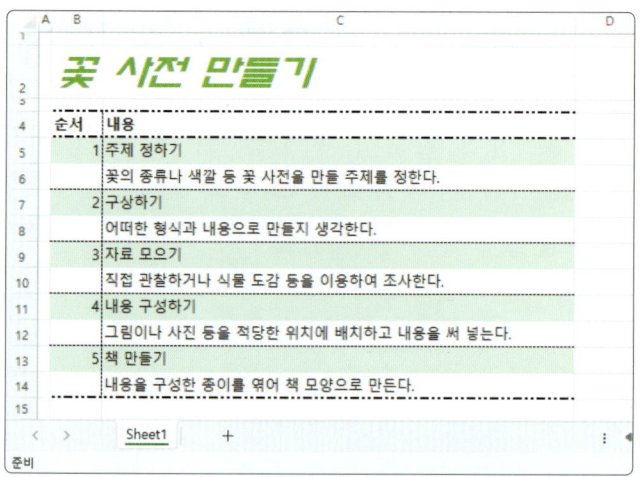

알아두면 실력튼튼

[글꼴] 그룹

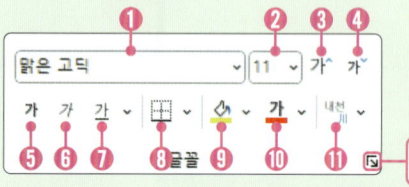

[셀 서식] 대화상자의 [글꼴] 탭이 나타납니다.

❶ **글꼴** : 텍스트의 모양을 지정합니다.
❷ **글꼴 크기** : 텍스트의 크기를 지정합니다.
❸ **글꼴 크기 크게** : 텍스트의 크기를 크게 합니다.
❹ **글꼴 크기 작게** : 텍스트의 크기를 작게 합니다.
❺ **굵게** : 텍스트를 진하게 표시합니다.
❻ **기울임꼴** : 텍스트를 오른쪽으로 기울여서 표시합니다.
❼ **밑줄** : 텍스트 아래에 밑줄이나 이중 밑줄을 표시합니다.
❽ **테두리** : 셀의 테두리에 선을 지정합니다.
❾ **채우기 색** : 셀에 채우기 색을 지정합니다.
❿ **글꼴 색** : 텍스트의 색을 지정합니다.
⓫ **윗주 필드 표시/숨기기** : 윗주(본문의 뜻을 알기 쉽게 설명한 내용이나 참조)를 표시하거나 숨깁니다.

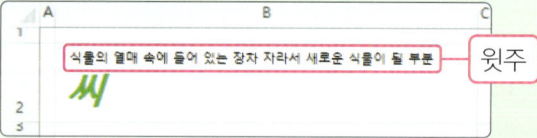

THEME 02 맞춤 서식 지정하기

❶ 맞춤 서식을 지정하기 위해 B2:C2셀 범위를 선택한 후 [홈] 탭-[맞춤] 그룹에서 [병합하고 가운데 맞춤]을 클릭합니다.

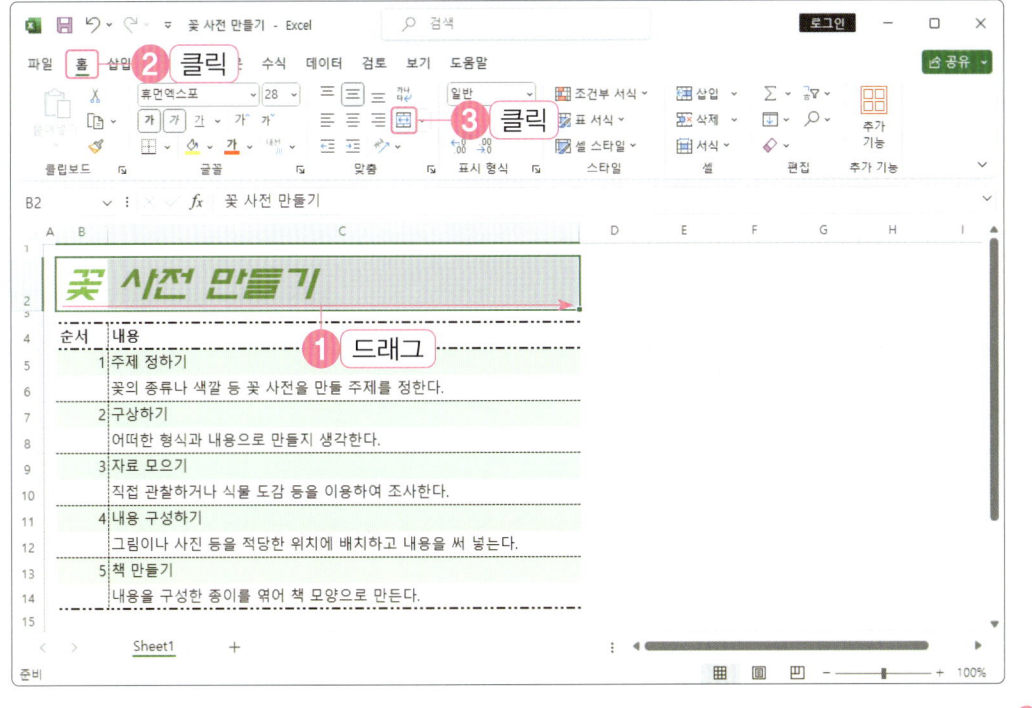

💡 Tip
병합은 선택한 셀들을 합쳐서 하나의 셀로 만드는 것을 말합니다.

❷ B4:C4셀 범위와 B5:B14셀 범위를 선택한 후 [홈] 탭-[맞춤] 그룹에서 [가운데 맞춤]을 클릭합니다.

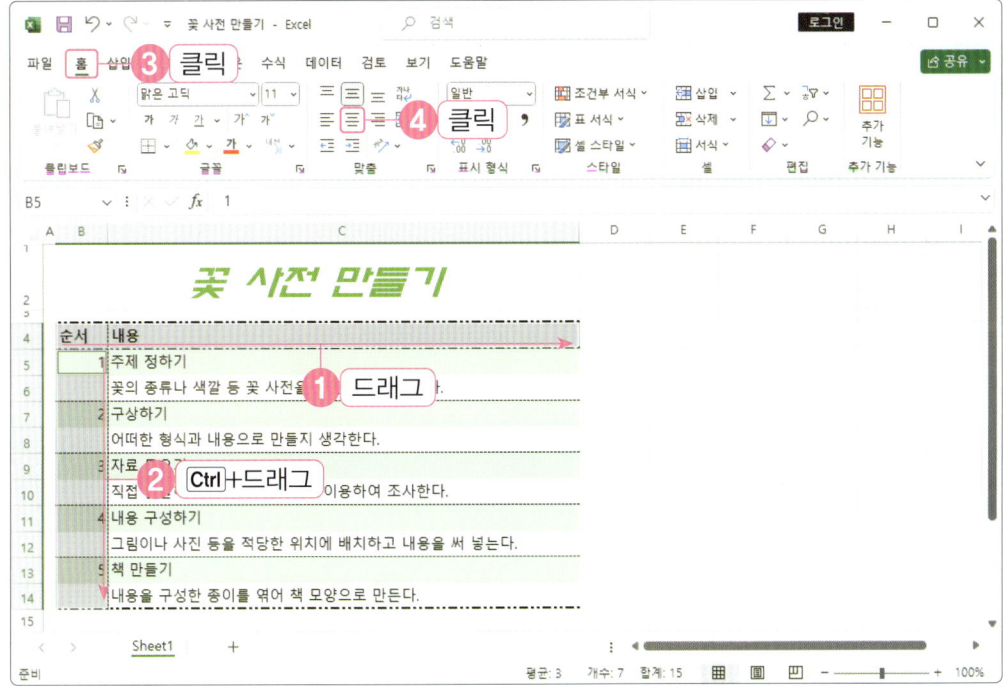

❸ 다음과 같이 맞춤 서식이 지정됩니다.

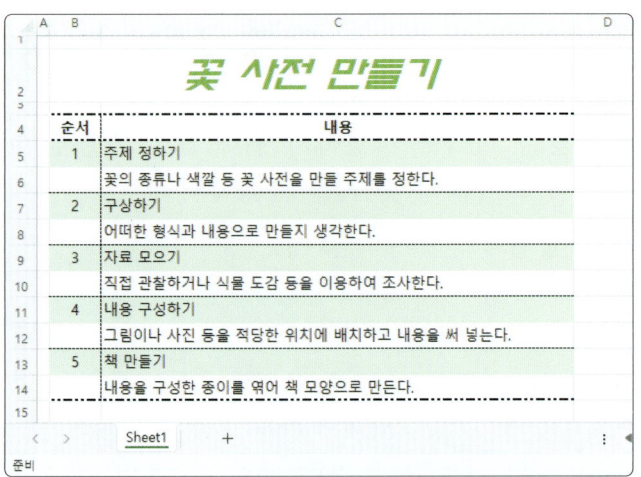

알아두면 실력튼튼

[맞춤] 그룹

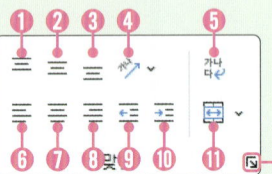

[셀 서식] 대화상자의 [맞춤] 탭이 나타납니다.

❶ **위쪽 맞춤** : 셀의 위쪽에 맞추어 텍스트를 표시합니다.
❷ **가운데 맞춤** : 세로 방향으로 셀의 가운데에 맞추어 텍스트를 표시합니다.
❸ **아래쪽 맞춤** : 셀의 아래쪽에 맞추어 텍스트를 표시합니다.

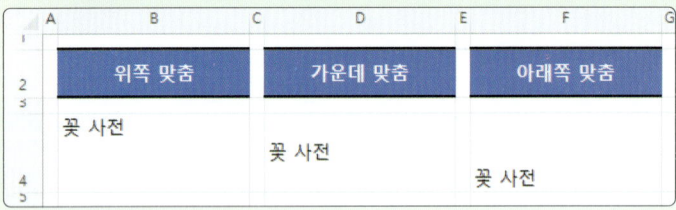

❹ **방향** : 텍스트를 회전하거나 세로 쓰기를 합니다.

❺ **자동 줄 바꿈** : 열 너비에 맞게 줄을 바꾸어 여러 줄로 텍스트를 표시합니다. 열 너비를 변경하면 줄이 자동으로 조절됩니다.
❻ **왼쪽 맞춤** : 셀의 왼쪽에 맞추어 텍스트를 표시합니다.
❼ **가운데 맞춤** : 가로 방향으로 셀의 가운데에 맞추어 텍스트를 표시합니다.
❽ **오른쪽 맞춤** : 셀의 오른쪽에 맞추어 텍스트를 표시합니다.
❾ **내어쓰기** : 셀의 왼쪽 테두리와 텍스트 사이의 여백을 줄입니다.
❿ **들여쓰기** : 셀의 왼쪽 테두리와 텍스트 사이의 여백을 늘립니다.
⓫ **병합하고 가운데 맞춤** : 선택한 셀들을 병합한 후 가로 방향으로 병합된 셀의 가운데에 맞추어 텍스트를 표시합니다.

Jump! Jump!

01 다음과 같이 '씨가 퍼지는 방법' 파일을 연 후 글꼴 서식을 지정해 보세요.
- B2셀 : 글꼴(휴먼모음T), 글꼴 크기(28), 글꼴 색(빨강), 가[기울임꼴]
- B4:C8셀 범위 : 글꼴 크기(14)
- B4:B8셀 범위 : 가[굵게]

02 다음과 같이 맞춤 서식을 지정해 보세요.
- B2:C2셀 범위 : [병합하고 가운데 맞춤]
- B4:C8셀 범위 : [가운데 맞춤]

Chapter 07
테두리와 채우기 서식 지정하고 표시 형식 지정하기

학습 목표
- ◆ 테두리와 채우기 서식을 지정하는 방법에 대해 알아봅니다.
- ◆ 표시 형식을 지정하는 방법에 대해 알아봅니다.

테두리 서식을 지정하면 셀의 테두리에 선을 넣을 수 있고, 채우기 서식을 지정하면 셀에 채우기 색을 넣을 수 있으며 표시 형식을 지정하면 숫자, 날짜, 시간 등을 원하는 형식으로 표시할 수 있습니다.

Preview

THEME 01 테두리와 채우기 서식 지정하기

1 '나니아 연대기 시리즈' 파일을 연 후 테두리 서식을 지정하기 위해 B4:E7셀 범위를 선택한 다음 [홈] 탭-[글꼴] 그룹에서 [글꼴 설정]을 클릭합니다.

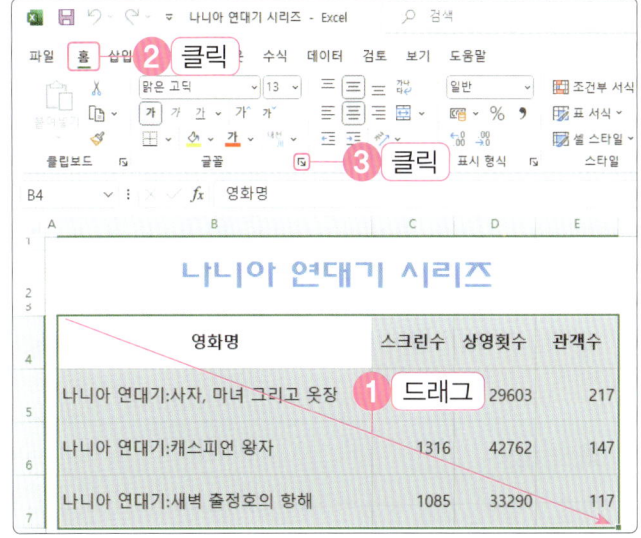

2 [셀 서식] 대화상자의 [글꼴] 탭이 나타나면 [테두리] 탭에서 선 색(파랑, 강조 1)을 선택한 후 선 스타일(─)을 선택한 다음 ⊞와 ⊞를 클릭합니다. 그런 다음 선 스타일(─)을 선택한 후 [안쪽]을 클릭한 다음 [확인] 단추를 클릭합니다.

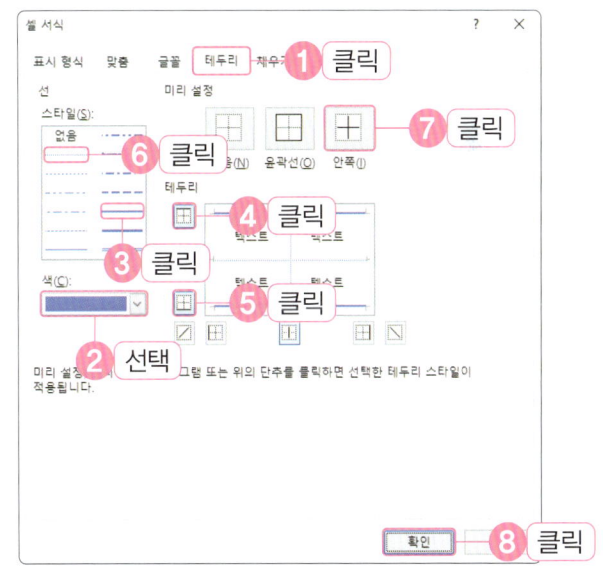

3 채우기 서식을 지정하기 위해 B4:E4셀 범위를 선택한 후 [홈] 탭-[글꼴] 그룹에서 [채우기 색]의 [목록] 단추를 클릭한 다음 [파랑, 강조 5]를 클릭합니다.

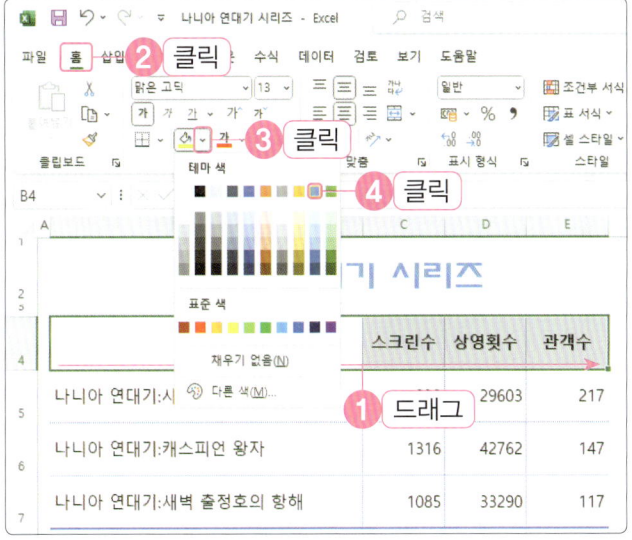

Chapter 07 – 테두리와 채우기 서식 지정하고 표시 형식 지정하기

다음과 같이 채우기 서식이 지정됩니다.

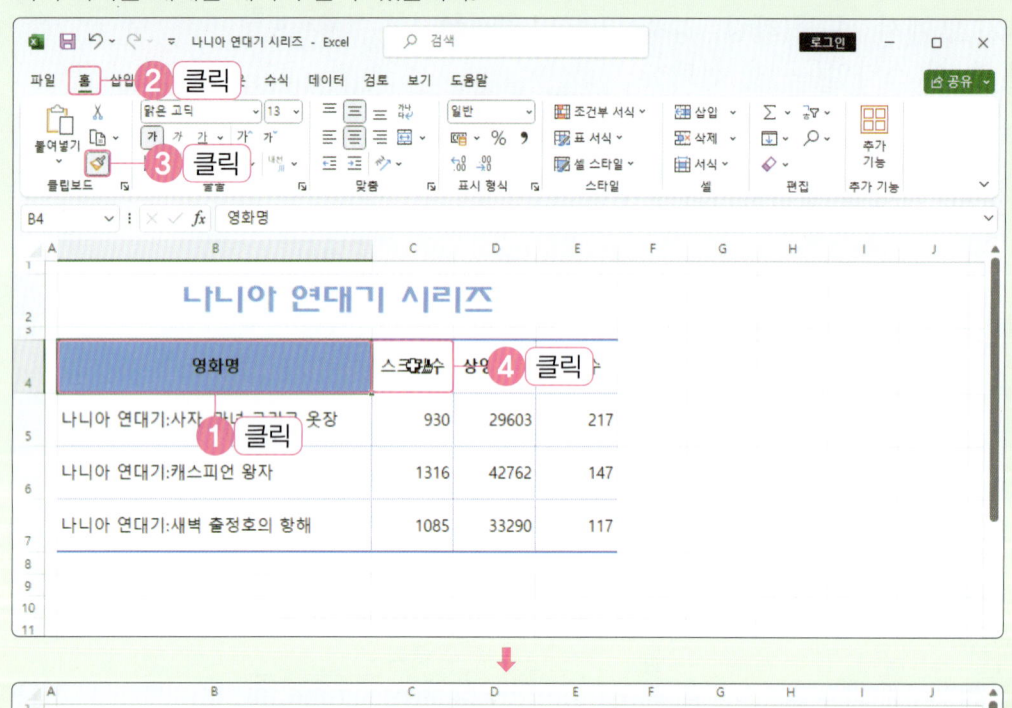

알아두면 실력튼튼

서식 복사

다음과 같이 셀을 선택한 후 [홈] 탭-[클립보드] 그룹에서 [서식 복사]를 클릭한 다음 다른 셀을 클릭하면 선택한 셀에 지정된 서식을 복사하여 다른 셀에 지정할 수 있는데요. 셀을 선택한 후 [홈] 탭-[클립보드] 그룹에서 [서식 복사]를 클릭하면 서식 복사를 한 번만 할 수 있고, [서식 복사]를 더블클릭하면 Esc 를 눌러 서식 복사를 해제할 때까지 할 수 있습니다.

THEME 02 표시 형식 지정하기

1 표시 형식을 지정하기 위해 C5:D7셀 범위를 선택한 후 [홈] 탭-[표시 형식] 그룹에서 [쉼표 스타일]을 클릭합니다.

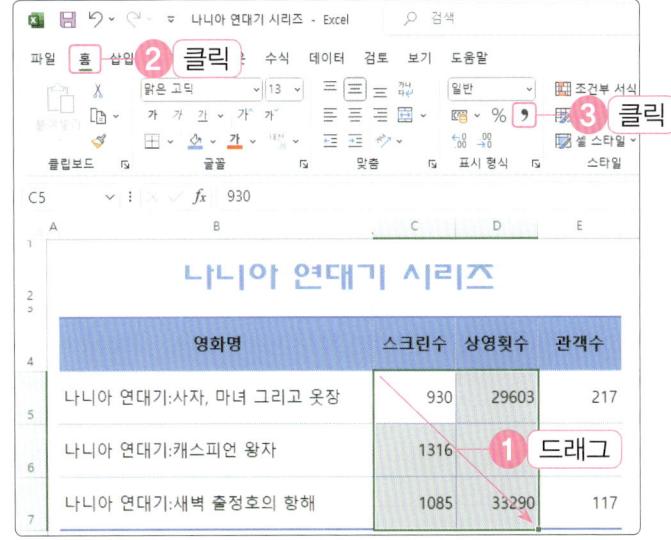

2 E5:E7셀 범위를 선택한 후 [홈] 탭-[표시 형식] 그룹에서 [표시 형식]을 클릭합니다.

3 [셀 서식] 대화상자의 [표시 형식] 탭이 나타나면 범주(사용자 지정)를 선택한 후 형식('G/표준' 뒤에 "만 명"을 입력)을 입력한 다음 [확인] 단추를 클릭합니다.

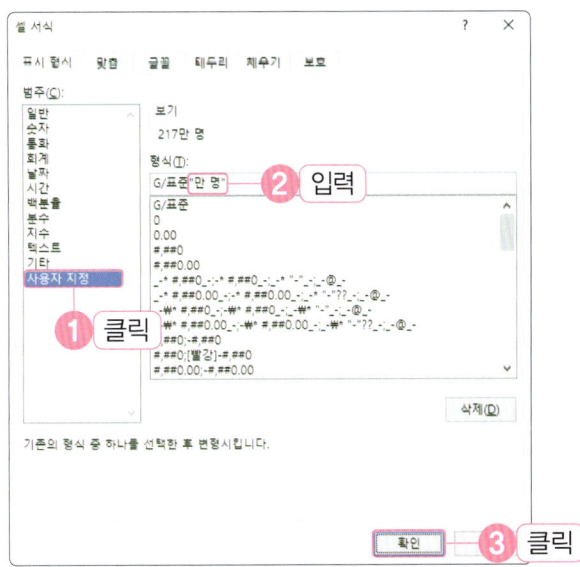

 Tip

큰따옴표("")로 묶은 내용은 그대로 표시합니다.

④ 다음과 같이 표시 형식이 지정됩니다.

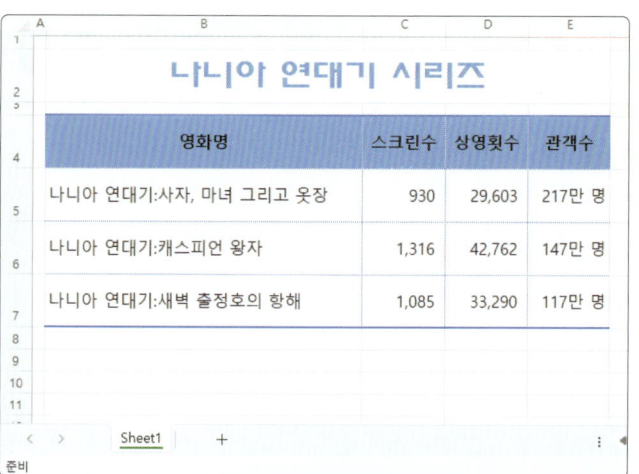

알아두면 실력튼튼

[표시 형식] 그룹

[셀 서식] 대화상자의 [표시 형식] 탭이 나타납니다.

❶ **표시 형식** : 셀 값이 표시되는 방법을 지정합니다. 일반은 표시 형식을 지정하지 않은 것을 말합니다.

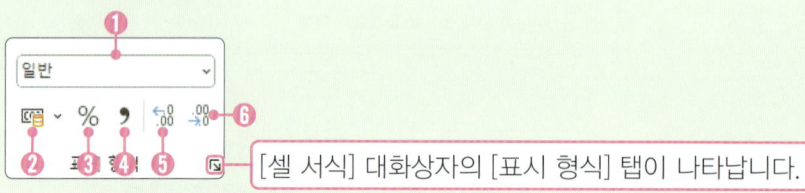

❷ **회계 표시 형식** : 통화 기호를 사용하여 셀 값을 표시합니다.

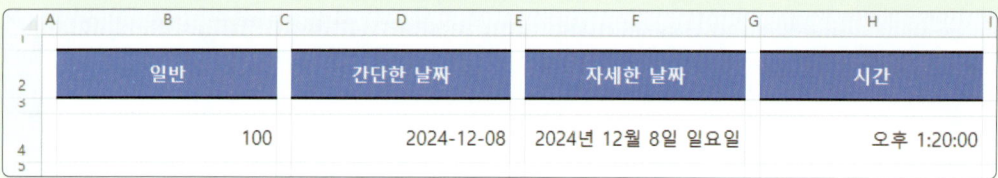

❸ **백분율 스타일** : 셀 값에 100을 곱한 값을 백분율 기호(%)와 함께 표시합니다.

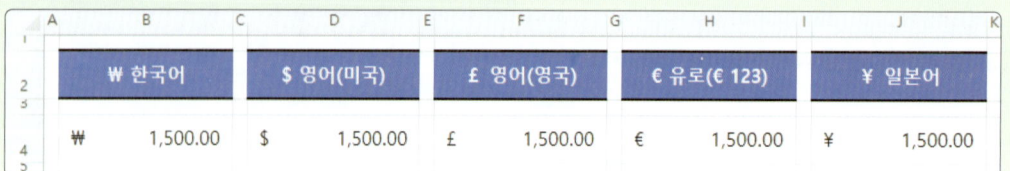

❹ **쉼표 스타일** : 천 단위 구분 기호(,)를 사용하여 셀 값을 표시합니다.

❺ **자릿수 늘림** : 소수 자릿수를 늘려 셀 값을 자세히 표시합니다.

❻ **자릿수 줄임** : 소수 자릿수를 줄여 셀 값을 간단히 표시합니다.

Jump! Jump!

01 다음과 같이 '겨울왕국2' 파일을 연 후 테두리와 채우기 서식을 지정해 보세요.
- **B4:E9셀 범위** : 선 색(주황, 강조 2), 선 스타일(----), ⊞, ⊞, [안쪽]
- **B4:E4셀 범위** : 채우기 색(주황, 강조 2, 60% 더 밝게)

	겨울왕국2		
날짜	스크린수	상영횟수	관객수
2019-11-21	2343	12998	606618
2019-11-22	2331	13387	632547
2019-11-23	2642	16220	1661835
2019-11-24	2648	16012	1535569
2019-11-25	2190	12415	353767

02 다음과 같이 표시 형식을 지정해 보세요.
- **B5:B9셀 범위** : 표시 형식(자세한 날짜)
- **C5:E9셀 범위** : [쉼표 스타일]

	겨울왕국2		
날짜	스크린수	상영횟수	관객수
2019년 11월 21일 목요일	2,343	12,998	606,618
2019년 11월 22일 금요일	2,331	13,387	632,547
2019년 11월 23일 토요일	2,642	16,220	1,661,835
2019년 11월 24일 일요일	2,648	16,012	1,535,569
2019년 11월 25일 월요일	2,190	12,415	353,767

Chapter 08 단원 종합 평가 문제

01 다음 중 계산 기능이 뛰어나서 용돈기입장이나 성적표와 같이 표 형태로 된 데이터(자료)를 쉽고 빠르게 처리할 수 있는 프로그램은 어느 것인지 골라 보세요.
① 한글　　② 워드
③ 파워포인트　　④ 엑셀

02 다음 중 엑셀의 화면 구성 요소에 대한 설명으로 옳은 것은 어느 것인지 골라 보세요.
① 빠른 실행 도구 모음 : 메뉴와 도구 모음이 하나로 통합된 메뉴입니다.
② 워크시트 : 문서를 작성하는 곳입니다.
③ 이름 상자 : 선택한 셀의 데이터나 수식이 표시되는 곳입니다.
④ 시트 탭 : 준비, 입력, 편집 등의 작업 상태가 표시되는 곳입니다.

03 다음 □ 안에 들어갈 말은 무엇인지 적어 보세요.

□은(는) 행과 열이 교차하면서 생긴 영역을 말합니다.

04 다음 중 원하는 곳에서 줄을 바꾸어 한 셀에 두 줄 이상 입력할 수 있는 키는 어느 것인지 골라 보세요.
① Ctrl+Enter　　② Shift+Enter
③ Alt+Enter　　④ Enter

05 다음 중 셀 포인터 오른쪽 아래에 있는 정사각형(□)을 무엇이라고 하는지 골라 보세요.
① 채우기 핸들
② 크기 조절 핸들
③ 모양 조절 핸들
④ 회전 핸들

06 B2셀에 입력되어 있는 데이터는 '학교1'입니다. 다음 중 B2셀을 선택한 후 채우기 핸들을 B5셀까지 드래그한 경우, B5셀에 입력되는 데이터는 어느 것인지 골라 보세요.
① 학교1　　② 학교2
③ 학교3　　④ 학교4

07 다음 중 열 너비를 변경하는 방법으로 옳지 않은 것은 어느 것인지 골라 보세요.
① 열 머리글을 선택한 후 [홈] 탭-[셀] 그룹에서 [서식]을 클릭한 다음 [열 너비 자동 맞춤]을 클릭합니다.
② 열 머리글을 클릭합니다.
③ 열 머리글의 경계선을 드래그합니다.
④ 열 머리글의 경계선을 더블클릭합니다.

08 다음 중 선택한 셀들을 병합한 후 가로 방향으로 병합된 셀의 가운데에 맞추어 텍스트를 표시할 수 있는 기능은 어느 것인지 골라 보세요.
① ≡　　② ≡
③ ≡　　④ 🔁

■ 정답은 158 페이지에 있습니다.

09 다음과 같이 '이 주의 추천 영어' 파일을 연 후 기호를 입력한 다음 채우기 핸들을 사용하여 나머지 데이터를 입력해 보세요.

• 기호 입력 : ♬

10 다음과 같이 '생활에서의 공기 이용' 파일을 연 후 셀 서식을 지정해 보세요.
• B2셀 : 글꼴(휴먼엑스포), 글꼴 크기(24), 글꼴 색(파랑, 강조 1)
• B2:C2셀 범위 : [병합하고 가운데 맞춤]
• B4:C8셀 범위 : 글꼴 크기(14), [가운데 맞춤], 선 색(청회색, 텍스트 2), 선 스타일(----), , [안쪽]
• B4:B8셀 범위 : 글꼴 색(흰색, 배경 1), 가[굵게], 채우기 색(파랑, 강조 1, 40% 더 밝게)

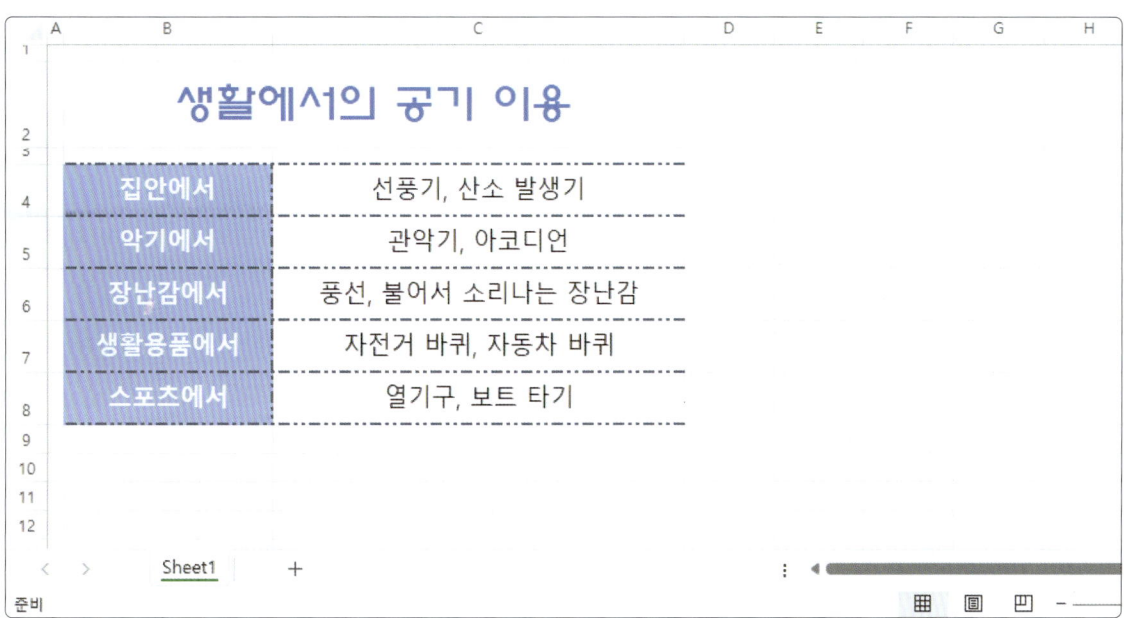

Chapter 09 셀 스타일과 표 서식 지정하기

학습 목표
- ◆ 셀 스타일을 지정하는 방법에 대해 알아봅니다.
- ◆ 표 서식을 지정하는 방법에 대해 알아봅니다.

셀 스타일은 미리 정의되어 있는 셀 서식을 지정할 수 있는 기능이고, 표 서식은 데이터를 표로 변환한 후 표 스타일(미리 정의되어 있는 글꼴 서식, 테두리 서식, 채우기 서식)을 지정할 수 있는 기능입니다.

Preview

THEME 01 셀 스타일 지정하기

1 '추천 과학 도서' 파일을 연 후 셀 스타일을 지정하기 위해 B2셀을 선택한 다음 [홈] 탭-[스타일] 그룹에서 [셀 스타일]을 클릭하고 [제목 1]을 클릭합니다.

 Tip

[표준]을 클릭하면 지정한 셀 스타일뿐만 아니라 셀 스타일을 지정하기 전에 지정한 모든 셀 서식이 제거됩니다.

2 다음과 같이 셀 스타일이 지정됩니다.

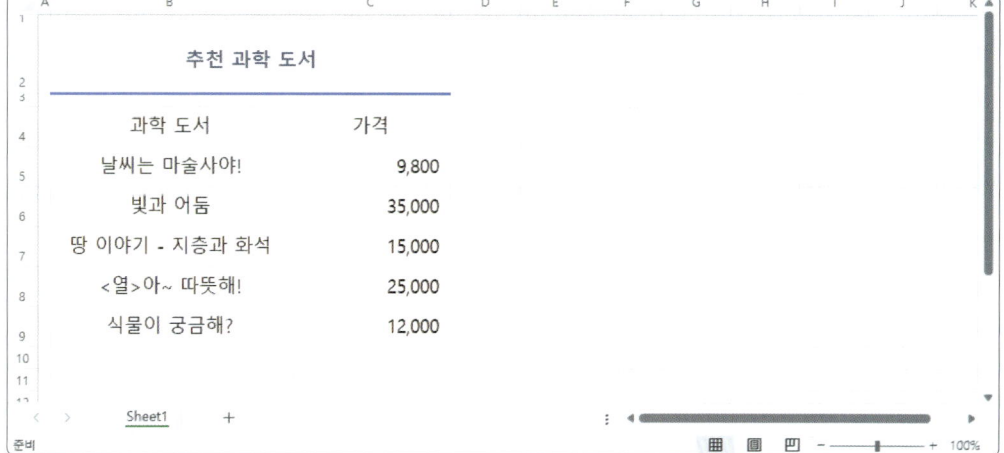

THEME 02 표 서식 지정하기

1 표 서식을 지정하기 위해 B4:C9셀 범위를 선택한 후 [홈] 탭-[스타일] 그룹에서 [표 서식]을 클릭한 다음 [파랑, 표 스타일 밝게 9]를 클릭합니다.

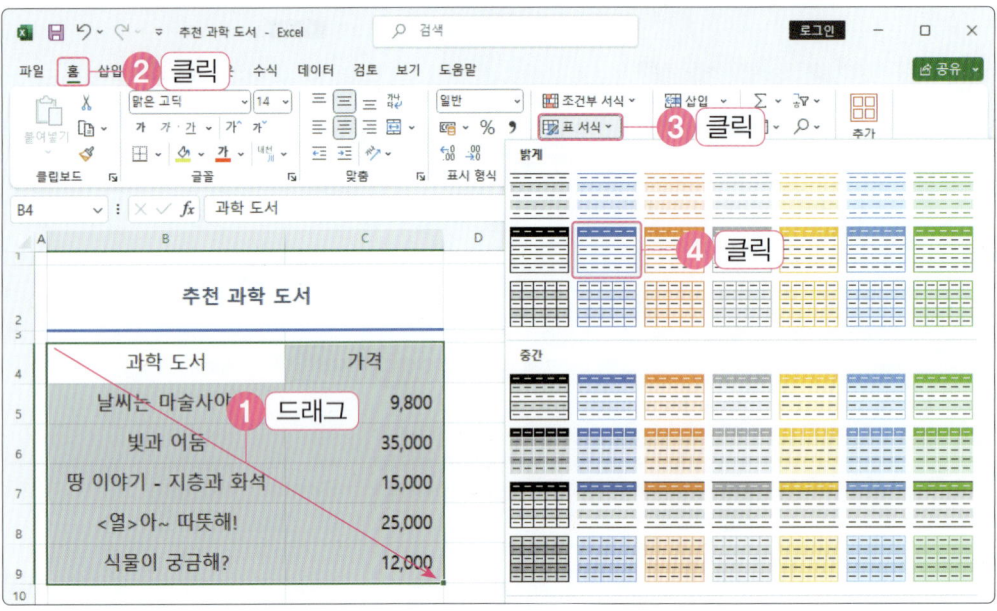

2 [표 만들기] 대화상자가 나타나면 [확인] 단추를 클릭합니다.

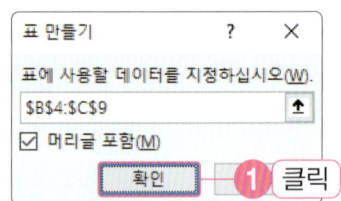

3 표 스타일 옵션을 지정하기 위해 [테이블 디자인] 탭-[표 스타일 옵션] 그룹에서 [첫째 열]을 선택합니다.

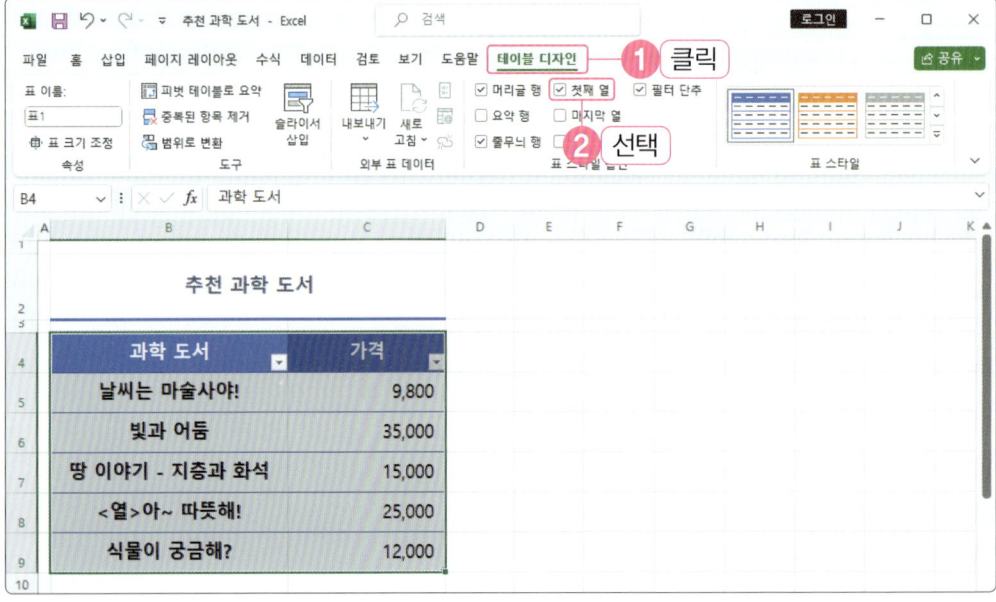

표를 정상 범위로 변환하기 위해 [테이블 디자인] 탭-[도구] 그룹에서 [범위로 변환]을 클릭합니다.

표 서식을 지정하면 행/열은 삽입하거나 삭제할 수 있지만 셀은 삽입하거나 삭제할 수 없고 셀 병합도 할 수 없습니다. 이와 같이 표 기능이 오히려 작업에 방해되거나 표 스타일만 필요하고 표 기능은 필요하지 않은 경우에는 표를 정상 범위로 변환해야 하는데요. 표를 정상 범위로 변환한다는 것은 표를 일반 데이터로 변환한다는 것입니다.

알아두면 실력튼튼

표 기능

표 서식을 지정하면 새로운 데이터를 입력하는 경우, 표 서식이 자동으로 지정됩니다. 그리고 머리글 행(여기서는 B4:C4셀 범위)에 나타난 ▼[필터 목록] 단추를 사용하여 데이터를 정렬하거나 필터링을 하는 등의 표 기능을 사용할 수 있습니다. 정렬은 데이터를 일정한 순서에 의해 차례대로 재배열하는 작업을 말하고, 필터링은 많은 데이터 중에서 원하는 데이터만 표시하는 작업을 말하는데요. 다음은 [가격] 필드(데이터에서 열을 '필드'라고 합니다)의 ▼[필터 목록] 단추를 클릭한 후 [숫자 내림차순 정렬]을 클릭한 경우입니다.

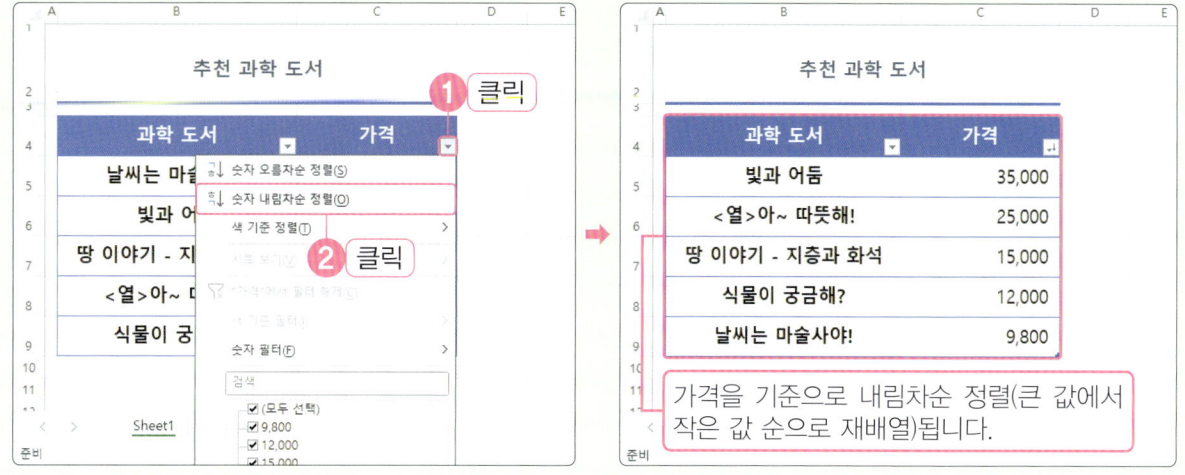

5 '표를 정상 범위로 변환하시겠습니까?'라고 묻는 대화상자가 나타나면 [예] 단추를 클릭합니다.

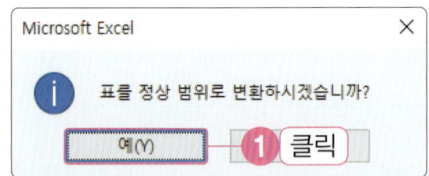

6 다음과 같이 표가 정상 범위로 변환됩니다.

01 다음과 같이 '독후감 쓰기' 파일을 연 후 셀 스타일을 지정해 보세요.

- **B2셀** : 셀 스타일(제목)

Hint

B2셀을 선택한 후 [홈] 탭-[스타일] 그룹에서 [셀 스타일]을 클릭한 다음 [제목]을 클릭하면 셀 스타일을 지정할 수 있습니다.

02 다음과 같이 표 서식을 지정한 후 표를 정상 범위로 변환해 보세요.

- **B4:C14셀 범위** : 표 서식(▦[녹색, 표 스타일 보통 7]), 표를 정상 범위로 변환

Chapter 10

테마 지정하고 문서 인쇄하기

학습목표
- ◆ 테마를 지정하는 방법에 대해 알아봅니다.
- ◆ 문서를 인쇄하는 방법에 대해 알아봅니다.

엑셀에서는 문서의 전반적인 디자인을 변경할 수 있는 테마를 제공하는데요. 테마를 지정하면 셀 서식뿐만 아니라 표나 차트 등의 스타일도 일관성 있게 변경되기 때문에 깔끔하고 세련된 문서를 작성할 수 있습니다.

Preview

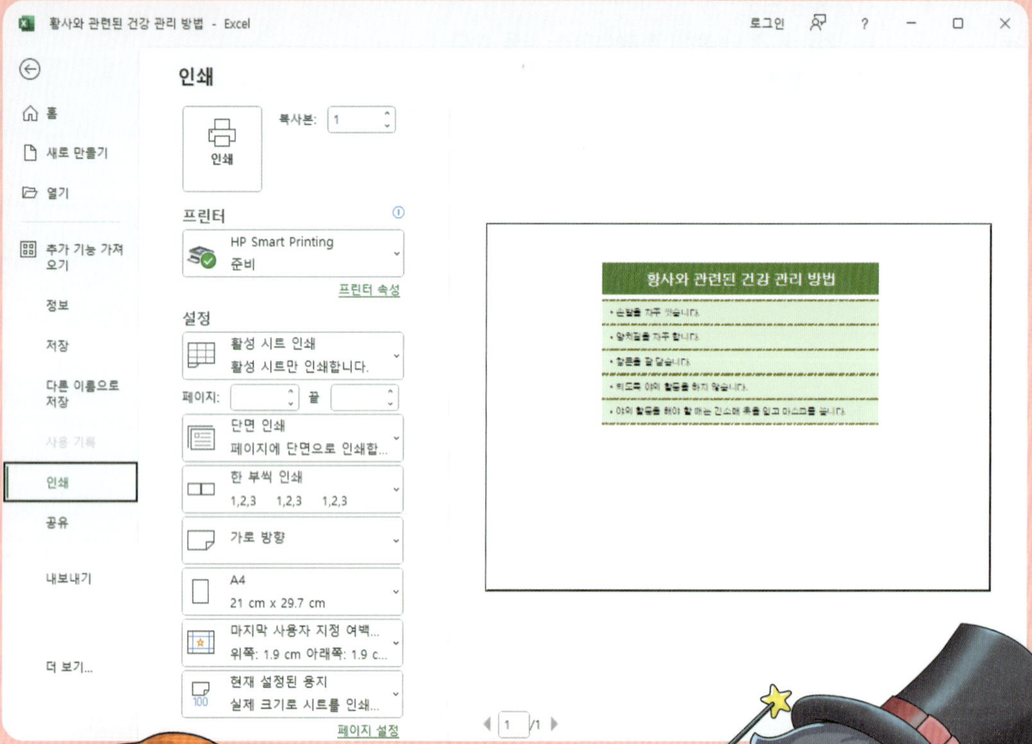

54 엑셀 2021

THEME 01 테마 지정하기

1 '황사와 관련된 건강 관리 방법' 파일을 연 후 테마를 지정하기 위해 [페이지 레이아웃] 탭-[테마] 그룹에서 [테마]를 클릭한 다음 [패싯]을 클릭합니다.

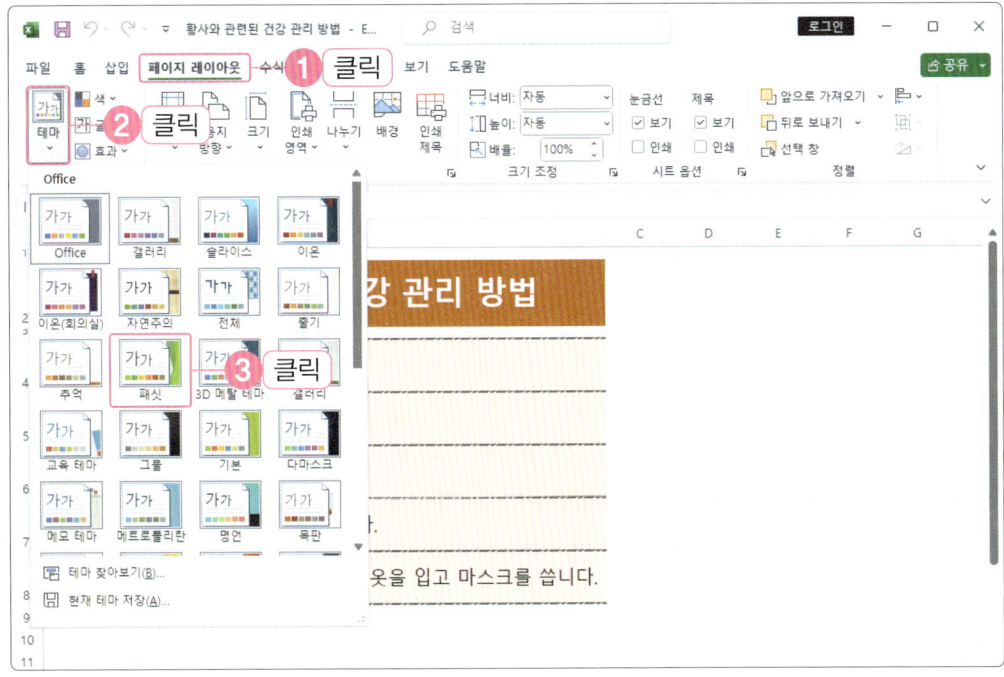

테마는 테마 색, 테마 글꼴, 테마 효과로 구성된 서식 모음입니다.

2 다음과 같이 테마가 지정됩니다.

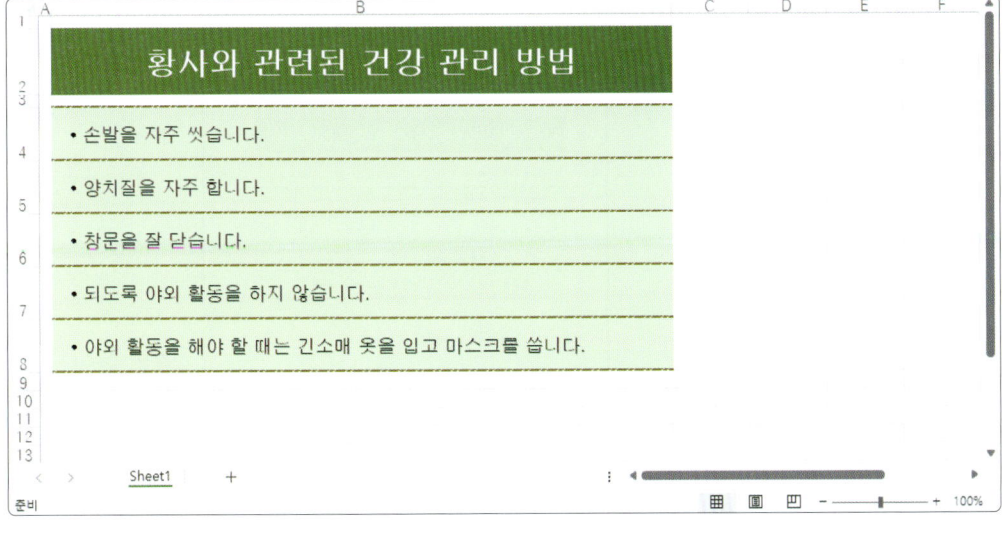

[페이지 레이아웃] 탭-[테마] 그룹에서 [색]을 클릭하면 테마 색을 변경할 수 있고, [글꼴]을 클릭하면 테마 글꼴을 변경할 수 있으며 [효과]를 클릭하면 테마 효과를 변경할 수 있습니다.

THEME 02 문서 인쇄하기

1 문서가 인쇄되는 모양을 확인하기 위해 [파일] 탭에서 [인쇄]를 클릭합니다.

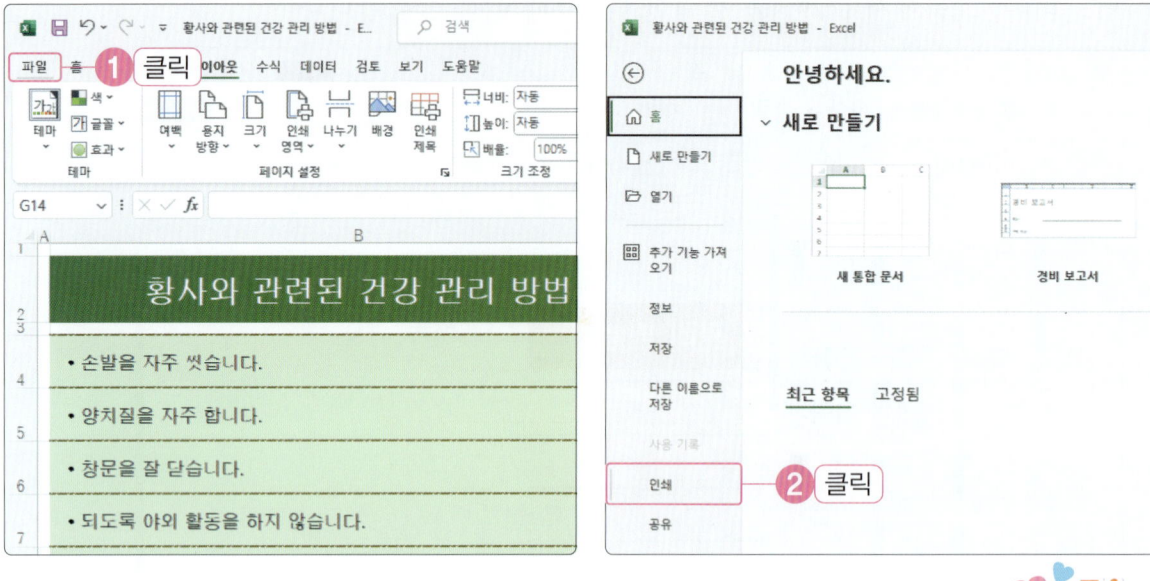

> **Tip**
> 엑셀에서는 문서를 인쇄하기 전에 인쇄 백스테이지에서 문서가 인쇄되는 모양을 확인한 후 필요에 따라 페이지를 설정하는 것이 좋은데요. 시트는 페이지 단위로 구분된 것이 아니기 때문에 문서가 조각으로 나뉘어 인쇄될 수 있기 때문입니다.

2 인쇄 백스테이지로 전환되면 문서가 인쇄되는 모양을 확인한 후 페이지를 설정하기 위해 [페이지 설정]을 클릭합니다.

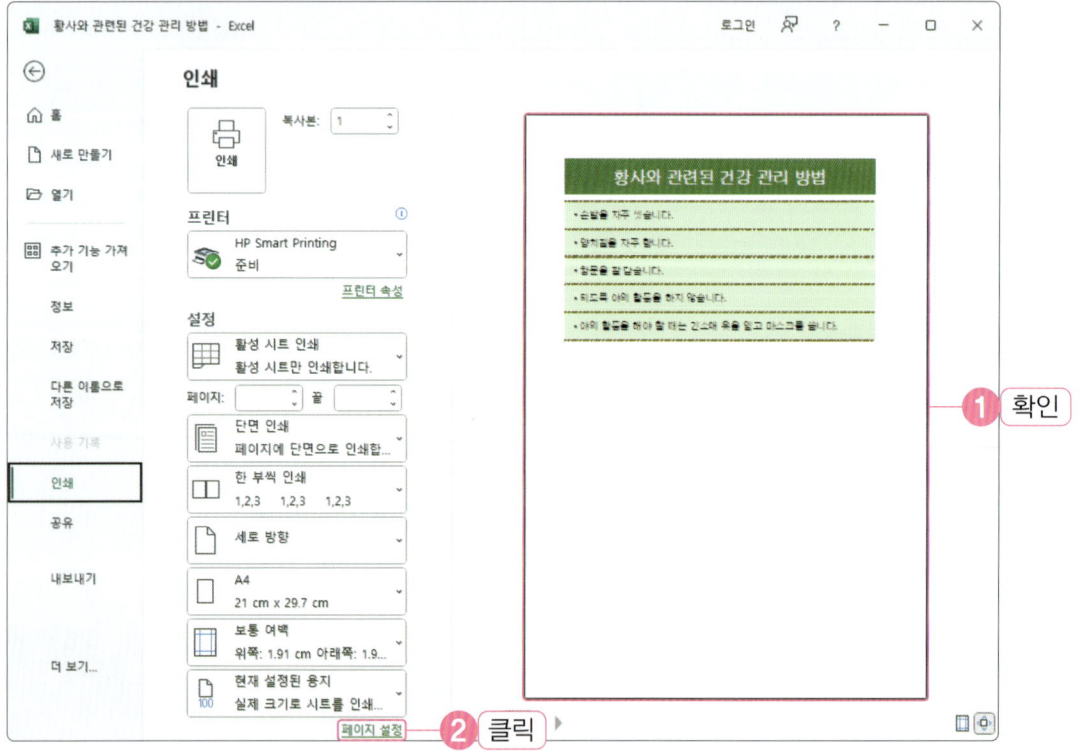

③ [페이지 설정] 대화상자가 나타나면 [페이지] 탭에서 용지 방향(가로)을 선택한 후 [여백] 탭을 클릭합니다. 그런 다음 [페이지 설정] 대화상자의 [여백] 탭이 나타나면 페이지 가운데 맞춤([가로] 선택)을 선택한 후 [확인] 단추를 클릭합니다.

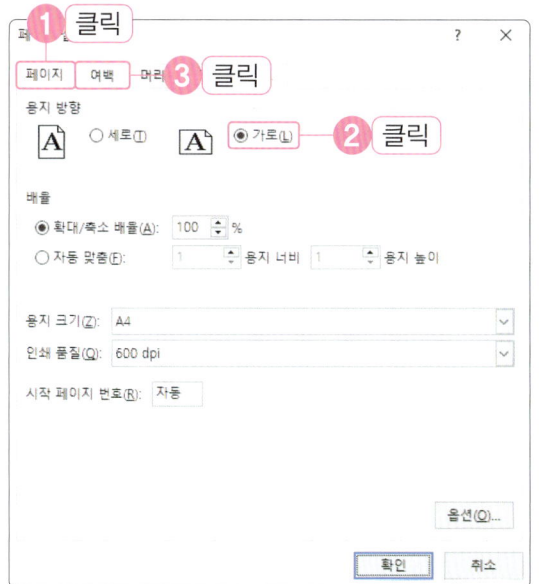
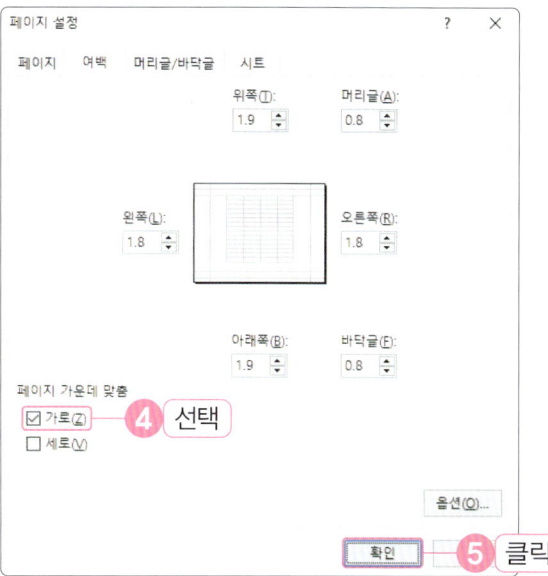

④ 인쇄 백스테이지로 다시 전환되면 문서를 인쇄하기 위해 인쇄 대상(활성 시트 인쇄)을 선택한 후 [인쇄] 단추를 클릭합니다.

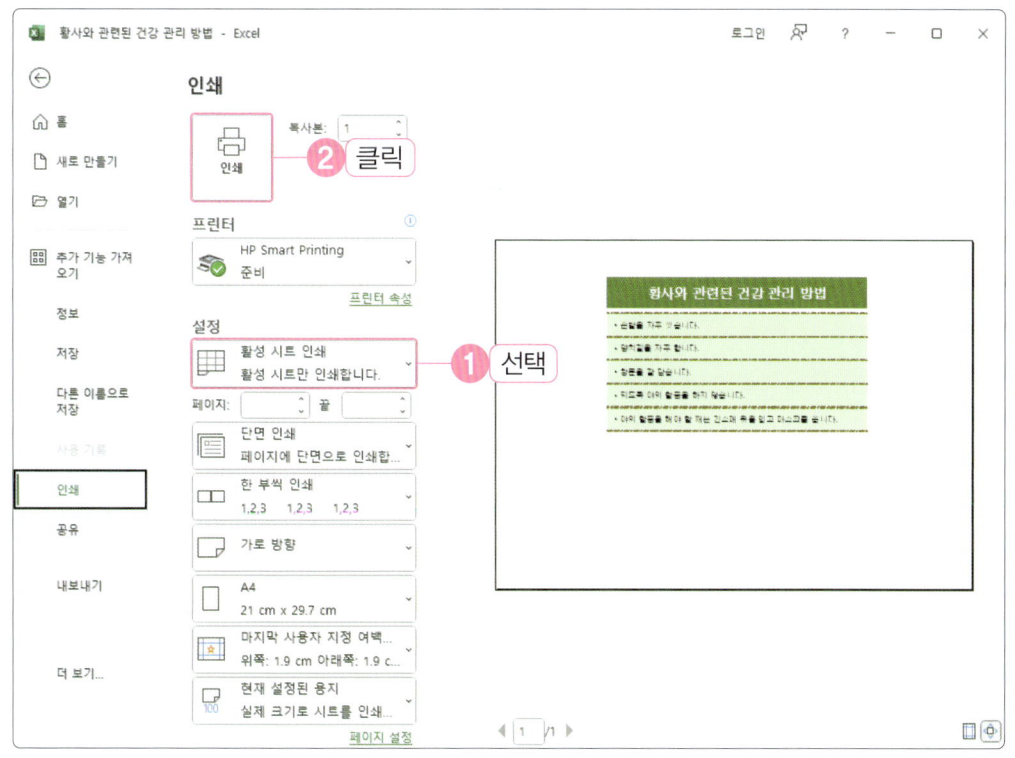

Tip

Ctrl+P를 눌러 문서를 인쇄할 수도 있습니다.

⑤ 문서가 인쇄됩니다.

문서 인쇄하기

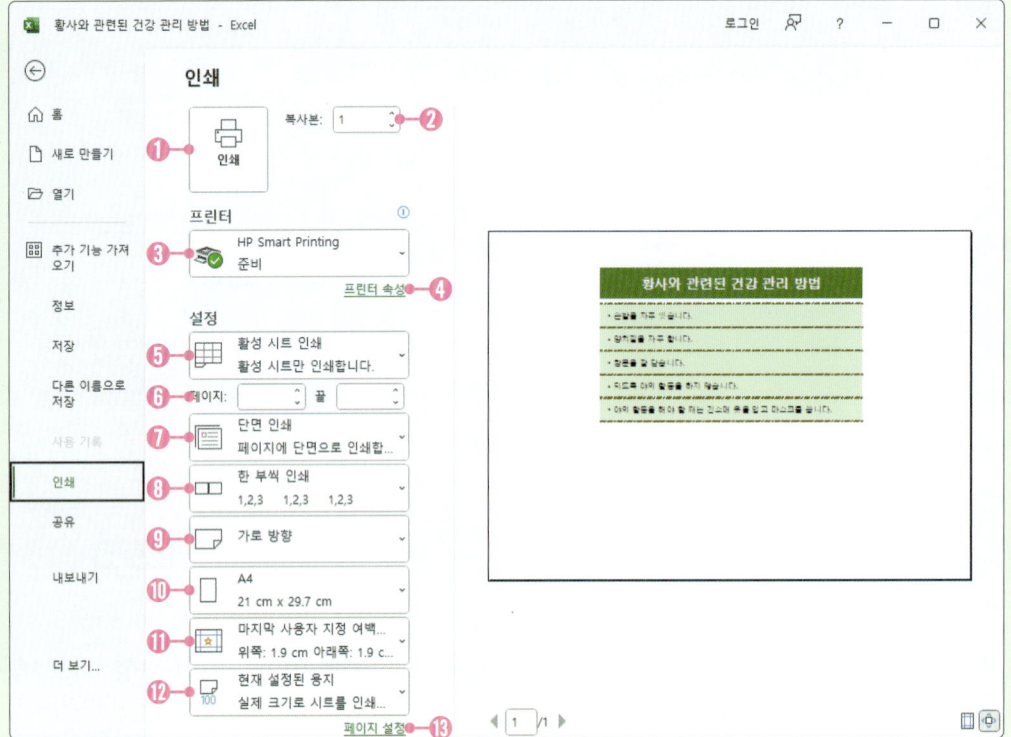

❶ **인쇄** : 문서를 인쇄합니다.

❷ **복사본** : 인쇄 매수를 지정합니다.

❸ **프린터** : 프린터를 선택합니다.

❹ **프린터 속성** : 프린터 속성을 지정할 수 있는 [프린터 속성] 대화상자가 나타납니다. [프린터 속성] 대화상자는 선택한 프린터에 따라 다르게 나타납니다.

❺ **인쇄 영역** : 인쇄 영역으로 활성 시트 인쇄, 전체 통합 문서 인쇄, 선택 영역 인쇄 중에서 하나를 선택합니다. '활성 시트 인쇄'를 선택하면 선택한 시트만 인쇄하고, '전체 통합 문서 인쇄'를 선택하면 모든 시트를 인쇄하며 '선택 영역 인쇄'를 선택하면 선택한 셀 범위만 인쇄합니다.

❻ **페이지/끝** : 일부 페이지만 인쇄하는 경우, 페이지에는 시작 페이지 번호, 끝에는 끝 페이지 번호를 입력합니다.

❼ **단면 인쇄/양면 인쇄** : 페이지에 단면으로 인쇄할지 양면으로 인쇄할지 여부를 선택합니다.

❽ **인쇄 순서** : 여러 페이지로 이루어진 문서를 여러 부 인쇄하는 경우, 한 부씩 인쇄할지 여부를 선택합니다. 예를 들어 2페이지로 이루어진 문서를 2부 인쇄하는 경우, '한 부씩 인쇄'를 선택하면 1, 2, 1, 2페이지 순으로 인쇄하고, '한 부씩 인쇄 안 함'을 선택하면 1, 1, 2, 2페이지 순으로 인쇄합니다.

❾ **용지 방향** : 용지 방향으로 세로 방향과 가로 방향 중에서 하나를 선택합니다.

❿ **용지 크기** : 용지 크기로 A3, A4, A5 등에서 하나를 선택합니다.

⓫ **용지 여백** : 용지 여백으로 기본, 넓게, 좁게 등에서 하나를 선택합니다. 용지 여백은 용지에서 인쇄 영역 밖의 빈 공간을 말합니다.

⓬ **인쇄 배율** : 인쇄 배율로 한 페이지에 시트 맞추기, 한 페이지에 모든 열 맞추기, 한 페이지에 모든 행 맞추기 등에서 하나를 선택합니다.

⓭ **페이지 설정** : 페이지를 설정할 수 있는 [페이지 설정] 대화상자가 나타납니다.

Jump! Jump!

01 다음과 같이 '식품과 관련된 건강 관리 방법' 파일을 연 후 테마를 지정해 보세요.

- **테마 지정** : 갤러리

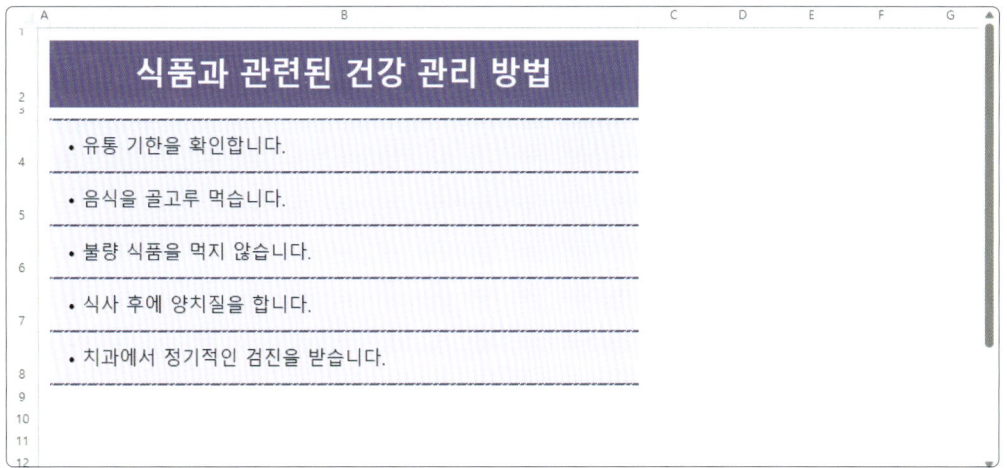

Hint

[페이지 레이아웃] 탭-[테마] 그룹에서 [테마]를 클릭한 후 [갤러리]를 클릭하면 테마를 지정할 수 있습니다.

02 다음과 같이 페이지를 설정한 후 문서를 인쇄해 보세요.

- **페이지 설정** : 용지 방향(가로), 페이지 가운데 맞춤([가로] 선택, [세로] 선택)
- **문서 인쇄** : 인쇄 영역(활성 시트 인쇄)

Chapter 11

WordArt 활용하기

학습 목표
- ◆ WordArt를 삽입하는 방법에 대해 알아봅니다.
- ◆ WordArt를 편집하는 방법에 대해 알아봅니다.

WordArt는 텍스트 채우기나 텍스트 윤곽선 등이 미리 정의되어 있는 텍스트 스타일인데요. WordArt를 활용하면 화려한 제목을 작성할 수 있습니다.

Preview

THEME 01 WordArt 삽입하기

1 '이탈리아' 파일을 연 후 WordArt를 삽입하기 위해 [삽입] 탭-[텍스트] 그룹에서 [WordArt]를 클릭한 다음 A[채우기: 흰색, 윤곽선: 주황, 강조색 2, 진한 그림자: 주황, 강조색 2]를 클릭합니다.

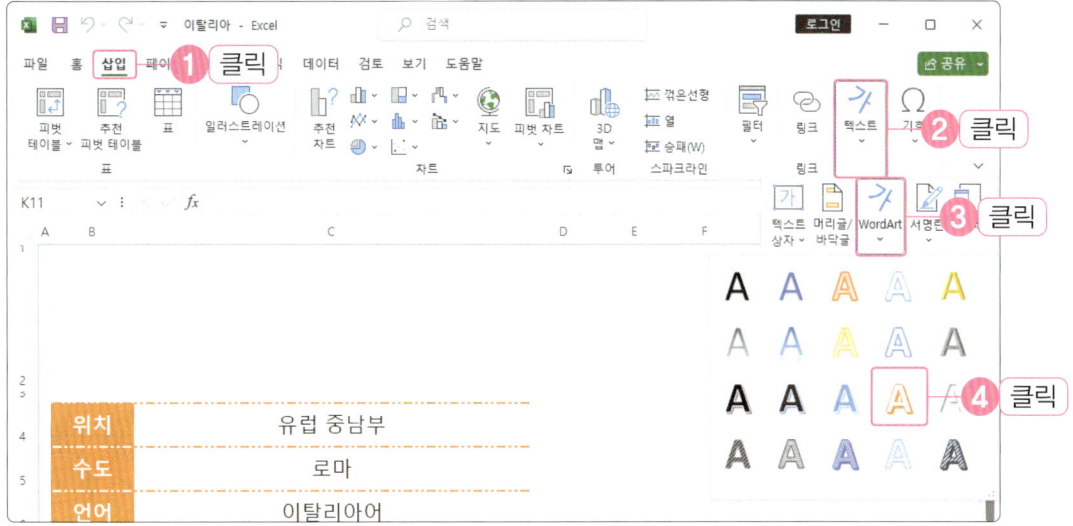

2 WordArt가 삽입되면 WordArt 텍스트(이탈리아)를 입력합니다. 그런 다음 WordArt 텍스트에 글꼴 서식을 지정하기 위해 WordArt 텍스트를 드래그하여 선택한 후 [홈] 탭-[글꼴] 그룹에서 글꼴(휴먼엑스포)을 선택한 다음 가[기울임꼴]을 클릭합니다.

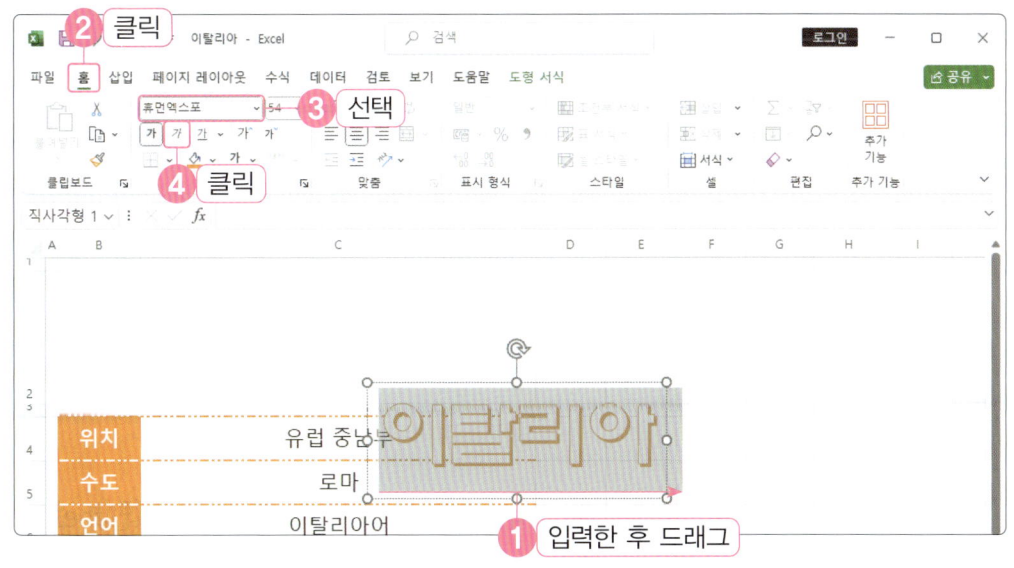

Tip
- WordArt가 삽입된 후 바로 WordArt 텍스트를 입력하면 기존 WordArt 텍스트가 지워진 다음 새 WordArt 텍스트가 입력됩니다.
- WordArt로 마우스 포인터를 가져가서 마우스 포인터가 ✥ 모양으로 변경되었을 때 클릭하면 WordArt를 선택할 수 있는데요. WordArt를 선택한 후 바로 WordArt 텍스트를 입력하거나 WordArt의 바로 가기 메뉴에서 [텍스트 편집]을 클릭하면 WordArt 텍스트를 입력할 수 있고, WordArt 텍스트로 마우스 포인터를 가져가서 마우스 포인터가 I 모양으로 변경되었을 때 클릭하면 WordArt 텍스트를 수정할 수 있습니다.

③ 다음과 같이 WordArt 텍스트에 글꼴 서식이 지정됩니다.

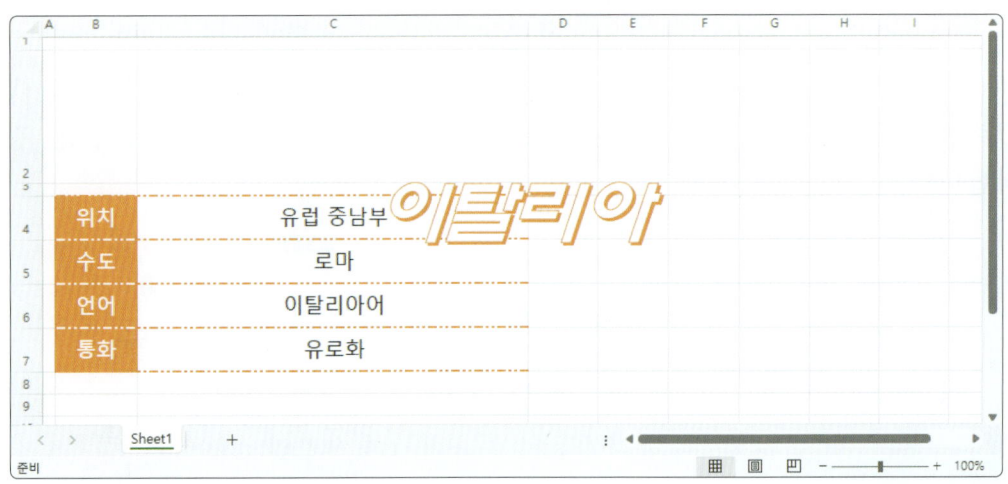

알아두면 실력튼튼

개체 선택하기

- **하나의 개체 선택** : 개체로 마우스 포인터를 가져가서 마우스 포인터가 ✥ 모양으로 변경되었을 때 클릭합니다.
- **여러 개체 선택** : 개체를 선택한 후 [Shift]를 누른 상태에서 다른 개체를 선택합니다.

개체 선택 해제하기

시트의 빈 부분을 클릭하거나 [Esc]를 누릅니다.

THEME 02 WordArt 편집하기

① 텍스트 채우기를 지정하기 위해 WordArt를 선택한 후 [도형 서식] 탭-[WordArt 스타일] 그룹에서 가[텍스트 채우기]의 ▼[목록] 단추를 클릭한 다음 [자주]를 클릭합니다.

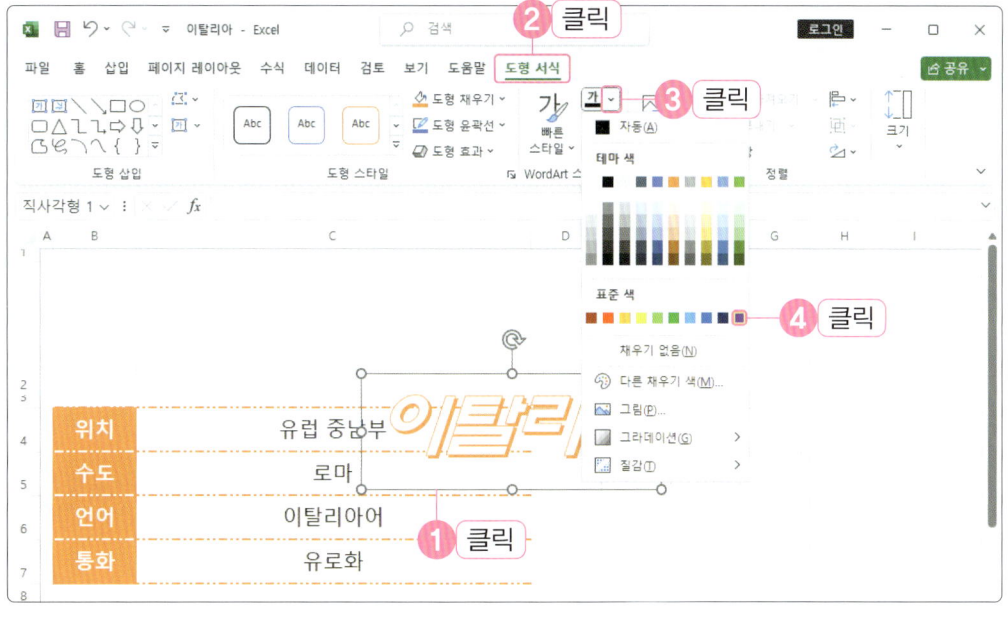

텍스트 채우기를 지정하면 WordArt 텍스트의 내부가 변경됩니다.

② 텍스트 윤곽선을 지정하기 위해 [도형 서식] 탭-[WordArt 스타일] 그룹에서 가[텍스트 윤곽선]의 ▼[목록] 단추를 클릭한 후 [황금색, 강조 4]를 클릭합니다.

텍스트 윤곽선을 지정하면 WordArt 텍스트의 테두리가 변경됩니다.

③ 반사 텍스트 효과를 지정하기 위해 [도형 서식] 탭-[WordArt 스타일] 그룹에서 [텍스트 효과]를 클릭한 후 [반사]- [근접 반사: 터치]를 클릭합니다.

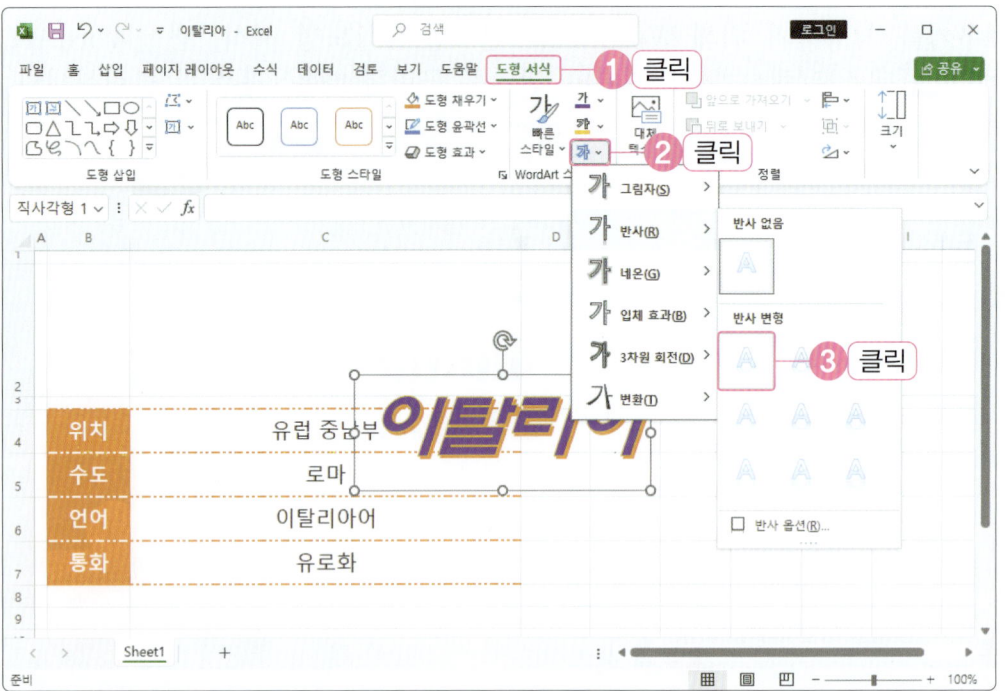

④ 네온 텍스트 효과를 지정하기 위해 [도형 서식] 탭-[WordArt 스타일] 그룹에서 [텍스트 효과]를 클릭한 후 [네온]-[네온: 11pt, 주황, 강조색 2]를 클릭합니다.

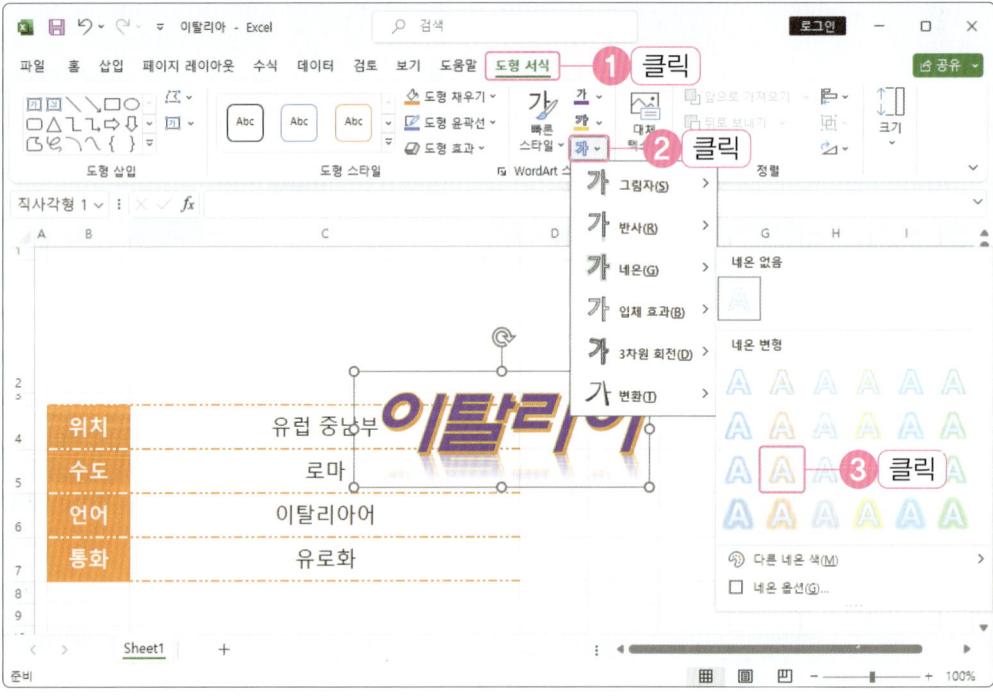

➎ 변환 텍스트 효과를 지정하기 위해 [도형 서식] 탭-[WordArt 스타일] 그룹에서 [텍스트 효과]를 클릭한 후 [변환]-abcde[갈매기형 수장: 아래로]를 클릭합니다.

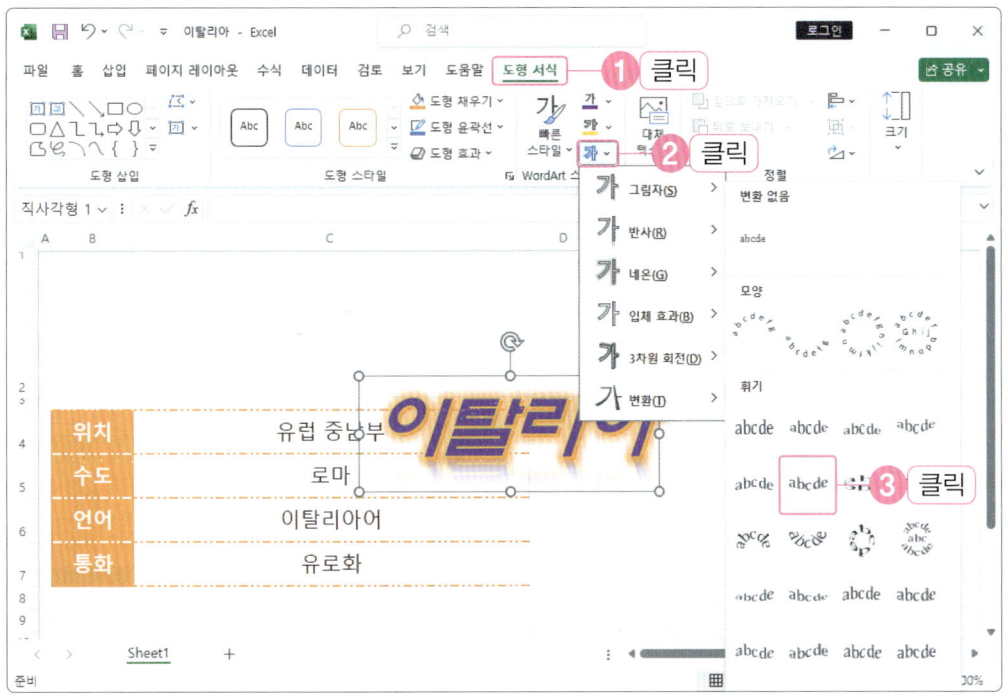

➏ 변환 텍스트 효과가 지정되면 다음과 같이 WordArt를 이동한 후 WordArt의 크기를 조절하기 위해 WordArt의 크기 조절 핸들(○)을 드래그합니다.

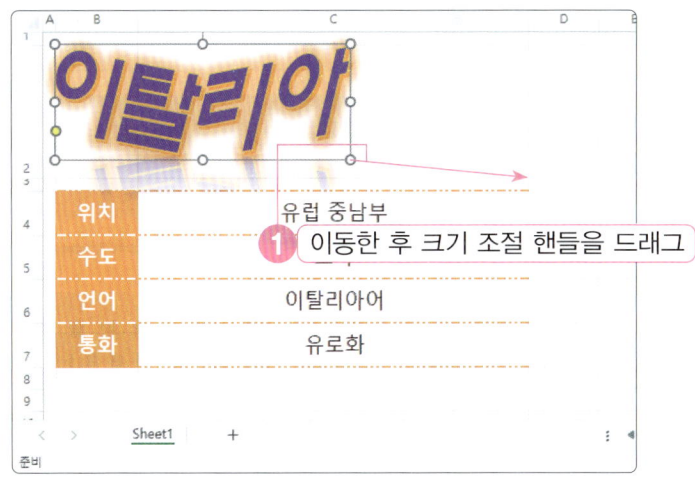

WordArt를 선택한 후 WordArt의 테두리를 드래그하면 WordArt를 이동할 수 있습니다.

➐ 다음과 같이 WordArt의 크기가 조절됩니다.

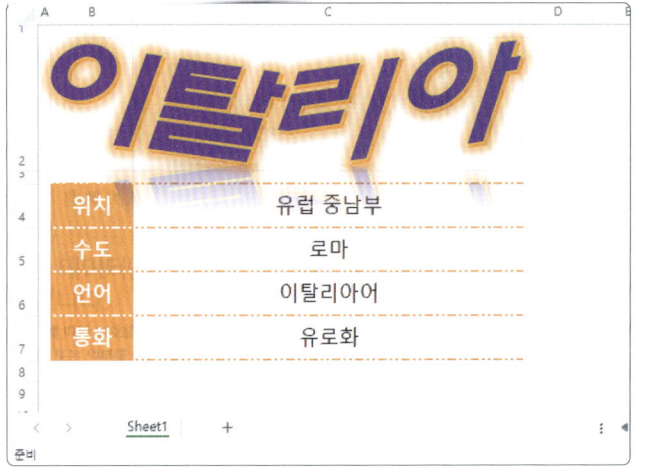

Chapter 11 – WordArt 활용하기

알아두면 실력튼튼

개체 이동하기
- **개체 이동** : 개체를 선택한 후 드래그합니다.
- **눈금선에 맞추어 개체 이동** : 개체를 선택한 후 Alt를 누른 상태에서 드래그합니다.
- **수평이나 수직 방향으로 개체 이동** : 개체를 선택한 후 Shift를 누른 상태에서 드래그합니다.

개체 복사하기
- **방법1** : 개체를 선택한 후 Ctrl을 누른 상태에서 드래그합니다.
- **방법2** : 개체를 선택한 후 Ctrl+D를 누릅니다.

개체의 크기 조절하기
- **개체의 크기 조절** : 개체를 선택한 후 개체의 크기 조절 핸들(○)을 드래그합니다.

◀ 개체의 크기 조절 핸들

- **눈금선에 맞추어 개체의 크기 조절** : 개체를 선택한 후 개체의 크기 조절 핸들을 Alt를 누른 상태에서 드래그합니다.

개체 지우기
개체를 선택한 후 Delete를 누릅니다.

Jump! Jump!

01 다음과 같이 '영국' 파일을 연 후 WordArt를 삽입해 보세요.

- WordArt 삽입 : **A**[채우기: 검정, 텍스트 1, 그림자]
- WordArt 텍스트에 글꼴 서식 지정 : 글꼴(휴먼편지체)

02 다음과 같이 WordArt를 편집해 보세요.

- 텍스트 채우기 지정 : [파랑, 강조 1]
- 네온 텍스트 효과 지정 : **A**[네온: 8pt, 파랑, 강조색 1]
- 변환 텍스트 효과 지정 : abcde[중지]

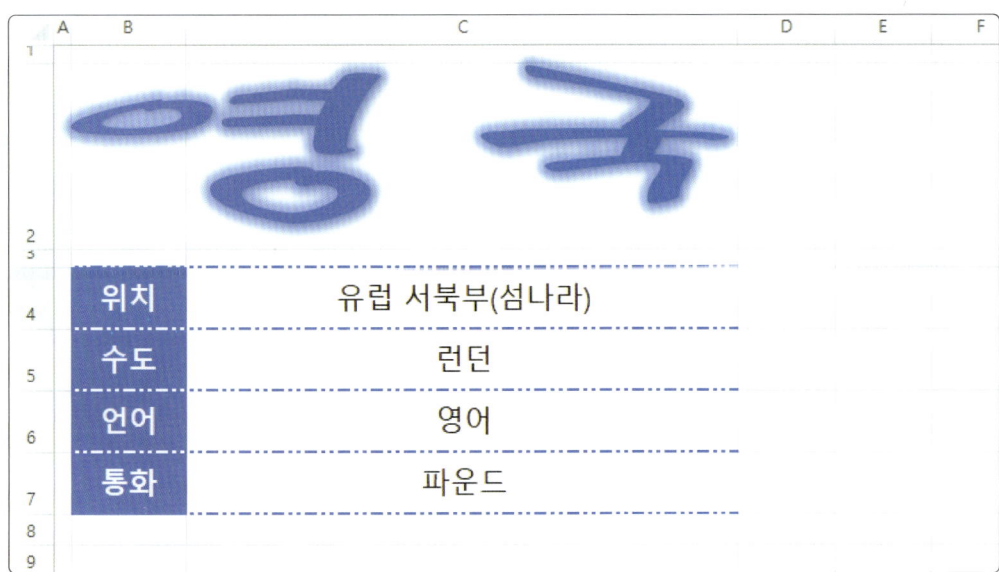

Hint

WordArt를 선택한 후 [도형 서식] 탭–[WordArt 스타일] 그룹에서 **가**[텍스트 채우기]의 ▼[목록] 단추를 클릭한 다음 [파랑, 강조 1]을 클릭하면 텍스트 채우기를 지정할 수 있습니다.

Chapter 12
도형과 그림 활용하기

학습 목표
- ◆ 도형을 활용하는 방법에 대해 알아봅니다.
- ◆ 그림을 활용하는 방법에 대해 알아봅니다.

엑셀에서는 선, 사각형, 블록 화살표, 수식 도형 등의 다양한 도형을 제공하는데요. 도형과 그림을 활용하면 문서를 돋보이게 작성할 수 있습니다.

Preview

THEME 01 도형 활용하기

1 '가락 악기' 파일을 연 후 도형을 삽입하기 위해 [삽입] 탭-[일러스트레이션] 그룹에서 [도형]을 클릭한 다음 ▢[사각형: 둥근 모서리]를 클릭합니다.

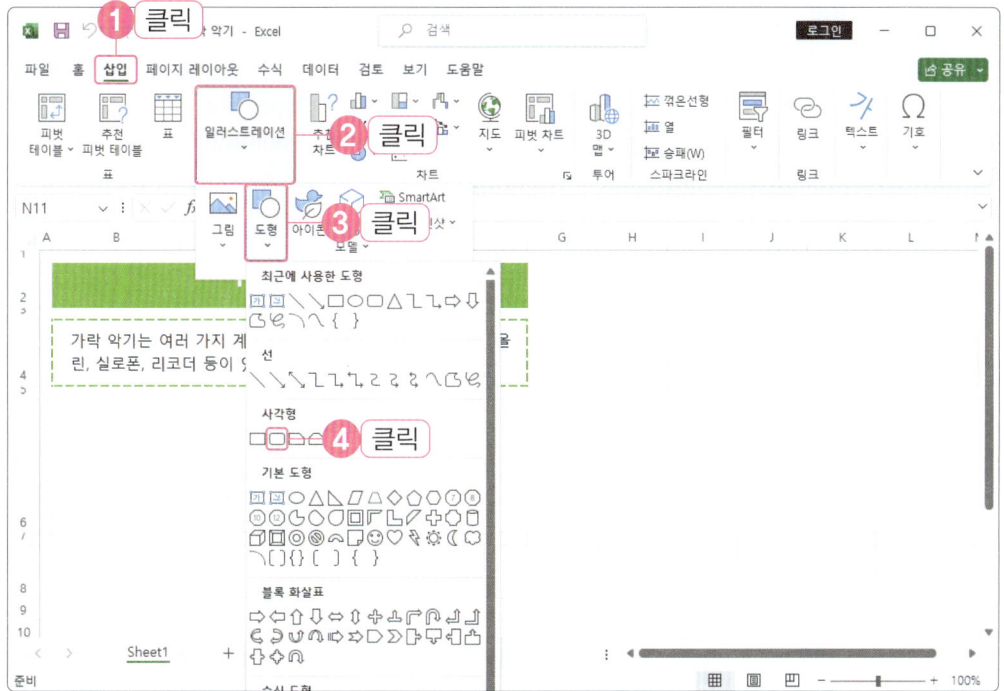

2 마우스 포인터가 + 모양으로 변경되면 다음과 같이 드래그하여 도형을 그립니다.

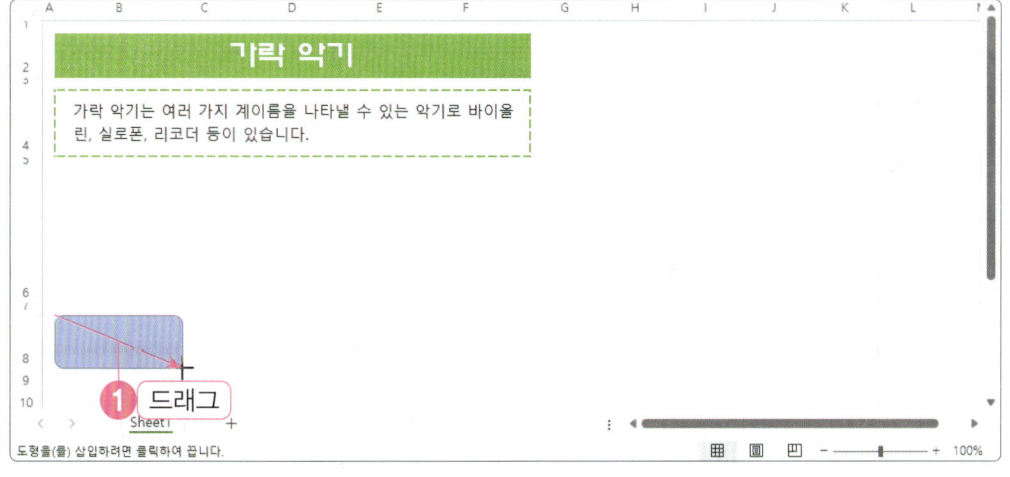

> **Tip**
> - Alt 를 누른 상태에서 도형을 그리면 눈금선에 맞추어 도형을 그릴 수 있습니다.
> - Shift 를 누른 상태에서 직사각형이나 타원을 그리면 정사각형이나 정원(완전히 동그란 원)이 그려지고, Ctrl 을 누른 상태에서 도형을 그리면 도형을 그리기 시작한 위치가 도형의 중심이 됩니다.

Chapter 12 – 도형과 그림 활용하기 **69**

③ 도형 스타일을 지정하기 위해 도형을 선택한 후 [도형 서식] 탭-[도형 스타일] 그룹에서 [빠른 스타일] 단추를 클릭합니다.

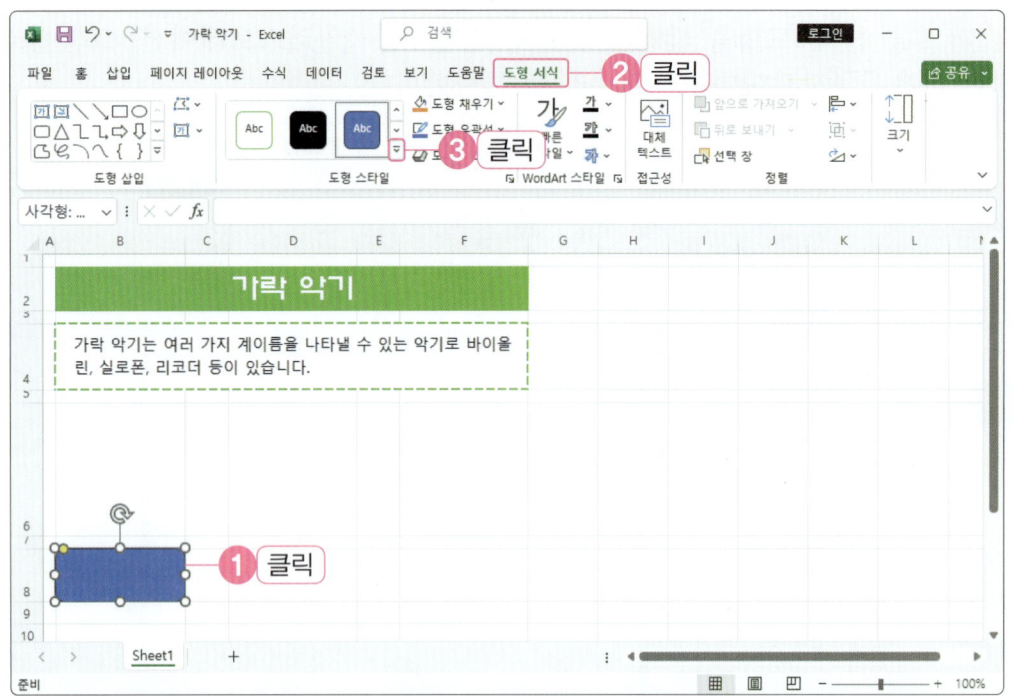

④ 도형 스타일 목록이 나타나면 [보통 효과 – 파랑, 강조 1]을 클릭합니다.

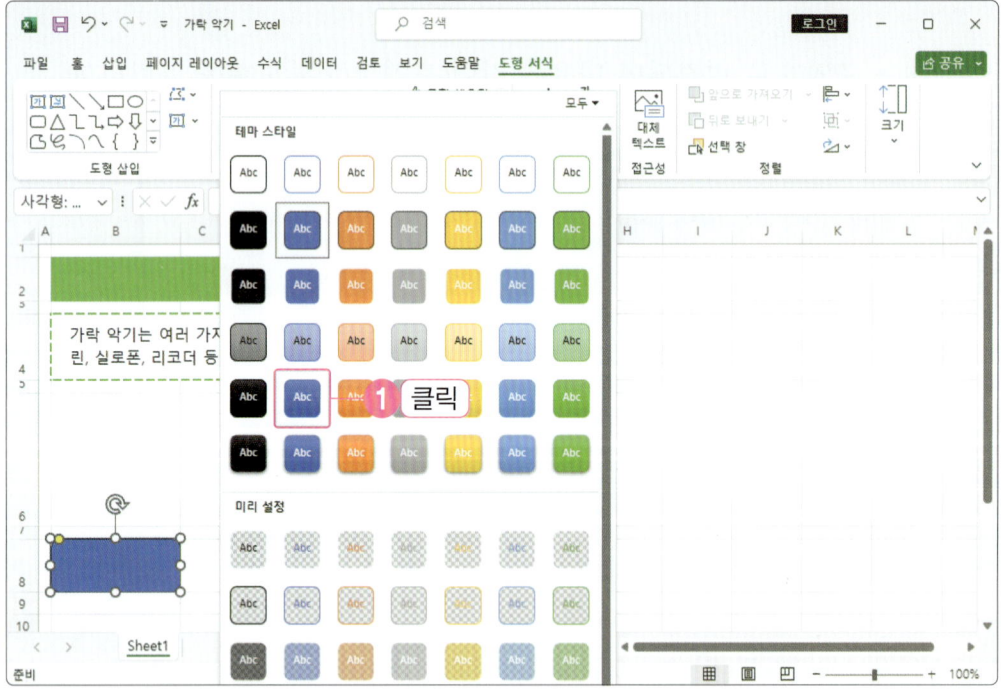

❺ 도형 텍스트(바이올린)를 입력합니다. 그런 다음 도형 텍스트에 글꼴 서식을 지정하기 위해 도형 텍스트를 드래그하여 선택한 후 [홈] 탭-[글꼴] 그룹에서 글꼴(휴먼아미체)과 글꼴 크기(24)를 선택합니다.

Tip
도형을 선택한 후 바로 도형 텍스트를 입력하거나 도형의 바로 가기 메뉴에서 [텍스트 편집]을 클릭하면 도형 텍스트를 입력할 수 있고, 도형 텍스트로 마우스 포인터를 가져가서 마우스 포인터가 I 모양으로 변경되었을 때 클릭하면 도형 텍스트를 수정할 수 있습니다.

❻ 도형 서식을 지정하기 위해 도형을 선택한 후 [도형 서식] 탭-[도형 스타일] 그룹에서 ⬒[도형 서식]을 클릭합니다.

Chapter 12 - 도형과 그림 활용하기 **71**

7 [도형 서식] 작업 창이 나타나면 [도형 옵션]-[크기 및 속성]-[텍스트 상자]에서 세로 맞춤(정가운데)과 텍스트 방향(가로)을 선택한 후 ×[닫기]를 클릭합니다.

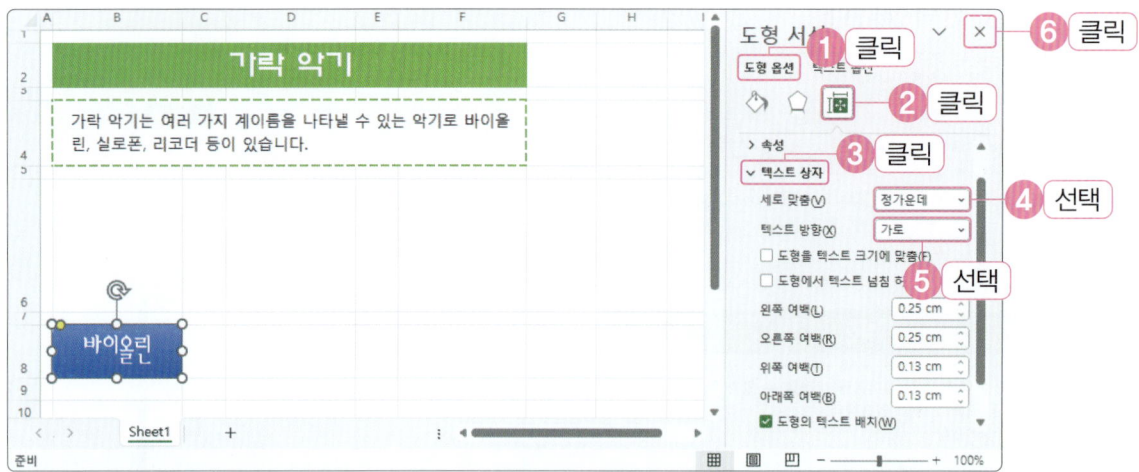

8 도형을 복사하기 위해 다음과 같이 Ctrl과 Shift를 누른 상태에서 도형을 드래그합니다.

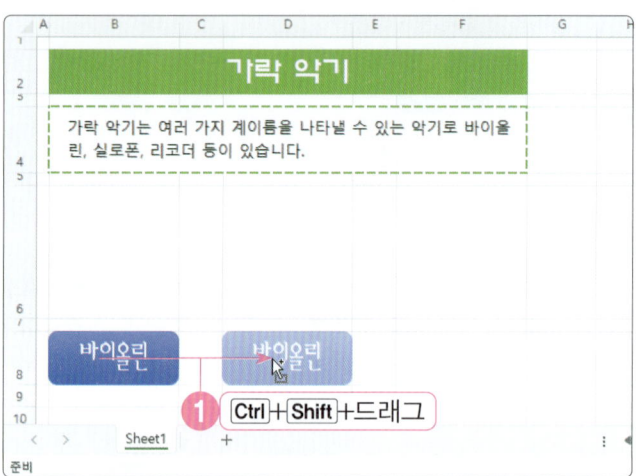

> **TIP**
> 도형을 선택한 후 Ctrl을 누른 상태에서 드래그하면 도형이 복사되고, Shift를 누른 상태에서 드래그하면 수평이나 수직 방향으로 이동됩니다.

9 같은 방법으로 다음과 같이 도형을 1개 더 복사한 후 도형을 편집합니다.
- **도형 스타일 지정** : ❶ [보통 효과 – 주황, 강조 2], ❷ [보통 효과 – 황금색, 강조 4]

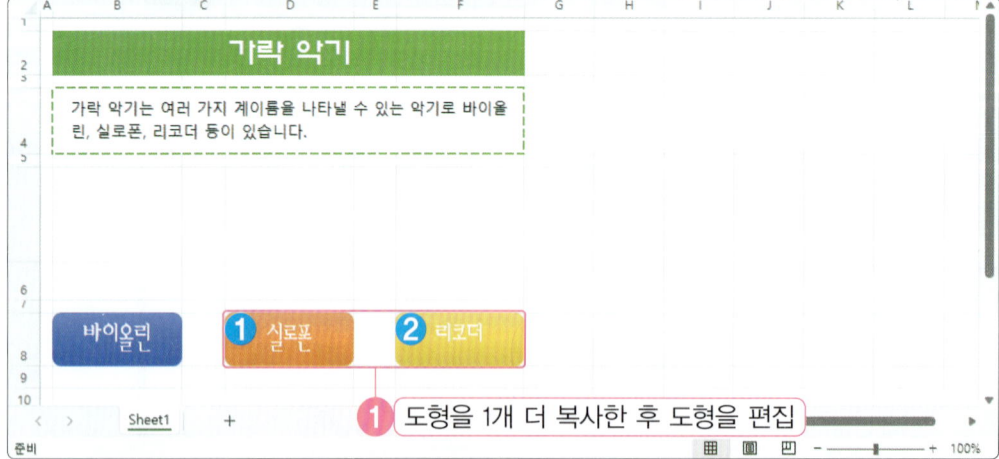

개체의 겹치는 순서 다시 매기기

개체를 서로 겹치면 나중에 삽입한 개체가 먼저 삽입한 개체 위에 겹쳐집니다. 개체를 선택한 후 [도형 서식]/[그림 서식] 탭-[정렬] 그룹에서 [앞으로 가져오기]의 [목록] 단추를 클릭한 다음 [앞으로 가져오기]/[맨 앞으로 가져오기]를 클릭하거나 [뒤로 보내기]의 [목록] 단추를 클릭한 다음 [뒤로 보내기]/[맨 뒤로 보내기]를 클릭하면 개체의 겹치는 순서를 다시 매길 수 있는데요. WordArt나 도형을 선택하면 [도형 서식] 탭이 나타나고, 그림을 선택하면 [그림 서식] 탭이 나타납니다.

맨 앞으로 가져오기
선택한 개체(■)를 맨 위로 이동

앞으로 가져오기
선택한 개체(■)를 한 단계 위로 이동

맨 뒤로 보내기
선택한 개체(■)를 맨 아래로 이동

뒤로 보내기
선택한 개체(■)를 한 단계 뒤로 이동

THEME 02 그림 활용하기

1 그림을 삽입하기 위해 B6셀을 선택한 후 [삽입] 탭-[일러스트레이션] 그룹에서 [그림]을 클릭한 다음 [이 디바이스]를 클릭합니다.

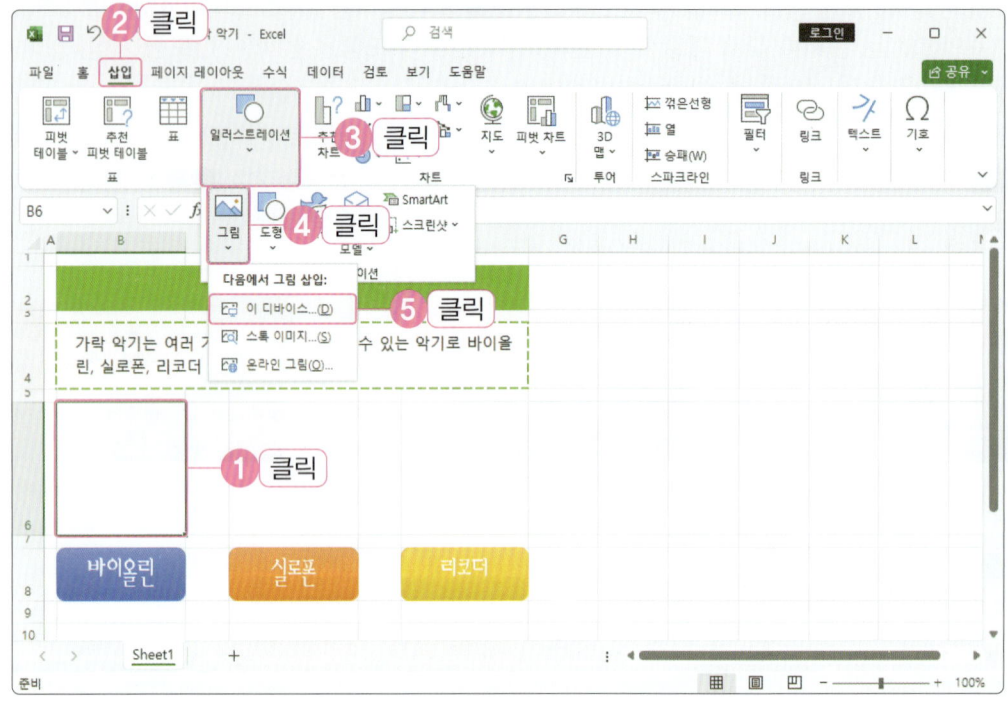

Tip
- 선택한 셀(여기서는 B6셀)에 그림이 삽입됩니다.
- [스톡 이미지]를 클릭하면 아이콘, 스티커, 만화 캐릭터 등의 이미지를 삽입할 수 있고, [온라인 그림]을 클릭하면 인터넷에서 원하는 이미지를 찾아 삽입할 수 있습니다.

2 [그림 삽입] 대화상자가 나타나면 위치(엑셀2021\Chapter12)를 선택한 후 파일(바이올린)을 선택한 다음 [삽입] 단추를 클릭합니다.

❸ 그림이 삽입되면 그림의 크기를 조절하기 위해 그림의 크기 조절 핸들(○)을 드래그합니다.

❹ 그림 스타일을 지정하기 위해 그림을 선택한 후 [그림 서식] 탭-[그림 스타일] 그룹에서 [빠른 스타일]을 클릭한 다음 [대각선 방향의 모서리 잘림, 흰색]을 클릭합니다.

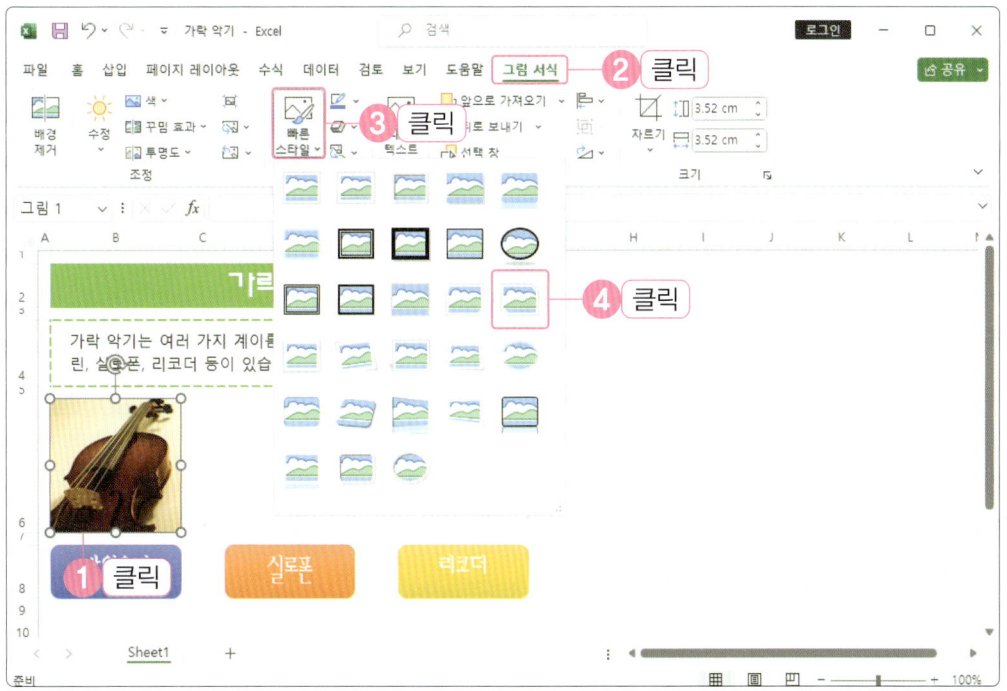

그림 원래대로

그림을 선택한 후 [그림 서식] 탭-[조정] 그룹에서 [그림 원래대로]의 [목록] 단추를 클릭한 다음 [그림 원래대로]를 클릭하면 그림에 지정한 서식을 제거할 수 있고, [그림 및 크기 다시 설정]을 클릭하면 그림을 원래대로 되돌릴 수 있습니다.

5️⃣ 그림 테두리를 지정하기 위해 [그림 서식] 탭-[그림 스타일] 그룹에서 [그림 테두리]의 [목록] 단추를 클릭한 후 [파랑, 강조 1]을 클릭합니다.

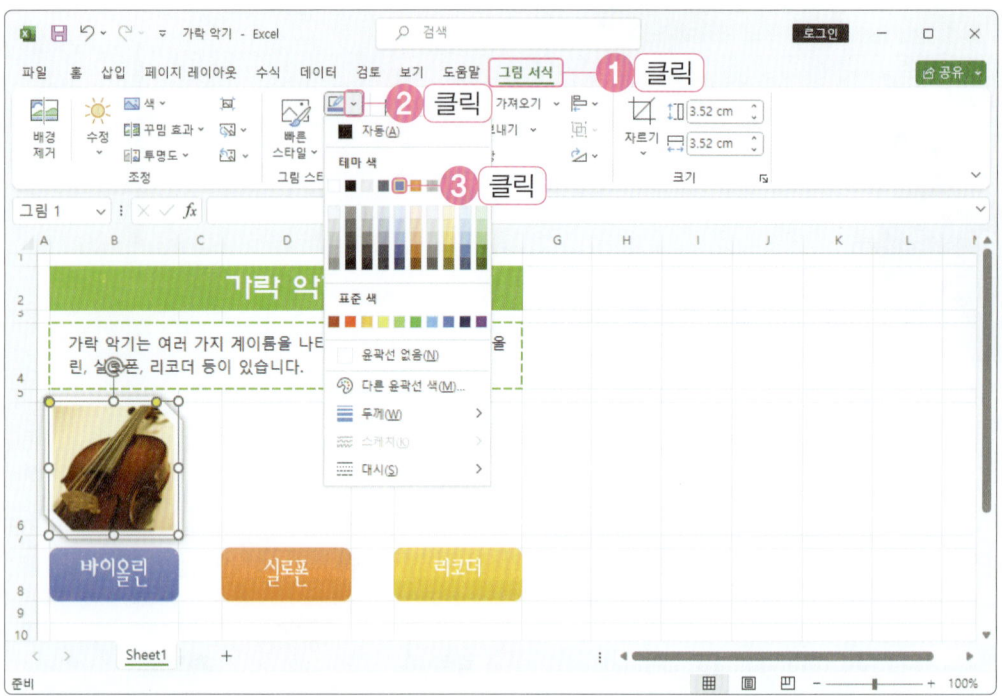

6️⃣ 같은 방법으로 다음과 같이 그림을 삽입한 후 그림을 편집합니다.
- **그림 삽입** : 위치(엑셀2021\Chapter12), 파일 이름(①실로폰, ②리코더)
- **그림 스타일 지정** : [대각선 방향의 모서리 잘림, 흰색]
- **그림 테두리 지정** : ①[주황, 강조 2], ②[황금색, 강조 4]

01 다음과 같이 '리듬 악기' 파일을 연 후 도형을 활용하여 문서를 작성해 보세요.

- **도형 삽입** : [사각형: 잘린 대각선 방향 모서리]
- **도형 스타일 지정** : ❶[색 채우기 – 황금색, 강조 4], ❷[색 채우기 – 파랑, 강조 5], ❸[색 채우기 – 녹색, 강조 6]
- **도형 서식 지정** : 텍스트 상자(세로 맞춤(정가운데), 텍스트 방향(가로))
- **도형 텍스트에 글꼴 서식 지정** : 글꼴(휴먼편지체), 글꼴 크기(18), 가[굵게]

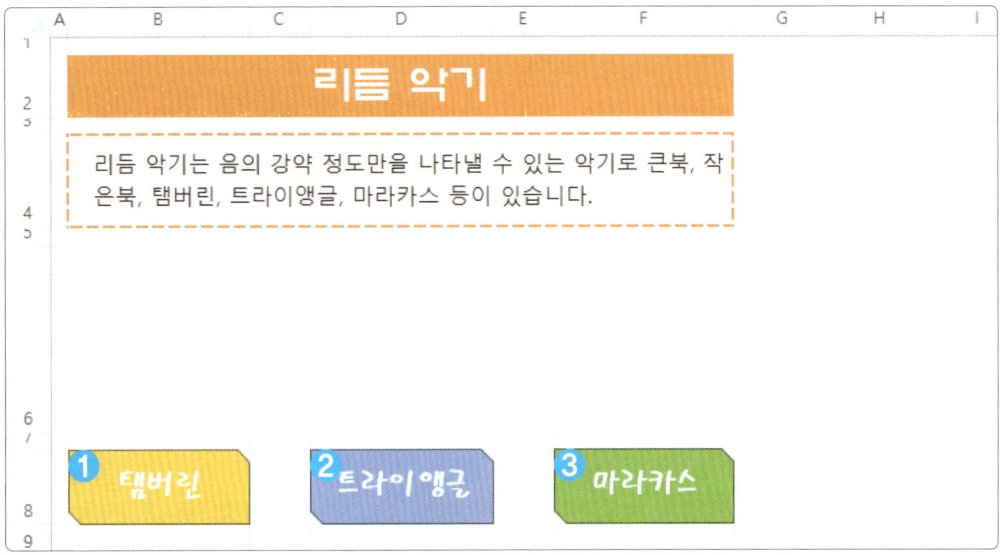

02 다음과 같이 그림을 활용하여 문서를 작성해 보세요.

- **그림 삽입** : 위치(엑셀2021\Chapter12), 파일 이름(❶탬버린, ❷트라이앵글, ❸마라카스)
- **그림 스타일 지정** : [단순형 프레임, 흰색]
- **그림 테두리 지정** : ❶[황금색, 강조 4], ❷[파랑, 강조 5], ❸[녹색, 강조 6]

Chapter 12 – 도형과 그림 활용하기   **77**

Chapter 13 SmartArt 활용하기

- ◆ SmartArt를 삽입하는 방법에 대해 알아봅니다.
- ◆ SmartArt를 편집하는 방법에 대해 알아봅니다.

요소 간의 관계나 어떤 단계 등을 일정한 양식의 그림으로 나타낸 것을 '다이어그램'이라고 하는데요. 엑셀에서는 SmartArt를 활용하면 다이어그램을 쉽고 빠르게 작성할 수 있습니다.

Preview

THEME 01 SmartArt 삽입하기

1 '달의 모양 변화' 파일을 연 후 SmartArt를 삽입하기 위해 [삽입] 탭-[일러스트레이션] 그룹에서 [SmartArt]를 클릭합니다.

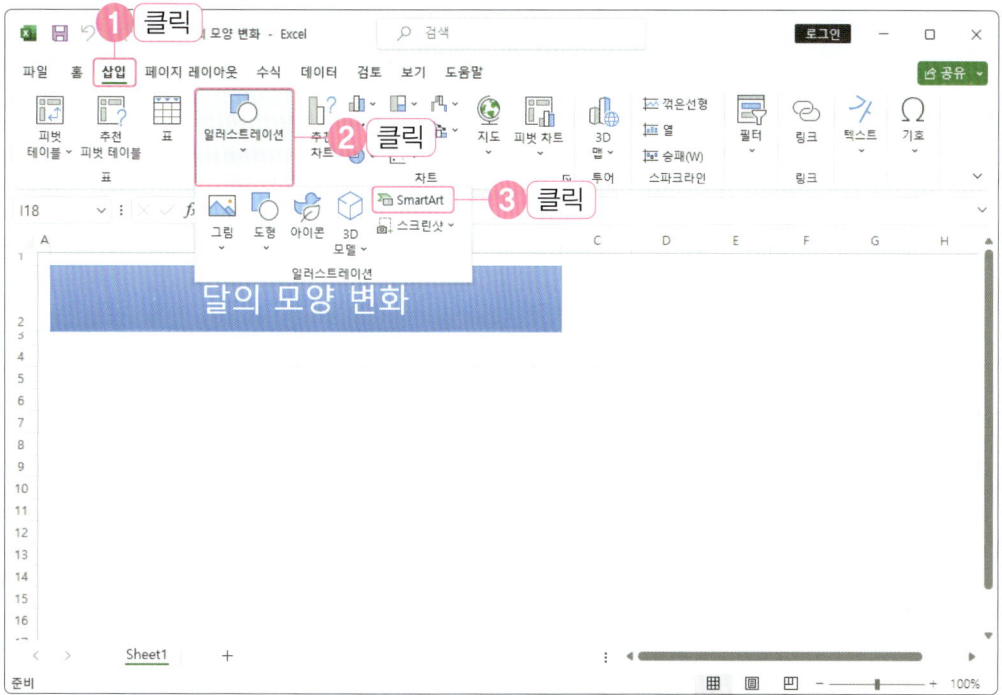

2 [SmartArt 그래픽 선택] 대화상자가 나타나면 [주기형]에서 [기본 주기형]을 선택한 후 [확인] 단추를 클릭합니다.

알아두면 실력튼튼

SmartArt 종류

- **[목록형]** : 비순차 정보를 표시하는 경우에 주로 사용합니다.
- **[프로세스형]** : 순차 정보를 표시하는 경우에 주로 사용합니다.
- **[주기형]** : 순환 정보를 표시하는 경우에 주로 사용합니다.
- **[계층 구조형]** : 계층 정보를 표시하는 경우에 주로 사용합니다.
- **[관계형]** : 정보 사이의 관계를 표시하는 경우에 주로 사용합니다.
- **[행렬형]** : 전체 정보에 대한 각 정보의 관계를 표시하는 경우에 주로 사용합니다.
- **[피라미드형]** : 정보 사이의 관계를 상대적으로 표시하는 경우에 주로 사용합니다.
- **[그림]** : 그림을 활용하여 정보를 표시하는 경우에 주로 사용합니다.

③ SmartArt가 삽입되면 다음과 같이 SmartArt를 이동한 후 Smart Art의 크기를 조절하기 위해 SmartArt의 크기 조절 핸들(○)을 드래그합니다.

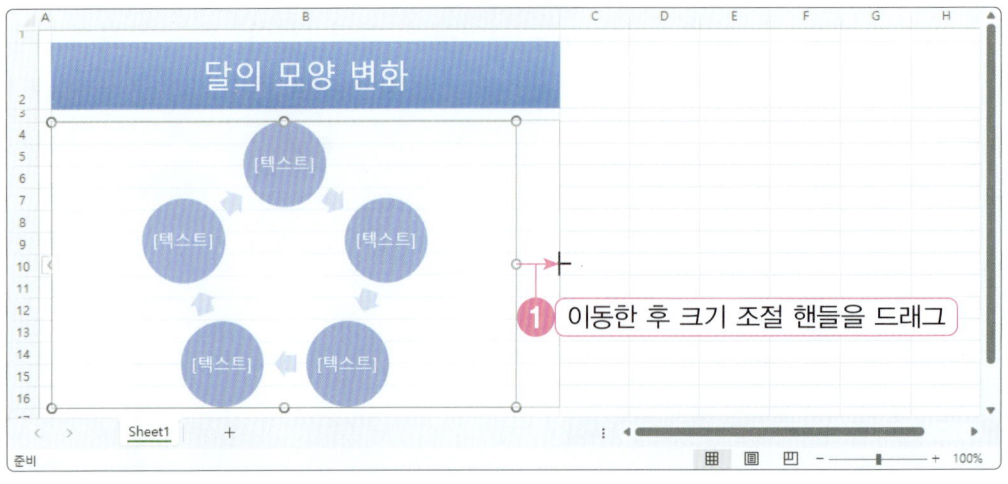

TiP

도형을 선택한 후 SmartArt의 테두리를 클릭하면 SmartArt를 선택할 수 있는데요. SmartArt를 선택한 후 SmartArt의 테두리를 드래그하면 SmartArt를 이동할 수 있습니다.

④ 도형을 추가하기 위해 첫 번째 도형을 선택한 후 [SmartArt 디자인] 탭-[그래픽 만들기] 그룹에서 [도형 추가]의 ⌄[목록] 단추를 클릭한 다음 [뒤에 도형 추가]를 클릭합니다.

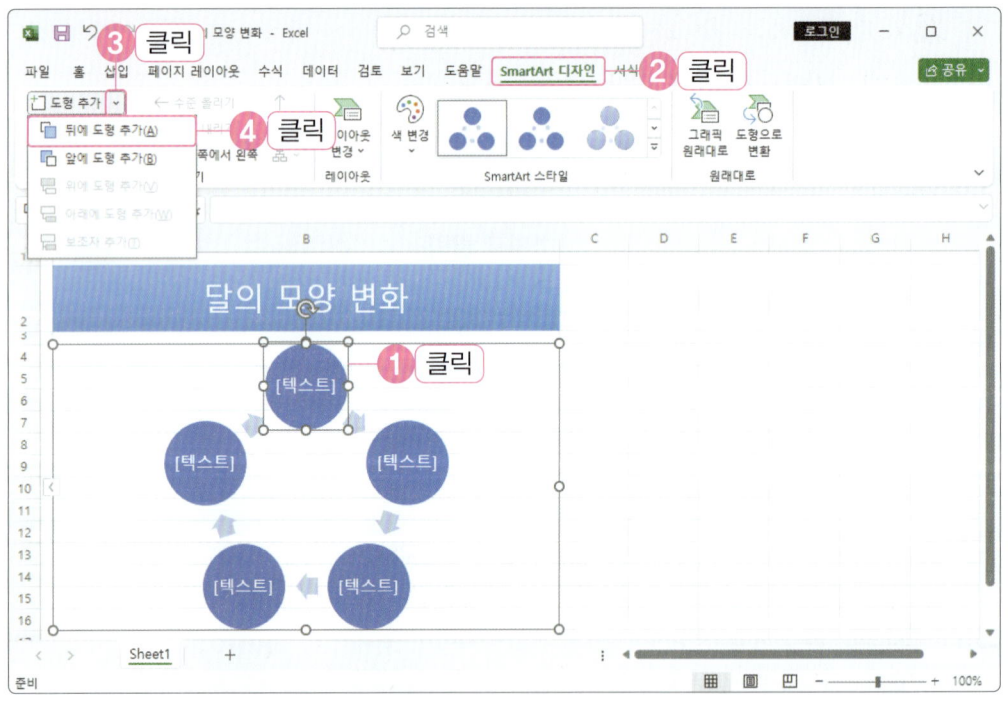

TiP

다른 도형을 선택한 후 [SmartArt 디자인] 탭-[그래픽 만들기] 그룹에서 [도형 추가]의 ⌄[목록] 단추를 클릭한 다음 [뒤에 도형 추가]/[앞에 도형 추가]를 클릭하여 도형을 추가할 수도 있습니다.

❺ SmartArt의 방향을 전환하기 위해 SmartArt를 선택한 후 [SmartArt 디자인] 탭-[그래픽 만들기] 그룹에서 [오른쪽에서 왼쪽]을 클릭합니다.

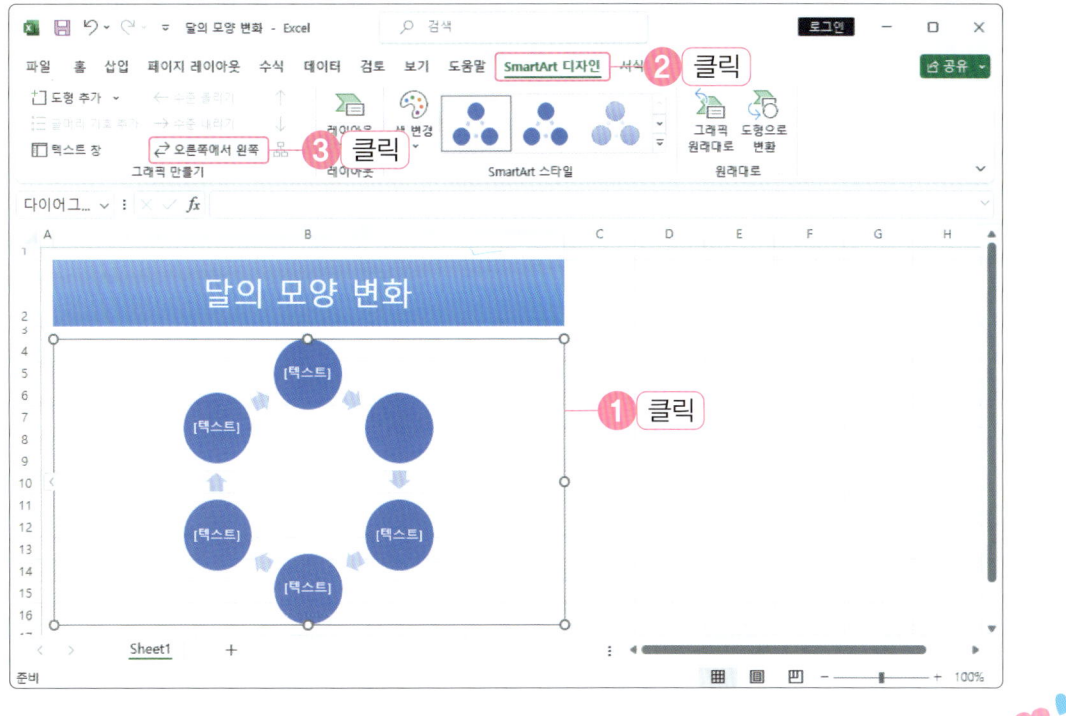

Tip

SmartArt를 선택한 후 [SmartArt 디자인] 탭-[그래픽 만들기] 그룹에서 [오른쪽에서 왼쪽]을 클릭하면 SmartArt의 방향을 오른쪽에서 왼쪽으로 전환할 수 있고, 다시 클릭하면 SmartArt의 방향을 왼쪽에서 오른쪽으로 전환할 수 있습니다.

❻ SmartArt의 방향이 전환되면 다음과 같이 SmartArt 텍스트를 입력합니다.

Chapter 13 – SmartArt 활용하기 **81**

THEME 02 SmartArt 편집하기

1 SmartArt 스타일을 지정하기 위해 SmartArt를 선택한 후 [SmartArt 디자인] 탭-[SmartArt 스타일] 그룹에서 [빠른 스타일] 단추를 클릭합니다.

2 SmartArt 스타일 목록이 나타나면 [보통 효과]를 클릭합니다.

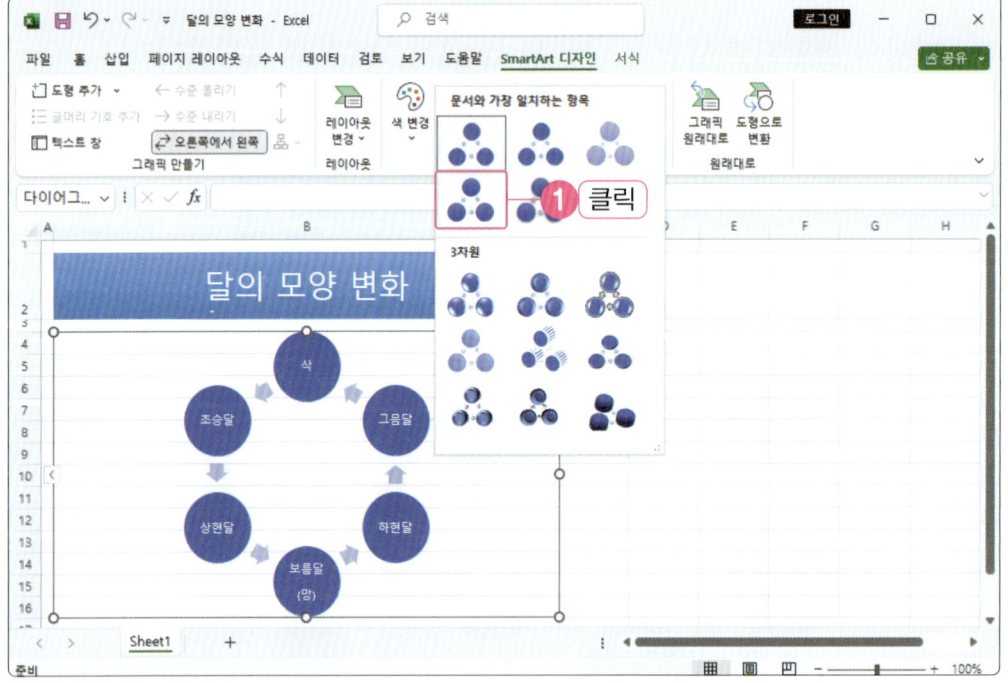

③ SmartArt 색을 변경하기 위해 [SmartArt 디자인] 탭-[SmartArt 스타일] 그룹에서 [색 변경]을 클릭한 후 [색상형 범위 – 강조색 3 또는 4]를 클릭합니다.

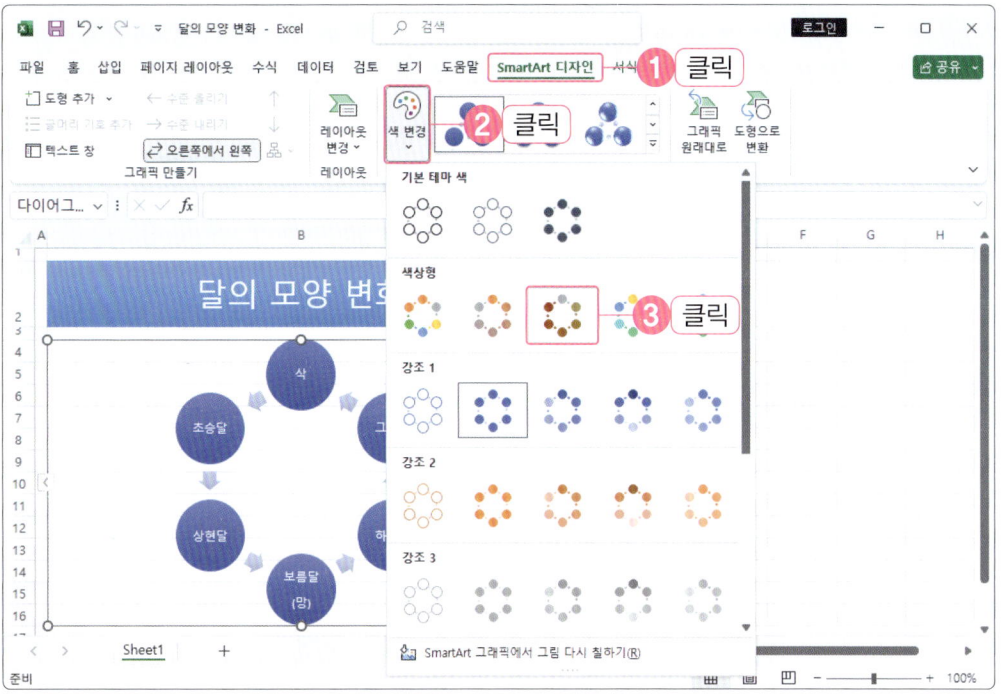

④ SmartArt 텍스트에 글꼴 서식을 지정하기 위해 [홈] 탭-[글꼴] 그룹에서 글꼴(휴먼편지체)과 글꼴 크기(12)를 선택합니다.

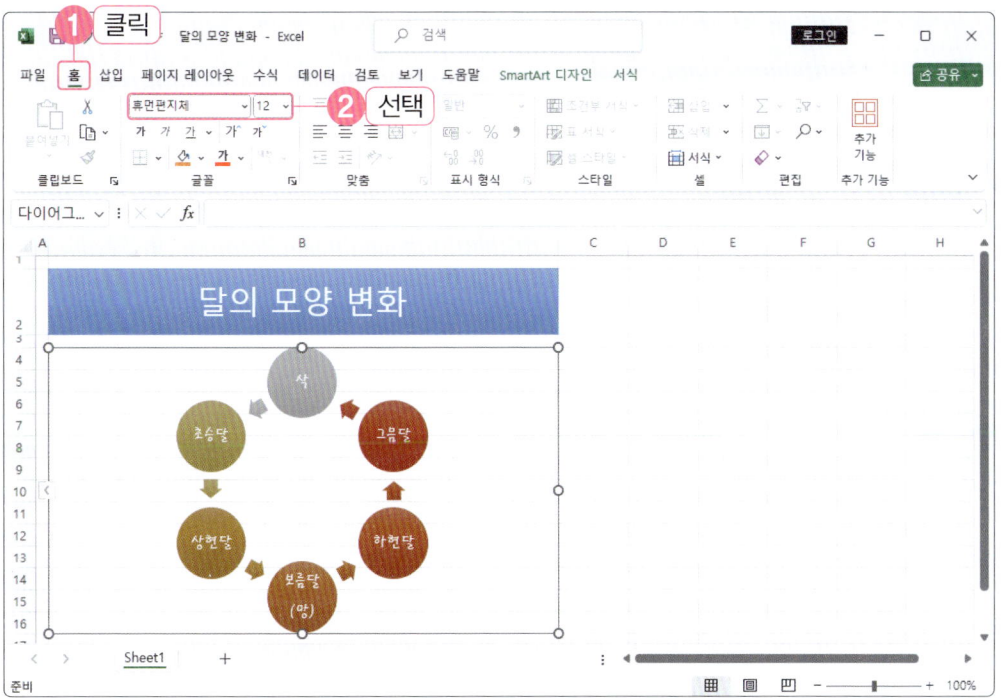

⑤ SmartArt 텍스트에 글꼴 서식이 지정됩니다.

그래픽 원래대로

다음과 같이 SmartArt를 선택한 후 [SmartArt 디자인] 탭-[원래대로] 그룹에서 [그래픽 원래대로]를 클릭하면 SmartArt에 지정한 서식을 제거할 수 있습니다.

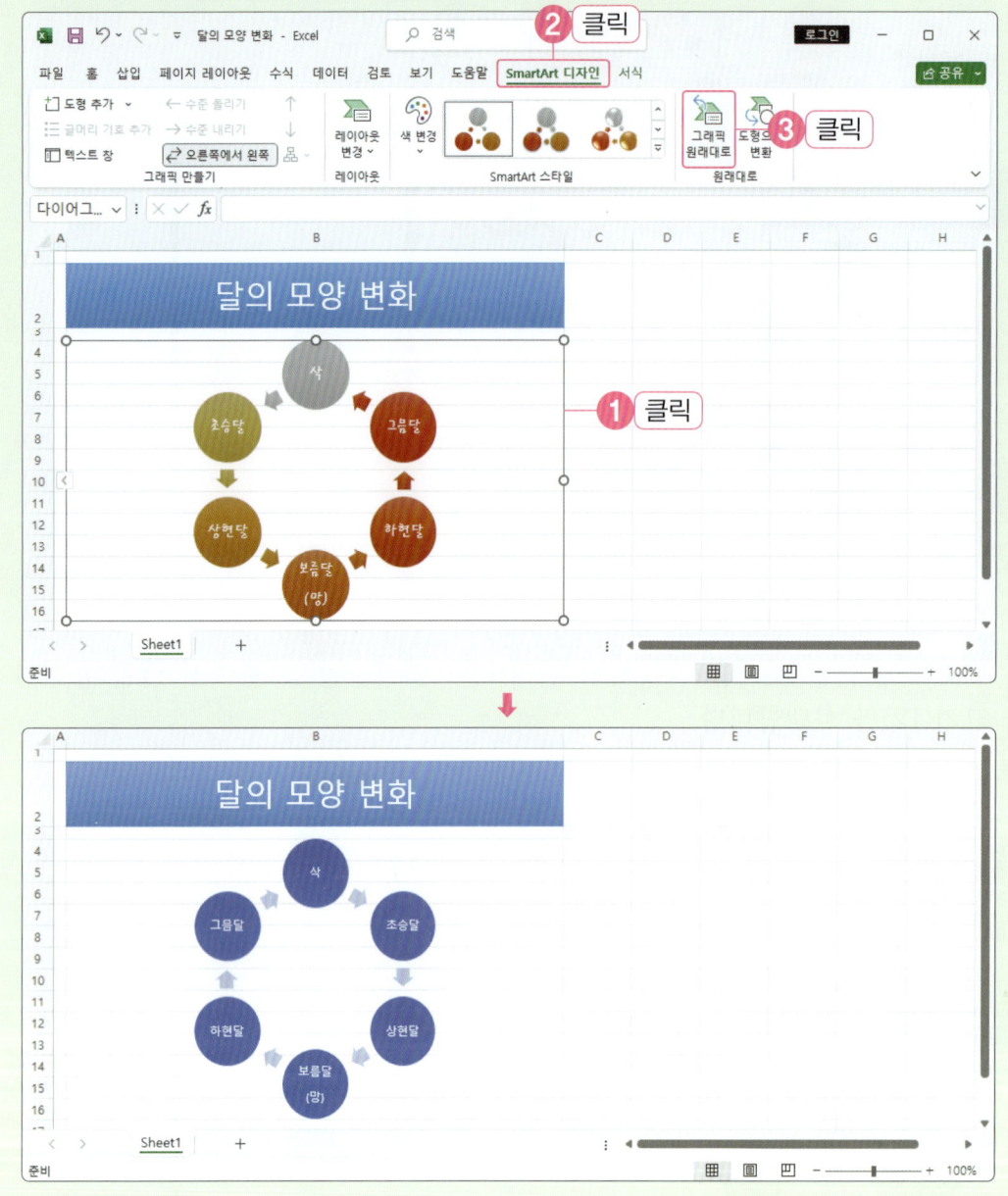

01 다음과 같이 '물의 상태 변화' 파일을 연 후 SmartArt를 삽입해 보세요.

- SmartArt 삽입 : [주기형]-[다방향 주기형]

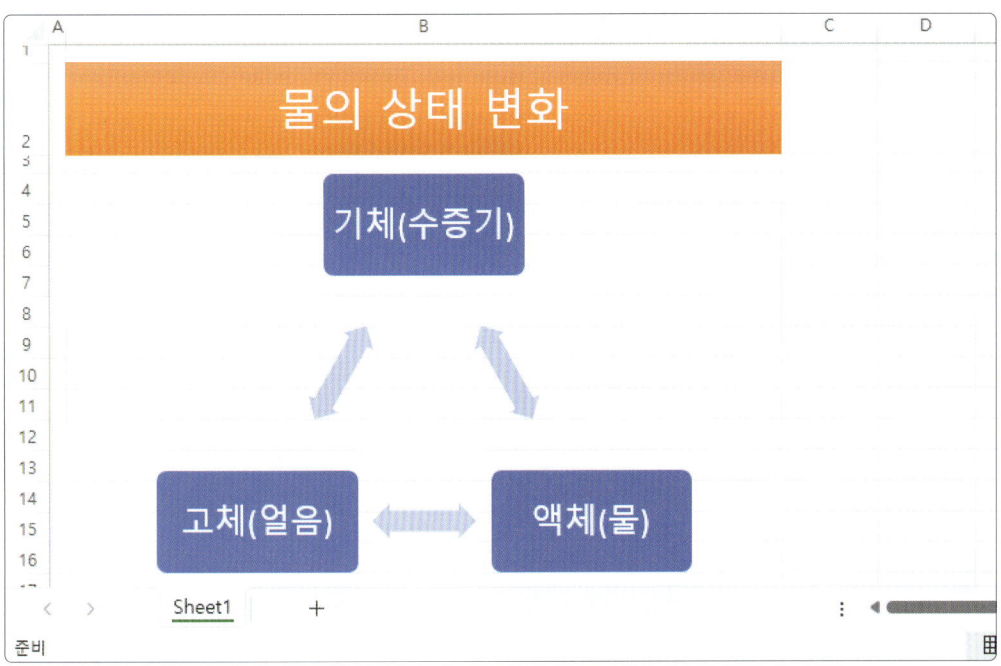

02 다음과 같이 SmartArt를 편집해 보세요.

- SmartArt 스타일 지정 : [미세 효과]
- SmartArt 색 변경 : [색상형 범위 – 강조색 4 또는 5]

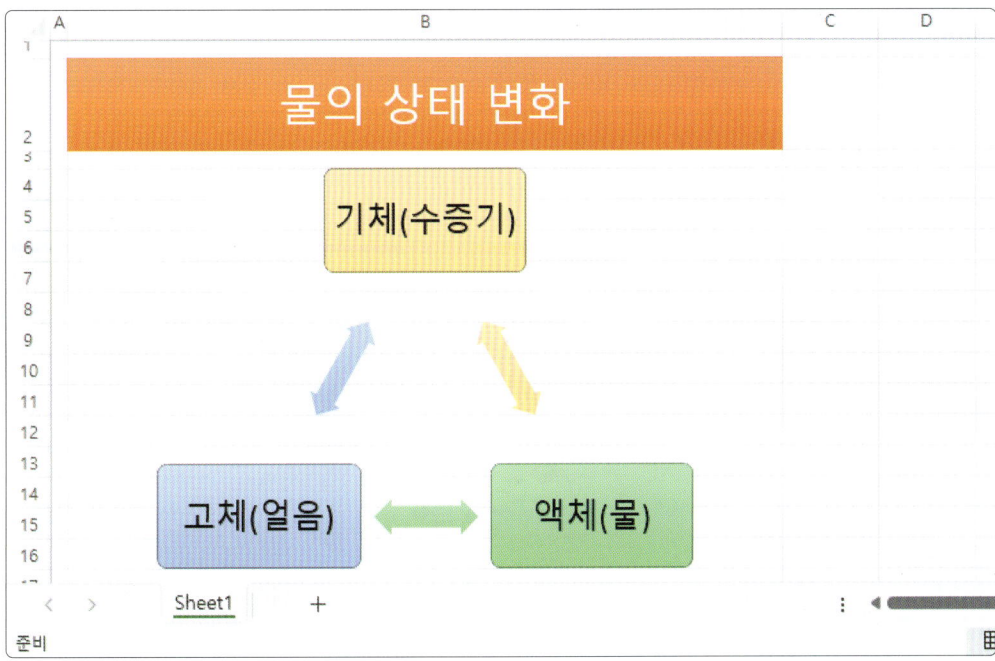

Chapter 14 수식 알아보기

학습목표
- ◆ 수식을 입력하는 방법에 대해 알아봅니다.
- ◆ 참조에 대해 알아봅니다.

엑셀에서 수식은 셀 값을 계산하기 위한 식을 말하는데요. 수식은 '=SUM(A1,A3:A5)-B7-9'와 같이 등호(=), 함수(SUM(A1,A3:A5)), 연산자(-), 참조(B7), 상수(9)로 구성되어 있습니다.

Preview

THEME 01 수식 입력하기

1 '남학생 수와 여학생 수' 파일을 연 후 이서희반 학생 수 합계를 구하기 위해 C7셀에 '=C5+C6'을 입력합니다.

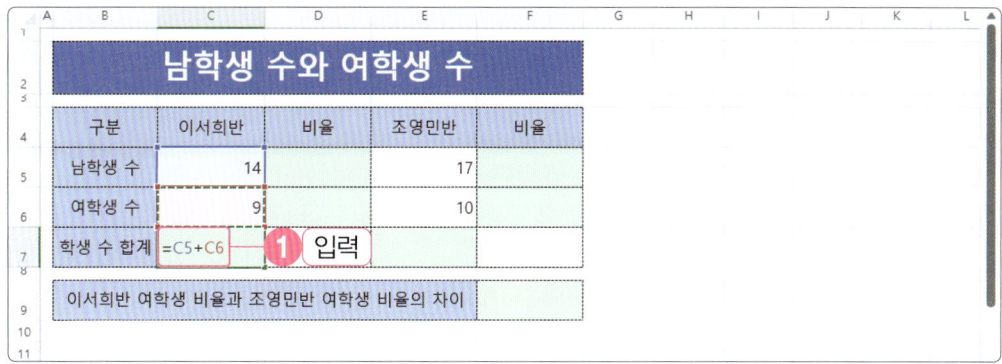

알아두면 실력튼튼

수식 입력하기

수식 '=C5+C6'에서 셀 주소인 C5와 C6은 다음과 같이 셀을 클릭하여 입력할 수도 있습니다.

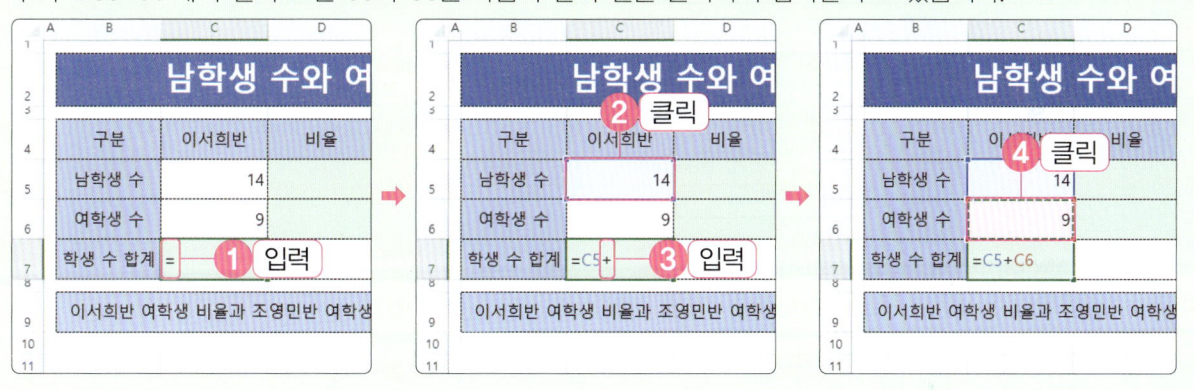

2 조영민반 학생 수 합계를 구하기 위해 E7셀에 '=E5+E6'을 입력합니다.

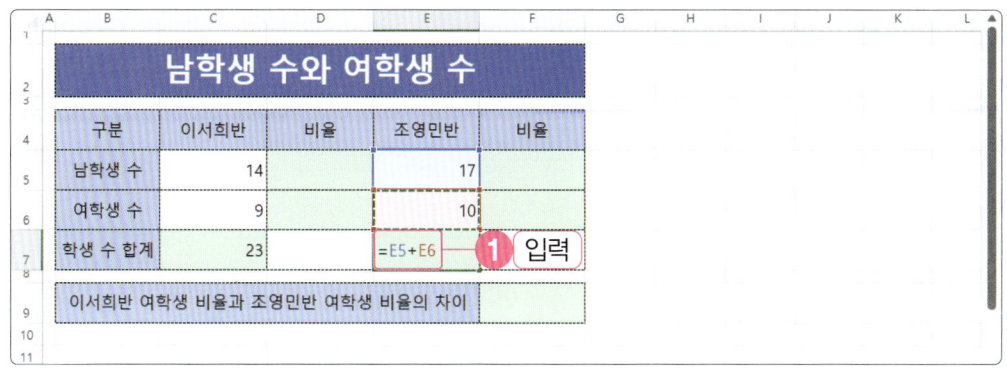

Tip
수식을 입력하면 셀에는 결괏값(23)이 나타나고, 수식 입력줄에는 입력한 수식(=C5+C6)이 나타납니다.

3 조영민반 학생 수 합계가 구해집니다.

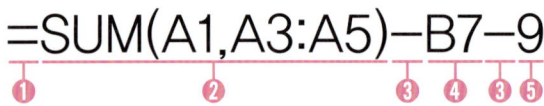

수식의 구성

=SUM(A1,A3:A5)−B7−9
　❶　　　❷　　　　❸❹❸❺

❶ **등호** : 다음 내용이 수식이라는 것을 나타내는 기호입니다. 수식을 입력할 때는 '=SUM(A1,A3:A5)−B7−9'와 같이 등호를 먼저 입력해야 합니다. 등호를 입력하지 않고 'SUM(A1,A3:A5)−B7−9'만 입력하면 수식이 아닌 문자 데이터로 인식하여 계산할 수 없습니다.

❷ **함수** : 수식을 쉽고 빠르게 입력할 수 있도록 미리 정의되어 있는 수식입니다.

❸ **연산자** : 계산의 종류를 나타내는 기호입니다. 연산자에는 산술 연산자나 비교 연산자 등이 있습니다.

- **산술 연산자** : 더하기, 빼기, 곱하기, 나누기 등과 같은 기본적인 계산을 하는 연산자입니다.

연산자	기능	연산자	기능
+	더하기	−	음수
−	빼기	%	백분율
*	곱하기	^	거듭제곱
/	나누기		

	A	B	C	D	E	F	G	H
2		데이터1	데이터2		수식	결괏값	수식	결괏값
3		100	50		=B3+C3	150	=-B3	-100
4					=B3-C3	50	=B3%	1
5					=B3*C3	5000	=B3^2	10000
6					=B3/C3	2		

- **비교 연산자** : 두 값을 비교하여 참이면 논리값 TRUE를 구하고, 거짓이면 논리값 FALSE를 구하는 연산자입니다.

연산자	기능	연산자	기능
=	같다	>=	크거나 같다(이상)
>	크다(초과)	<=	작거나 같다(이하)
<	작다(미만)	<>	같지 않다

	A	B	C	D	E	F	G	H
2		데이터1	데이터2		수식	결괏값	수식	결괏값
3		100	50		=B3=C3	FALSE	=B3>=C3	TRUE
4					=B3>C3	TRUE	=B3<=C3	FALSE
5					=B3<C3	FALSE	=B3<>C3	TRUE

> 비교 연산자(>)의 왼쪽에 있는 셀 주소를 기준으로 'B3셀 값이 C3셀 값보다 크다.'고 표현합니다.

- **텍스트 연결 연산자** : 여러 값을 연결하여 하나의 텍스트로 만드는 연산자입니다.

연산자	기능
&	여러 값을 연결

	A	B	C	D	E	F
2		데이터		수식	결괏값	
3		2021		="엑셀 "&B3	엑셀 2021	

> 문자 데이터는 큰따옴표("")로 묶어 연결합니다. '엑셀' 뒤에 1자리의 공백 문자열(" ")이 있습니다.

❹ **참조** : B7셀 값이 '2'인 경우, 셀 주소인 'B7'을 입력하면 B7셀 값인 '2'를 가져오는데, 이렇게 셀 주소를 사용하여 셀 값을 가져오는 것을 '참조'라고 합니다.

❺ **상수** : 수식에 직접 입력하는 문자나 숫자입니다.

THEME 02 참조 알아보기

1 이서희반 남학생 비율과 여학생 비율을 구하기 위해 D5셀에 '=C5/$C$7'을 입력합니다.

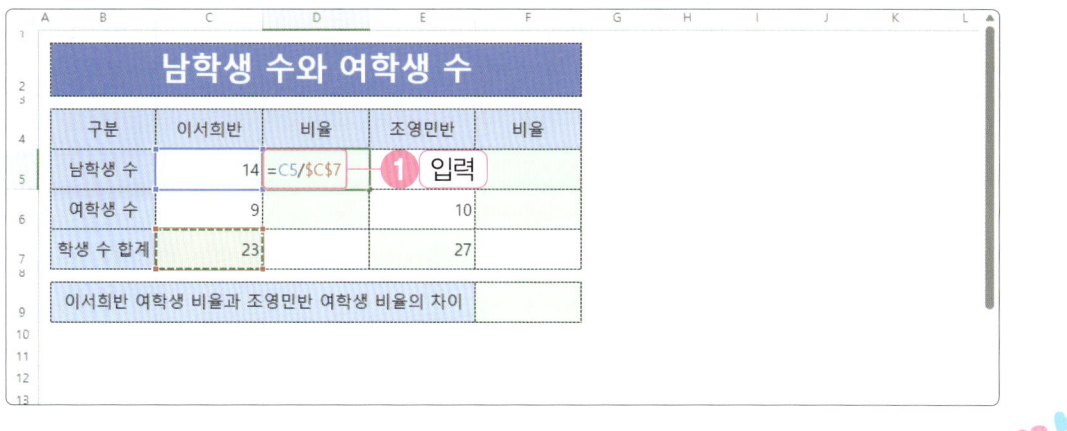

> **Tip**
> 수식 '=C5/$C$7'에서 '$C$7'은 C7셀을 클릭한 후 **F4**를 누르면 쉽고 빠르게 입력할 수 있습니다.

2 D5셀을 선택한 후 채우기 핸들을 D6셀까지 드래그합니다.

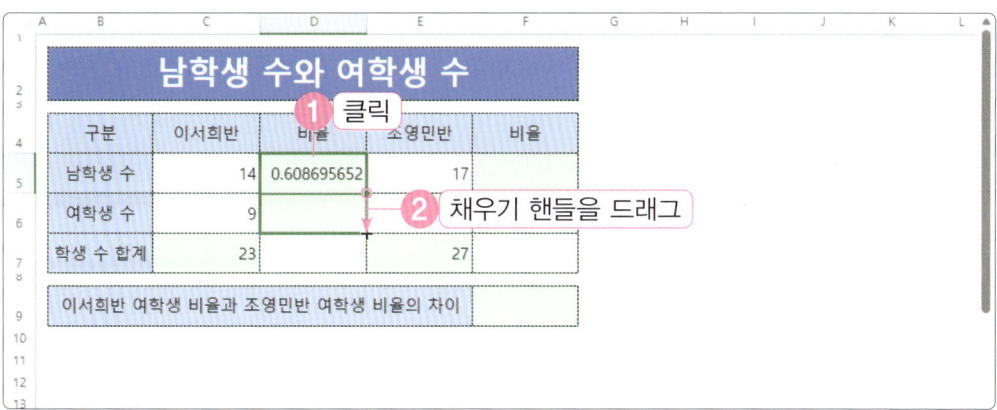

3 조영민반 남학생 비율과 여학생 비율을 구하기 위해 F5셀에 '=E5/$E$7'을 입력합니다.

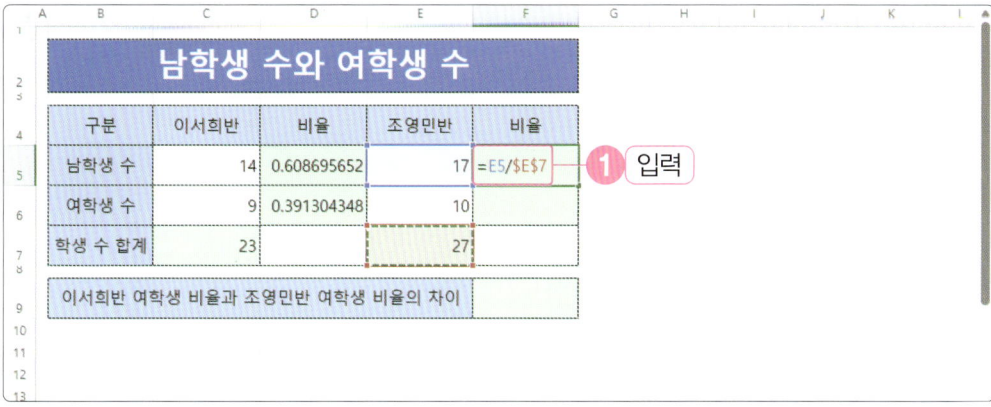

Chapter 14 – 수식 알아보기 **89**

④ F5셀을 선택한 후 채우기 핸들을 F6셀까지 드래그합니다.

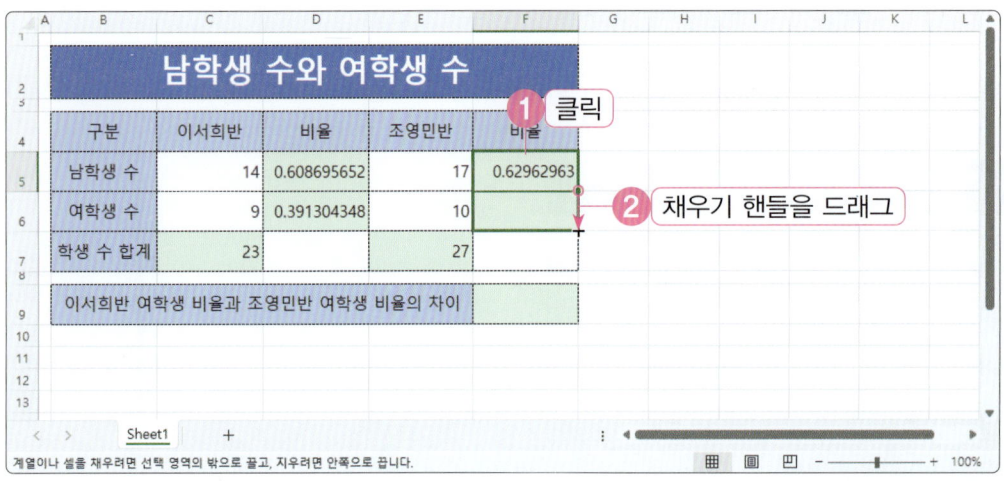

알아두면 실력튼튼

워크시트에 수식 나타내기

다음과 같이 Ctrl+~을 누르면 워크시트에 수식이 나타나고, 다시 Ctrl+~을 누르면 결괏값이 나타납니다.

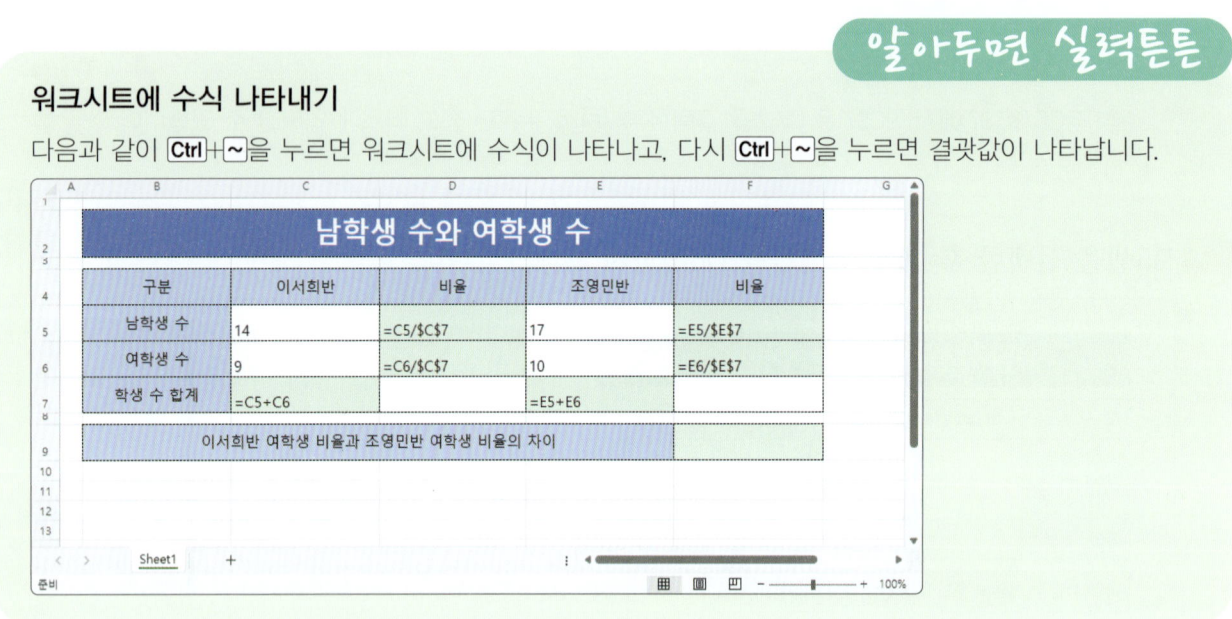

⑤ 비율을 백분율 스타일로 표시하기 위해 D5:D6셀 범위와 F5:F6셀 범위를 선택한 후 [홈] 탭-[표시 형식] 그룹에서 %[백분율 스타일]을 클릭합니다.

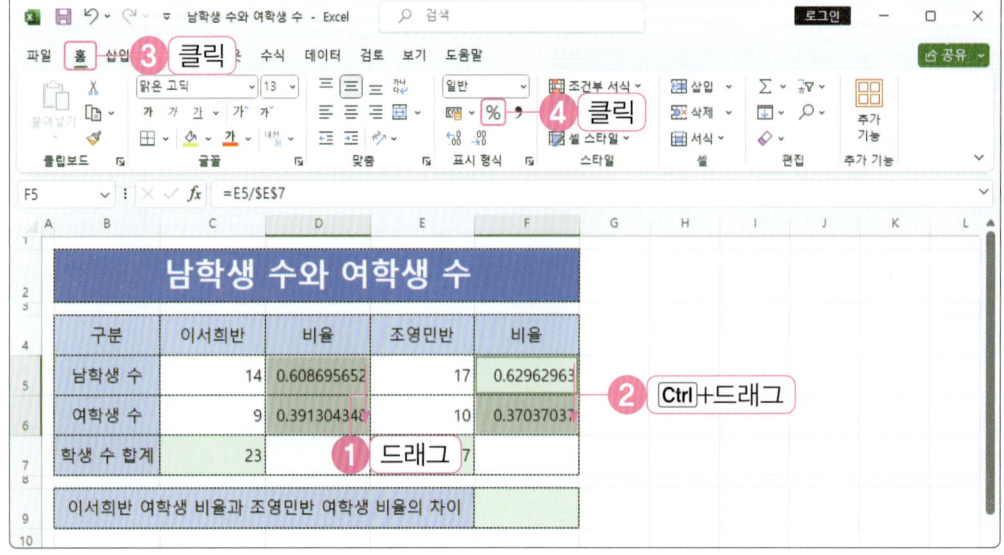

❻ 이서희반 여학생 비율과 조영민반 여학생 비율의 차이를 구하기 위해 F9셀에 '=D6-F6'을 입력합니다.

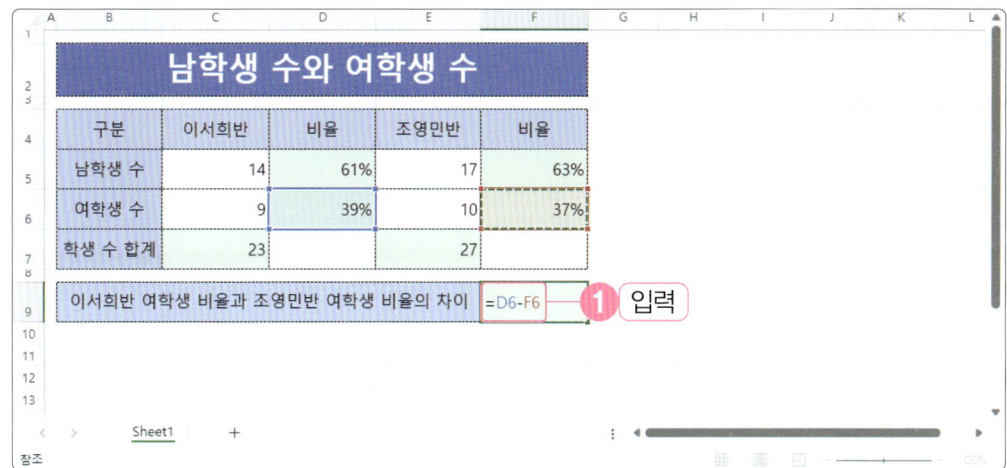

알아두면 실력튼튼

재계산되는지 확인하기

엑셀에서 수식을 입력할 때 '=14+9'와 같이 셀 값을 입력하여 계산하지 않고, '=C5+C6'과 같이 셀 주소를 입력하여 계산하면 다음과 같이 셀 값이 변경되는 경우, 재계산되는데요. 재계산이 안 되는 경우에는 [Excel 옵션] 대화상자의 [수식]에서 통합 문서 계산이 '자동'으로 선택되어 있는지 확인합니다.

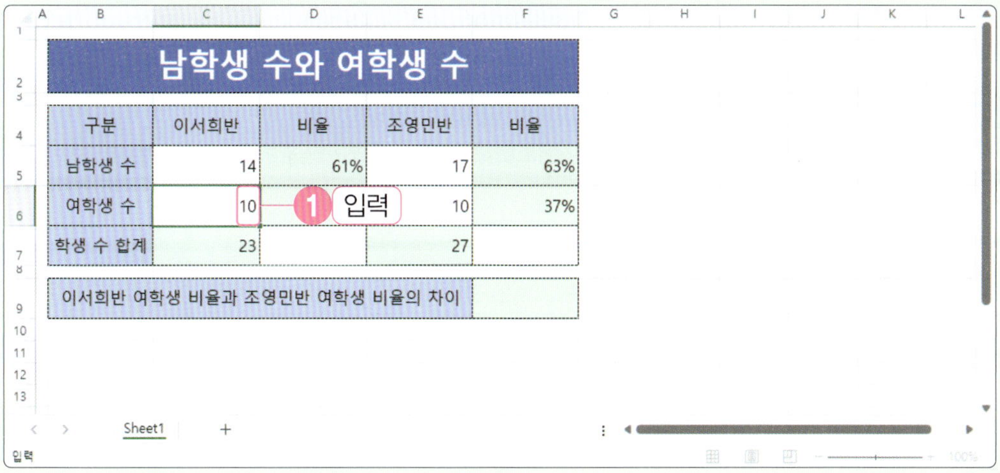

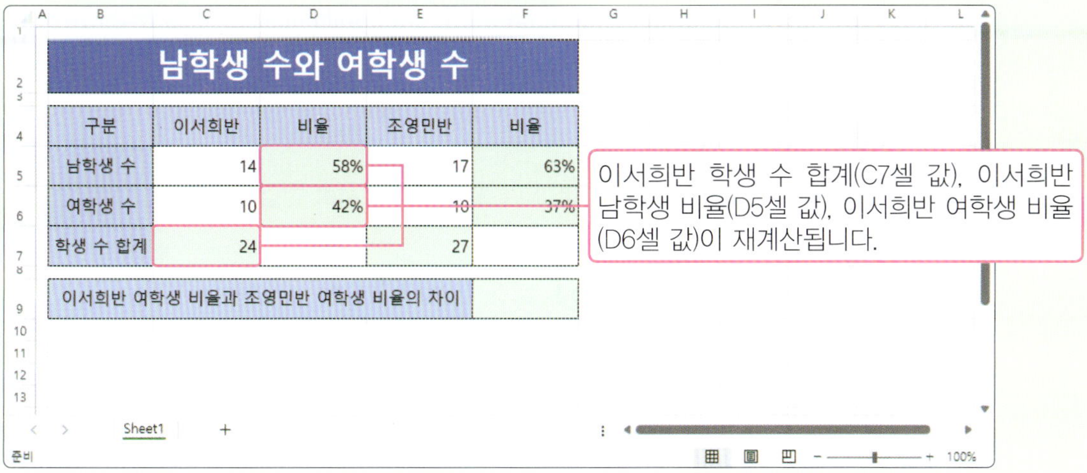

이서희반 학생 수 합계(C7셀 값), 이서희반 남학생 비율(D5셀 값), 이서희반 여학생 비율(D6셀 값)이 재계산됩니다.

다음과 같이 이서희반 여학생 비율과 조영민반 여학생 비율의 차이가 구해집니다.

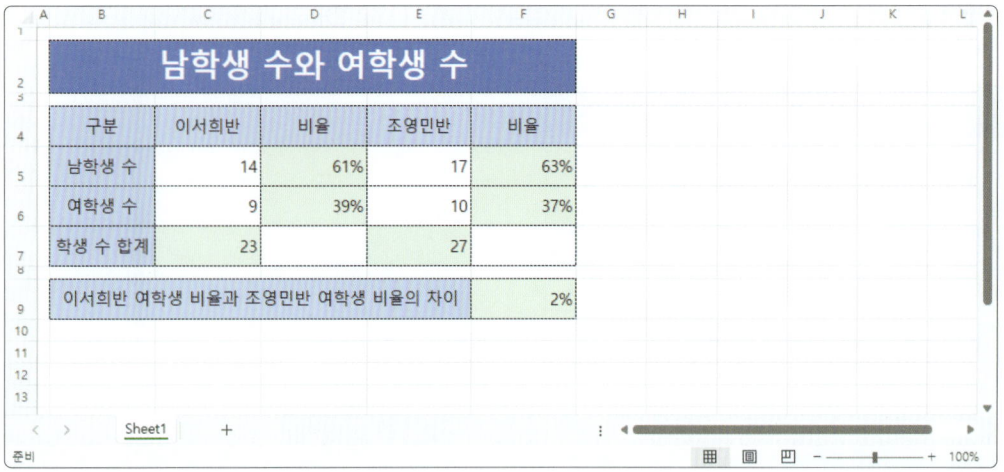

알아두면 실력튼튼

참조 알아보기

엑셀에는 참조하는 방법에 따라 상대 참조, 절대 참조, 혼합 참조가 있습니다. 상대 참조는 수식을 복사하는 경우, 참조하는 행과 열이 상대적으로 변경되는 것을 말하고, 절대 참조는 변경되지 않는 것을 말하는데요. 이서희반 남학생 비율과 여학생 비율(D5:D6셀 범위)에서 수식을 확인해 보면 '/' 연산자를 기준으로 앞의 셀 주소는 C5에서 C6으로 변경되었지만 뒤의 셀 주소는 $C$7로 변경되지 않은 것을 확인할 수 있습니다. D5셀에 입력한 수식 '=C5/$C$7'에서 C5는 상대 참조이고, $C$7은 절대 참조인 것입니다.

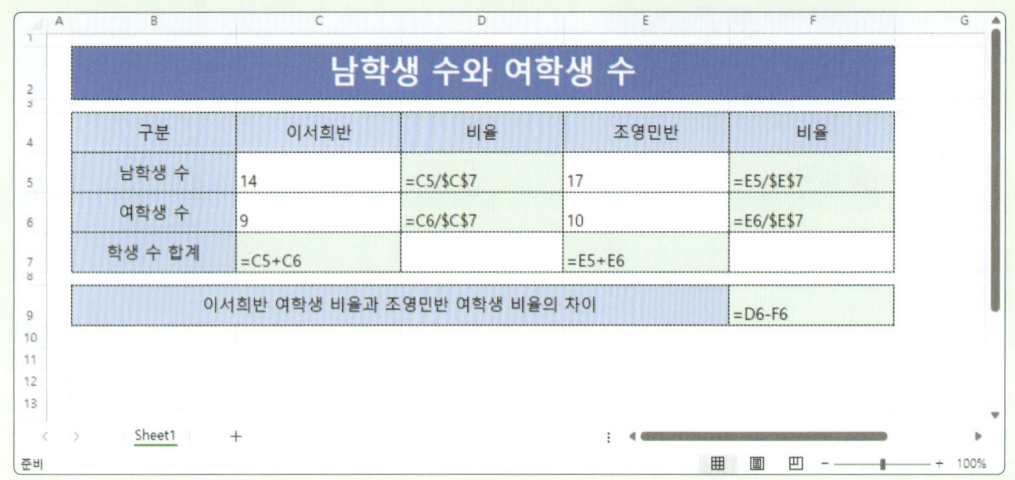

상대 참조는 C5와 같이 행과 열 앞에 $ 기호가 없지만 절대 참조는 $C$7과 같이 행과 열 앞에 $ 기호가 있습니다. 반면에 혼합 참조는 C$7과 같이 행 앞에 $ 기호가 있거나 $C7과 같이 열 앞에 $ 기호가 있는데요. 혼합 참조는 상대 참조와 절대 참조의 혼합으로 수식을 복사하는 경우, 행과 열 중에서 한쪽($ 기호가 없는 행/열)은 상대적으로 변경되고, 다른 한쪽($ 기호가 있는 행/열)은 변경되지 않습니다.

참조는 셀 주소를 입력한 후 F4를 누르면 F4를 누를 때마다 다음과 같은 순서로 변경됩니다.

Jump! Jump!

01 다음과 같이 '가족과 함께하는 시간' 파일을 연 후 남자 시간 합계와 여자 시간 합계를 구해 보세요.

- **남자 시간 합계** : 남자 식사 시간 + 남자 가사 시간 + 남자 가족 보살피는 시간
- **여자 시간 합계** : 여자 식사 시간 + 여자 가사 시간 + 여자 가족 보살피는 시간

가족과 함께하는 시간

(단위:분)

구분	남자	비율	여자	비율
식사 시간	34		40	
가사 시간	27		146	
가족 보살피는 시간	10		40	
시간 합계	71		226	

02 다음과 같이 남자 시간 비율과 여자 시간 비율을 구한 후 비율을 백분율 스타일로 표시해 보세요.

- **남자 시간 비율** : 해당 시간(남자 식사 시간, 남자 가사 시간, 남자 가족 보살피는 시간) ÷ 남자 시간 합계
- **여자 시간 비율** : 해당 시간(여자 식사 시간, 여자 가사 시간, 여자 가족 보살피는 시간) ÷ 여자 시간 합계

가족과 함께하는 시간

(단위:분)

구분	남자	비율	여자	비율
식사 시간	34	48%	40	18%
가사 시간	27	38%	146	65%
가족 보살피는 시간	10	14%	40	18%
시간 합계	71		226	

> **Hint**
> D6셀에 '=C6/$C$9'를 입력한 후 D6셀을 선택한 다음 채우기 핸들을 D8셀까지 드래그하면 남자 시간 비율을 구할 수 있고, F6셀에 '=E6/$E$9'를 입력한 후 F6셀을 선택한 다음 채우기 핸들을 F8셀까지 드래그하면 여자 시간 비율을 구할 수 있습니다.

Chapter 15 함수 알아보기

학습 목표
- ◆ 자동 합계를 사용하는 방법에 대해 알아봅니다.
- ◆ 함수 마법사를 사용하는 방법에 대해 알아봅니다.

함수를 사용하면 연산자를 반복해서 사용하거나 연산자만으로 해결할 수 없는 수식을 쉽고 빠르게 처리할 수 있는데요. 함수는 수식의 한 부분이기 때문에 수식과 마찬가지로 등호(=)로 시작합니다.

Preview

THEME 01 자동 합계 사용하기

1 '실험도구 구입량' 파일을 연 후 구입량을 구하기 위해 E5셀을 선택한 다음 [수식] 탭-[함수 라이브러리] 그룹에서 [자동 합계]를 클릭합니다.

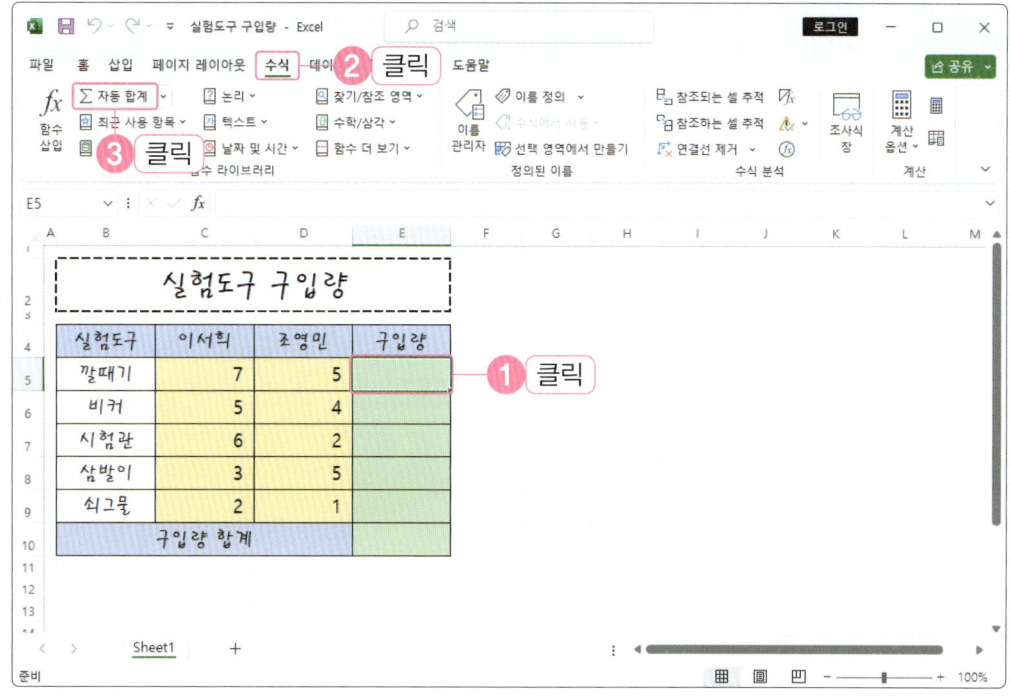

Tip
- 자동 합계는 엑셀에서 가장 많이 사용하는 함수를 아이콘으로 만들어 놓은 것입니다.
- [자동 합계]를 클릭하면 합계만 구할 수 있지만 [자동 합계]의 ▼[목록] 단추를 클릭하면 합계뿐만 아니라 평균, 숫자 개수, 최대값(가장 큰 값), 최소값(가장 작은 값)도 구할 수 있습니다.

알아두면 실력튼튼

함수의 구성

함수는 등호, 함수 이름, 인수로 구성되어 있으며 '인수'라는 특정값을 사용하여 결괏값을 구합니다. TODAY 함수처럼 인수가 필요 없는 함수도 있지만 거의 대부분의 함수는 인수를 필요로 하는데요. 인수는 괄호로 묶으며 인수가 여러 개인 경우에는 쉼표(,)로 구분하여 입력합니다.

=SUM(A1,A3:A5)
함수 이름 / 인수1 / 인수2

인수1, 인수2 → 함수 → 결괏값

② E5셀에 '=SUM(C5:D5)'가 나타나면 Enter를 누릅니다.

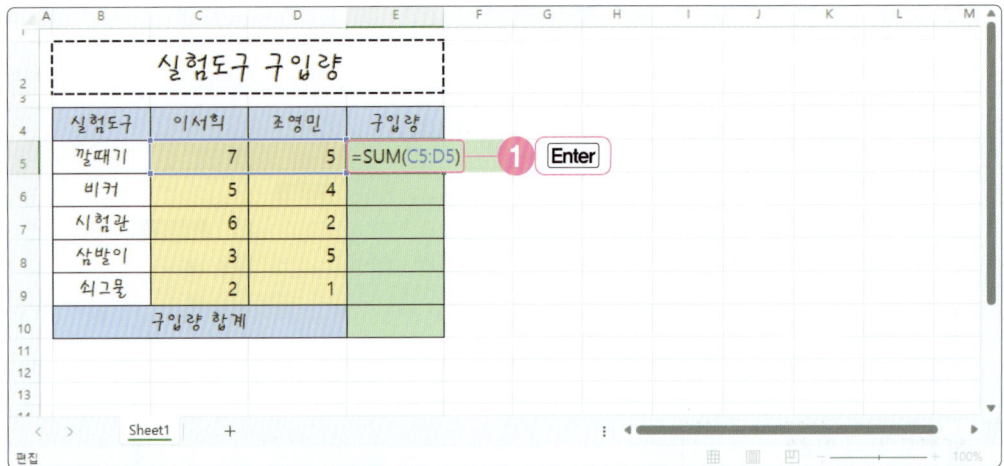

③ E5셀을 선택한 후 채우기 핸들을 E9셀까지 드래그합니다.

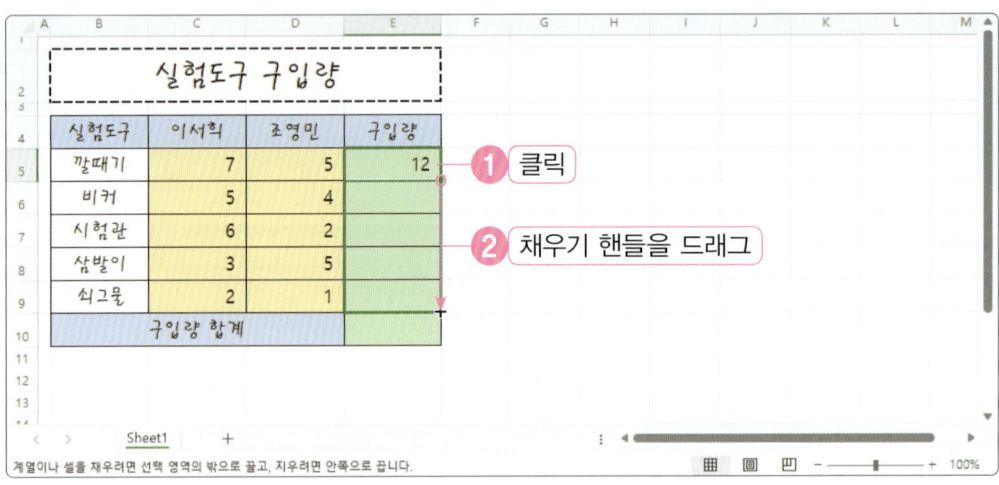

④ 다음과 같이 구입량이 구해집니다.

알아두면 실력튼튼

자동 합계에서 사용하는 함수

자동 합계에서 합계는 SUM 함수, 평균은 AVERAGE 함수, 숫자 개수는 COUNT 함수, 최대값은 MAX 함수, 최소값은 MIN 함수를 사용하여 구합니다.

- **SUM 함수**
  - **구문** : SUM(number1, [number2], …)
  - **설명** : number1, [number2], …의 합계를 구합니다.
- **AVERAGE 함수**
  - **구문** : AVERAGE(number1, [number2], …)
  - **설명** : number1, [number2], …의 평균을 구합니다.
- **COUNT 함수**
  - **구문** : COUNT(value1, [value2], …)
  - **설명** : value1, [value2], …에서 숫자가 있는 셀의 개수를 구합니다.
- **MAX 함수**
  - **구문** : MAX(number1, [number2], …)
  - **설명** : number1, [number2], … 중에서 가장 큰 값을 구합니다.
- **MIN 함수**
  - **구문** : MIN(number1, [number2], …)
  - **설명** : number1, [number2], … 중에서 가장 작은 값을 구합니다.

실험도구	구입량	수식	결과값
깔때기	12	❶ =SUM(C3:C7)	32
비커	9	❷ =AVERAGE(C3:C7)	8
시험관	8	❸ =COUNT(C3:C7)	4
삼발이		❹ =MAX(C3:C7)	12
쇠그물	3	❺ =MIN(C3:C7)	3

❶ 구입량(C3:C7)의 합계를 구합니다. C6셀은 빈 셀(데이터가 없는 셀)입니다. SUM 함수는 빈 셀을 무시하고 계산합니다.

❷ 구입량(C3:C7)의 평균을 구합니다. AVERAGE 함수는 빈 셀을 무시하고 계산합니다.

❸ 구입량(C3:C7)에서 숫자가 있는 셀의 개수를 구합니다.

❹ 구입량(C3:C7) 중에서 가장 많은 구입량을 구합니다.

❺ 구입량(C3:C7) 중에서 가장 적은 구입량을 구합니다.

THEME 02 함수 마법사 사용하기

1 구입량 합계를 구하기 위해 E10셀을 선택한 후 [수식] 탭-[함수 라이브러리] 그룹에서 [함수 삽입]을 클릭합니다.

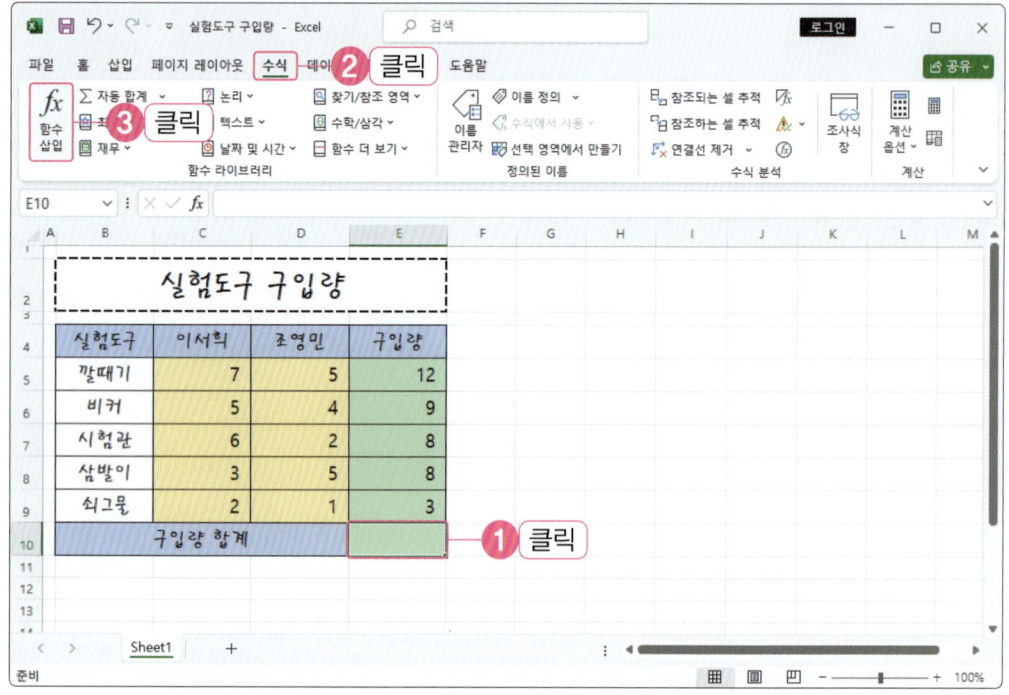

> **Tip** 함수 마법사를 사용하면 함수에 대한 정보를 얻을 수 있고, 도움말을 통해 함수에 대한 구문과 예제 등을 참고할 수 있기 때문에 함수를 쉽고 빠르게 입력할 수 있습니다.

2 [함수 마법사] 대화상자가 나타나면 범주(수학/삼각)를 선택한 후 함수(SUM)를 선택한 다음 [확인] 단추를 클릭합니다.

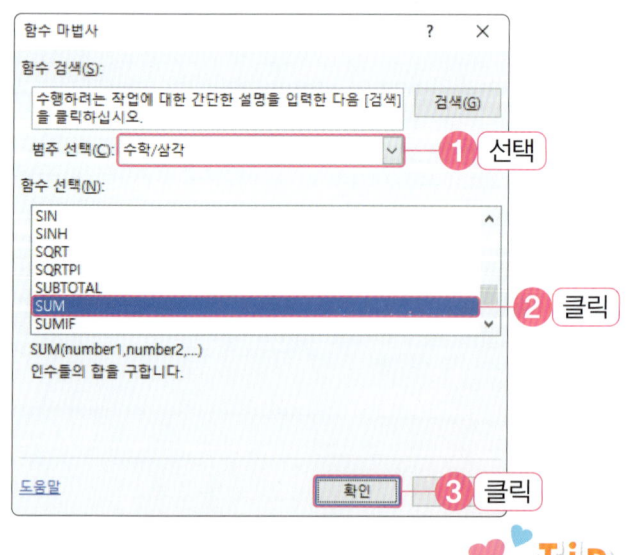

> **Tip**
> - 함수 마법사는 함수를 날짜/시간, 수학/삼각, 통계 등의 범주로 분류하여 제공합니다.
> - [함수 마법사] 대화상자는 수식 입력줄에서 *fx*[함수 삽입]을 클릭하거나 [수식] 탭-[함수 라이브러리] 그룹에서 [자동 합계]의 [목록] 단추를 클릭한 후 [기타 함수]를 클릭하여 나타나게 할 수도 있습니다.

❸ SUM 함수의 [함수 인수] 대화상자가 나타나면 Number1(E5:E9)을 입력한 후 [확인] 단추를 클릭합니다.

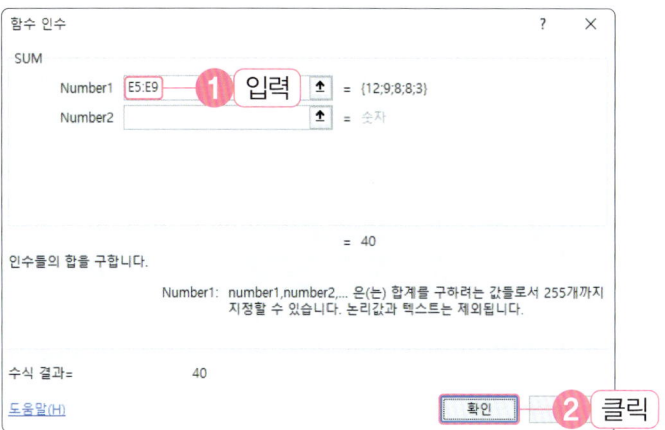

> **Tip**
> Number1의 ↑를 클릭한 후 E5:E9셀 범위를 드래그하면 Number1을 쉽고 빠르게 입력할 수 있습니다.

알아두면 실력튼튼

도움말

[함수 마법사] 대화상자나 [함수 인수] 대화상자에서 [도움말]을 클릭하면 다음과 같이 함수에 대한 구문과 예제 등을 참고할 수 있습니다.

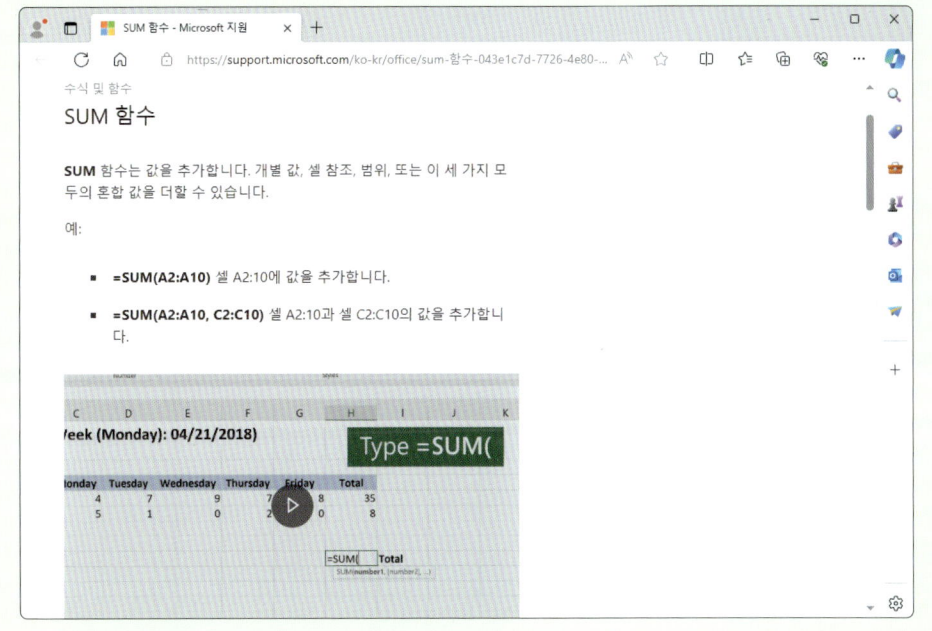

❹ 다음과 같이 구입량 합계가 구해집니다.

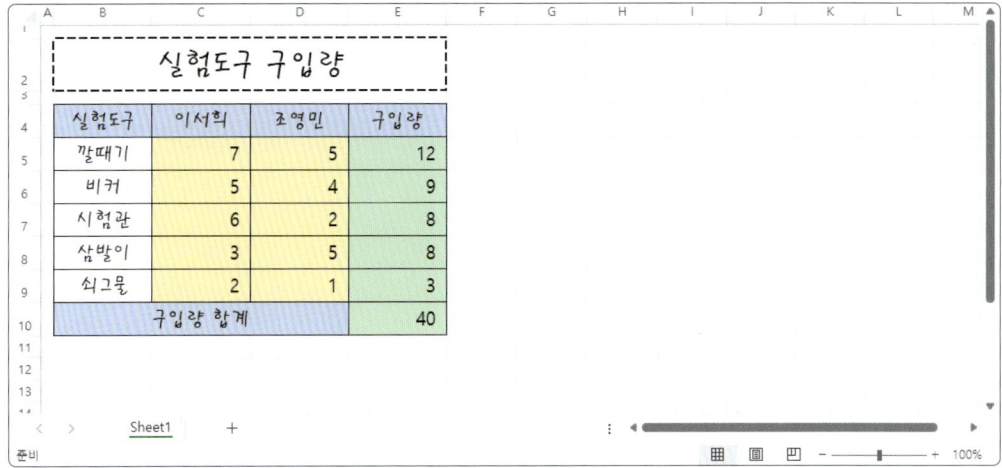

Chapter 15 - 함수 알아보기 **99**

함수를 입력하는 다른 방법

함수는 자동 합계나 함수 마법사를 사용하는 방법 이외에 다음과 같은 방법으로도 입력할 수 있습니다.

- **방법1** : 셀을 선택한 후 [수식] 탭-[함수 라이브러리] 그룹에서 범주를 선택한 다음 함수를 선택합니다.

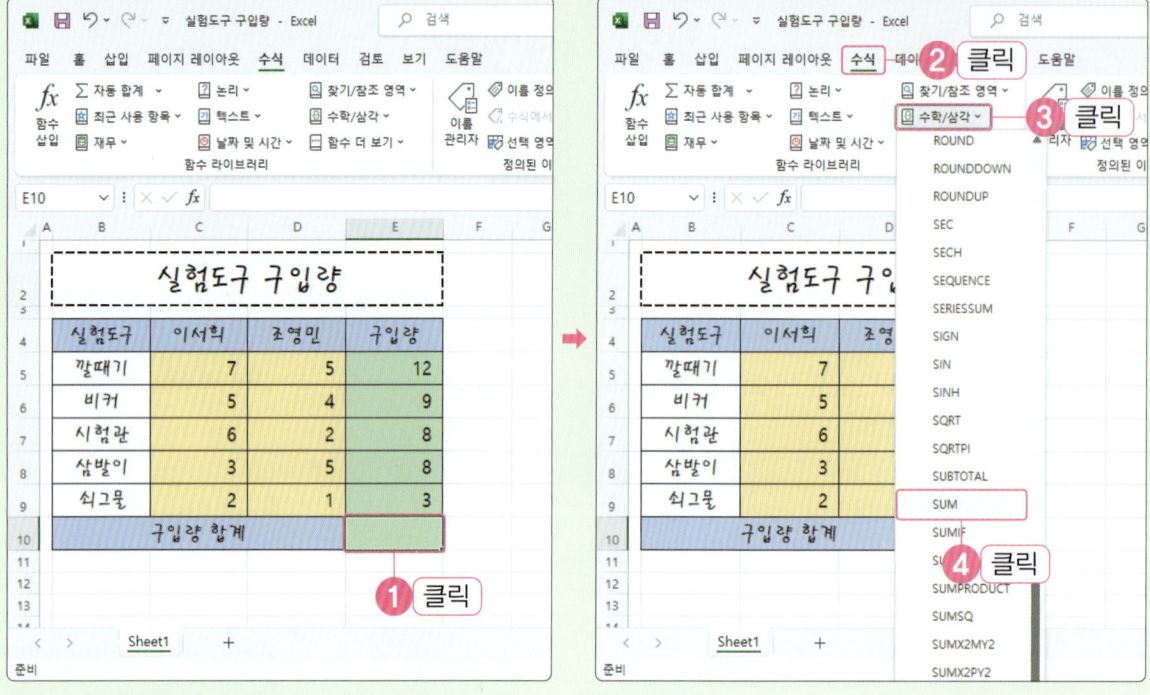

- **방법2** : 셀에 등호를 입력한 후 함수 이름을 입력한 다음 입력한 함수 이름으로 시작하는 함수 목록이 나타나면 함수를 더블클릭합니다.

Jump! Jump!

01 다음과 같이 '학용품 구입액' 파일을 연 후 구입액을 구한 다음 자동 합계를 사용하여 구입액 합계를 구해 보세요.

- **구입액** : 수량 X 단가
- **구입액 합계** : 자동 합계(합계)

학용품	수량	단가	구입액
연필	10	300	3,000
지우개	2	150	300
자	3	700	2,100
가위	1	700	700
칼	2	500	1,000
구입액 합계			7,100
구입액 평균			

Hint
E10셀을 선택한 후 [수식] 탭-[함수 라이브러리] 그룹에서 [자동 합계]를 클릭하면 자동 합계를 사용하여 구입액 합계를 구할 수 있습니다.

02 다음과 같이 함수 마법사를 사용하여 구입액 평균을 구해 보세요.

- **구입액 평균** : 함수 마법사(범주(통계), 함수(AVERAGE))

학용품	수량	단가	구입액
연필	10	300	3,000
지우개	2	150	300
자	3	700	2,100
가위	1	700	700
칼	2	500	1,000
구입액 합계			7,100
구입액 평균			1,420

Chapter 15 – 함수 알아보기

Chapter 16 단원 종합 평가 문제

01 다음 중 개체에 대한 설명으로 옳지 않은 것은 어느 것인지 골라 보세요.
① WordArt, 도형, 그림, SmartArt 등을 말합니다.
② 개체를 서로 겹치면 먼저 삽입한 개체가 나중에 삽입한 개체 위에 겹쳐집니다.
③ 개체를 선택한 후 Shift를 누른 상태에서 다른 개체를 선택하면 여러 개체를 선택할 수 있습니다.
④ 시트의 빈 부분을 클릭하면 개체 선택을 해제할 수 있습니다.

02 다음 중 도형을 삽입할 수 있는 기능은 어느 것인지 골라 보세요.

03 다음 중 계층 정보를 표시하는 경우에 주로 사용하는 SmartArt는 어느 것인지 골라 보세요.

04 다음 중 수식에 대한 설명으로 옳은 것은 어느 것인지 골라 보세요.
① 등호(=)는 계산의 종류를 나타내는 기호입니다.
② 함수는 다음 내용이 수식이라는 것을 나타내는 기호입니다.
③ 연산자는 수식을 쉽고 빠르게 입력할 수 있도록 미리 정의되어 있는 수식입니다.
④ 상수는 수식에 직접 입력하는 문자나 숫자입니다.

05 다음 중 워크시트에 수식을 나타내는 키는 어느 것인지 골라 보세요.
① Ctrl+~   ② Shift+~
③ Alt+~   ④ Tab+~

06 다음 □ 안에 들어갈 말은 무엇인지 적어 보세요.

> 셀 주소를 사용하여 셀 값을 가져오는 것을 ☐☐☐(이)라고 합니다.

07 다음 중 함수에 대한 설명으로 옳은 것은 어느 것인지 골라 보세요.
① COUNT : 합계를 구합니다.
② AVERAGE : 평균을 구합니다.
③ MAX : 가장 작은 값을 구합니다.
④ MIN : 가장 큰 값을 구합니다.

08 A1셀에 입력되어 있는 데이터는 '8'이고, B1셀에 입력되어 있는 데이터는 '4'입니다. 다음 중 수식 '=SUM(A1,B1)'의 결과값은 어느 것인지 골라 보세요.
① 2   ② 4
③ 12   ④ 32

■ 정답은 158 페이지에 있습니다.

09 다음과 같이 '이로운 것인가' 파일을 연 후 도형을 활용하여 문서를 작성해 보세요.
- 도형 삽입 : ⇨[설명선: 오른쪽 화살표]
- 도형 스타일 지정 : ❶[보통 효과 – 주황, 강조 2], ❷[보통 효과 – 파랑, 강조 1]
- 도형 서식 지정 : 텍스트 상자(세로 맞춤(정가운데), 텍스트 방향(세로))
- 도형 텍스트에 글꼴 서식 지정 : 글꼴(맑은 고딕), 글꼴 크기(20)

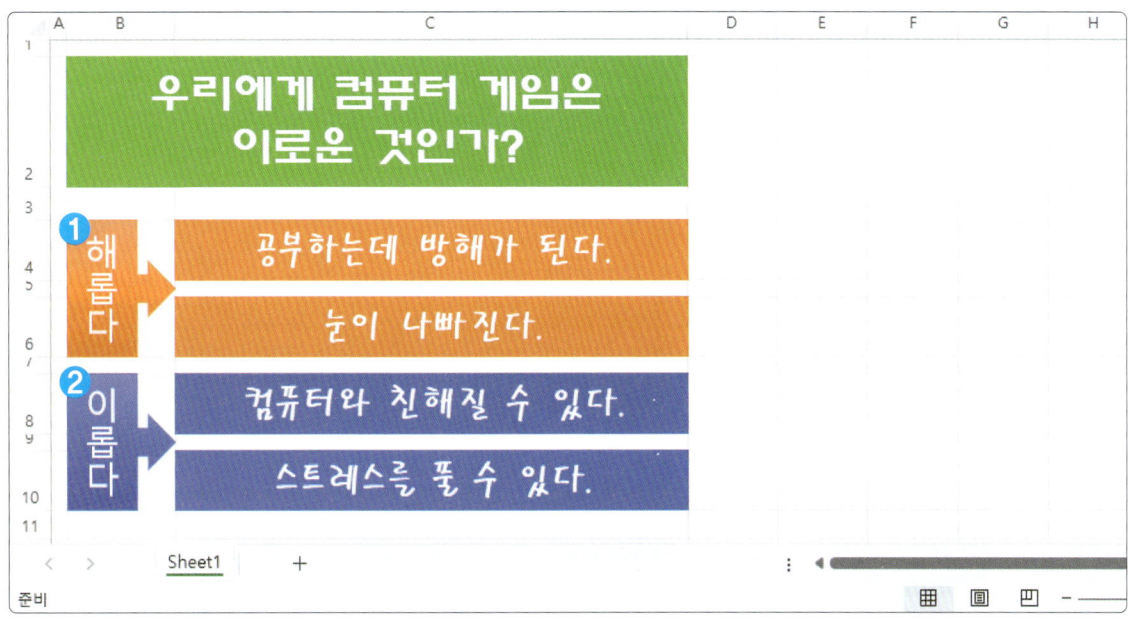

10 다음과 같이 '등산길' 파일을 연 후 자동 합계를 사용하여 등산한 거리를 구한 다음 차이를 구해 보세요.
- 등산한 거리 : 자동 합계(합계)
- 차이 : 서희 등산한 거리 – 영민 등산한 거리

등산객	올라가는 길	내려오는 길	등산한 거리
서희	1,930	2,340	4,270
영민	1,510	1,600	3,110
		차이	1,160

Chapter 17 조건부 서식 지정하기

학습 목표
◆ 데이터 막대와 아이콘 집합을 사용하는 방법에 대해 알아봅니다.
◆ 셀 강조 규칙과 상위/하위 규칙을 사용하는 방법에 대해 알아봅니다.

조건부 서식은 조건을 만족하는 경우에만 셀에 지정되는 서식인데요. 조건부 서식을 지정하면 조건을 만족하는 셀을 강조하여 표시하거나 시각화할 수 있기 때문에 원하는 사항을 쉽고 빠르게 확인할 수 있습니다.

Preview

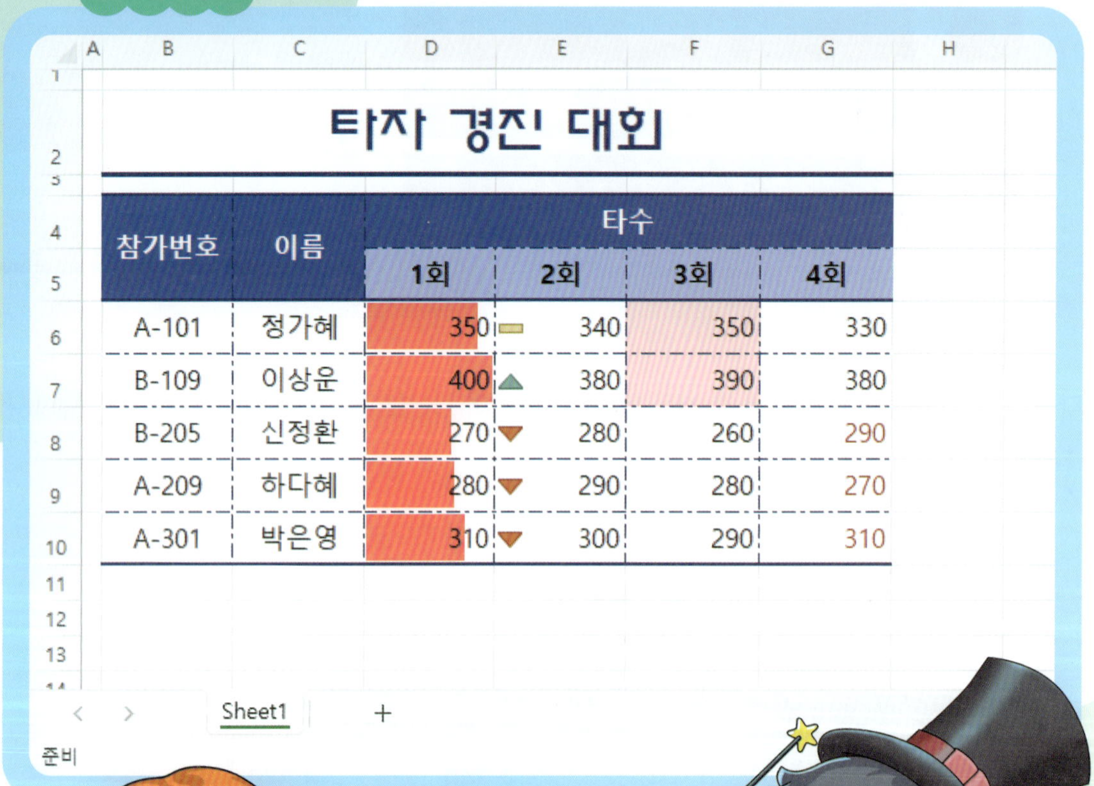

THEME 01 데이터 막대와 아이콘 집합 사용하기

 '타자 경진 대회' 파일을 연 후 데이터 막대를 사용하기 위해 D6:D10셀 범위를 선택한 다음 [홈] 탭-[스타일] 그룹에서 [조건부 서식]을 클릭하고 [데이터 막대]-[단색 채우기]- [빨강 데이터 막대]를 클릭합니다.

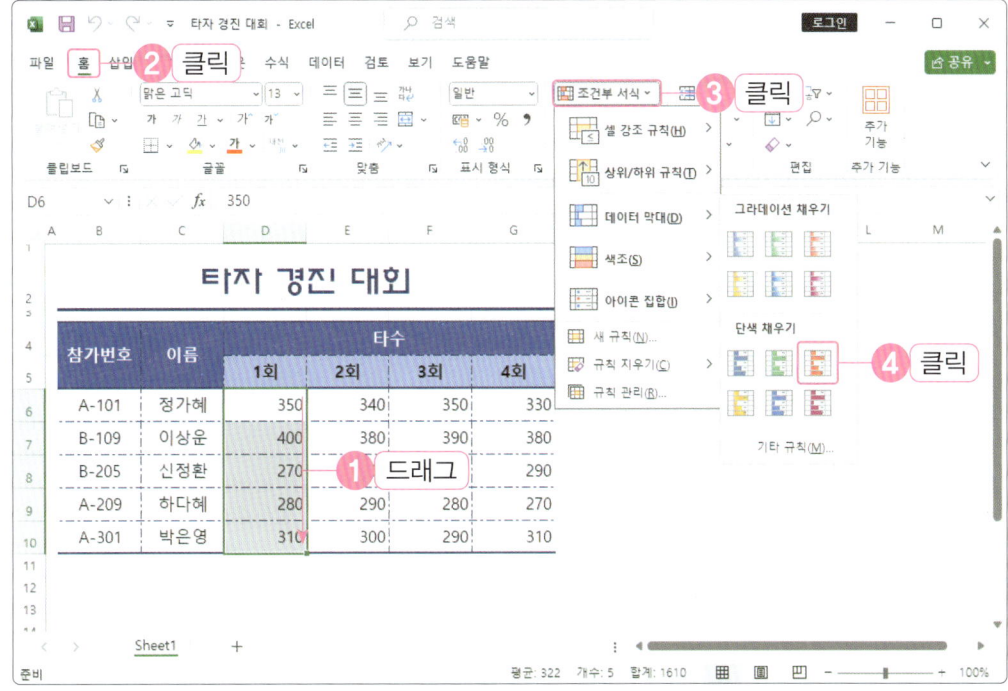

데이터 막대는 셀 값을 다른 셀 값과 비교하여 막대의 길이로 표시할 수 있는 조건부 서식입니다.

 다음과 같이 1회 타수에 따라 빨간색 막대의 길이로 표시됩니다.

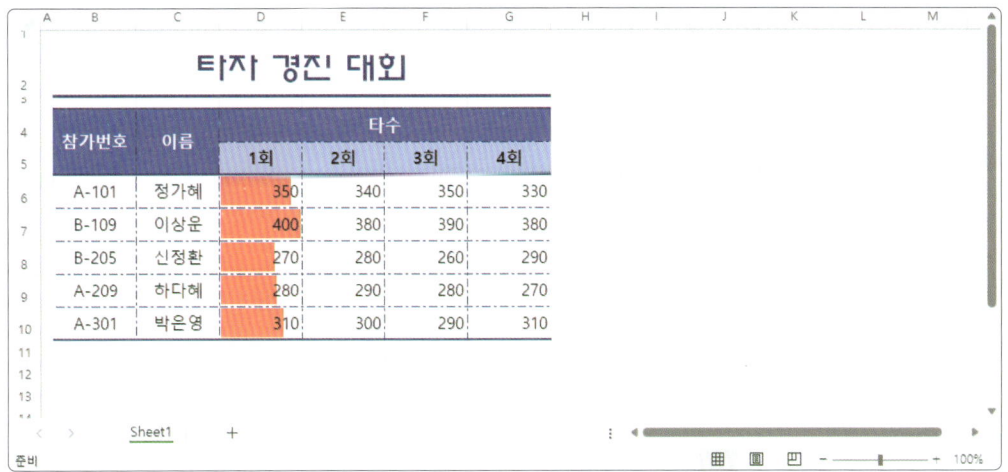

1회 타수가 가장 많은 데이터는 가장 긴 빨간색 막대로 표시되고, 가장 적은 데이터는 가장 짧은 빨간색 막대로 표시됩니다.

Chapter 17 - 조건부 서식 지정하기 **105**

③ 아이콘 집합을 사용하기 위해 E6:E10셀 범위를 선택한 후 [홈] 탭-[스타일] 그룹에서 [조건부 서식]을 클릭한 다음 [아이콘 집합]-[삼각형 3개]를 클릭합니다.

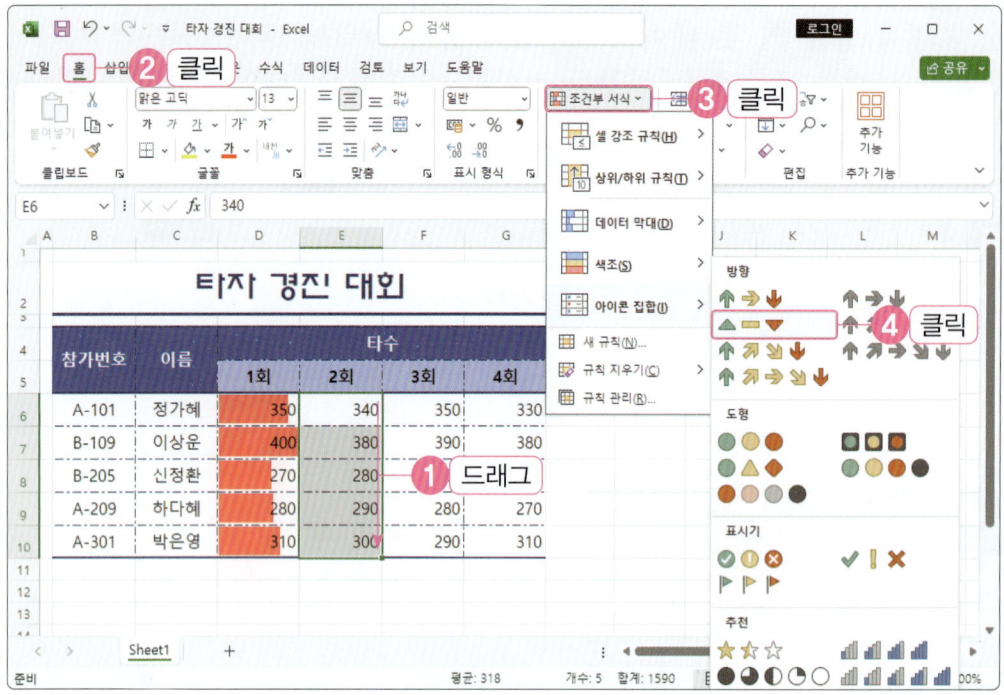

> Tip
> 아이콘 집합은 셀 값을 3~5개의 범위를 나타내는 아이콘으로 표시할 수 있는 조건부 서식입니다.

④ 다음과 같이 2회 타수에 따라 삼각형 3개 아이콘으로 표시됩니다.

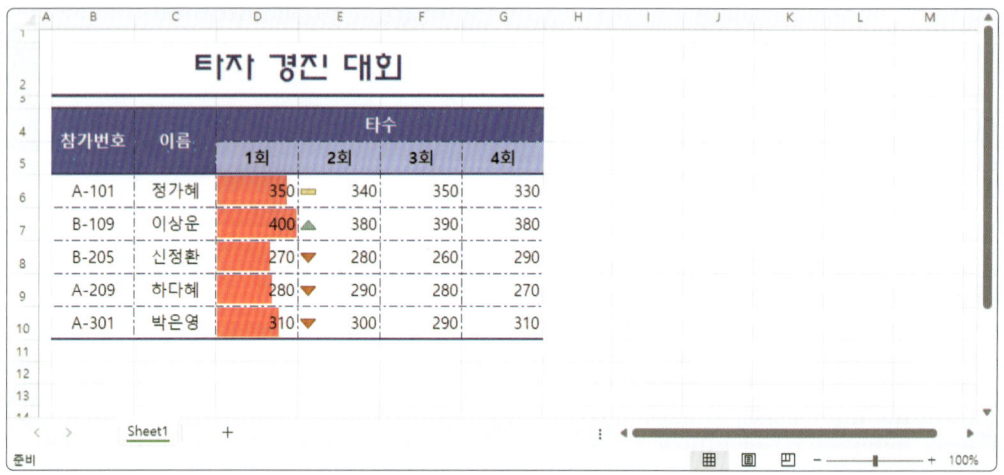

> Tip
> 2회 타수가 상위 범위에 해당하면 ▲ 아이콘, 중간 범위에 해당하면 ▬ 아이콘, 하위 범위에 해당하면 ▼ 아이콘으로 표시됩니다.

색조

색조는 셀 값을 다른 셀 값과 비교하여 2색 또는 3색의 그라데이션(점진적으로 한 색에서 다른 색으로 변해가는 것)으로 표시할 수 있는 조건부 서식인데요. 다음은 E6:E10셀 범위를 선택한 후 [홈] 탭–[스타일] 그룹에서 [조건부 서식]을 클릭한 다음 [색조]–[녹색 – 노랑 색조]를 클릭한 경우입니다.

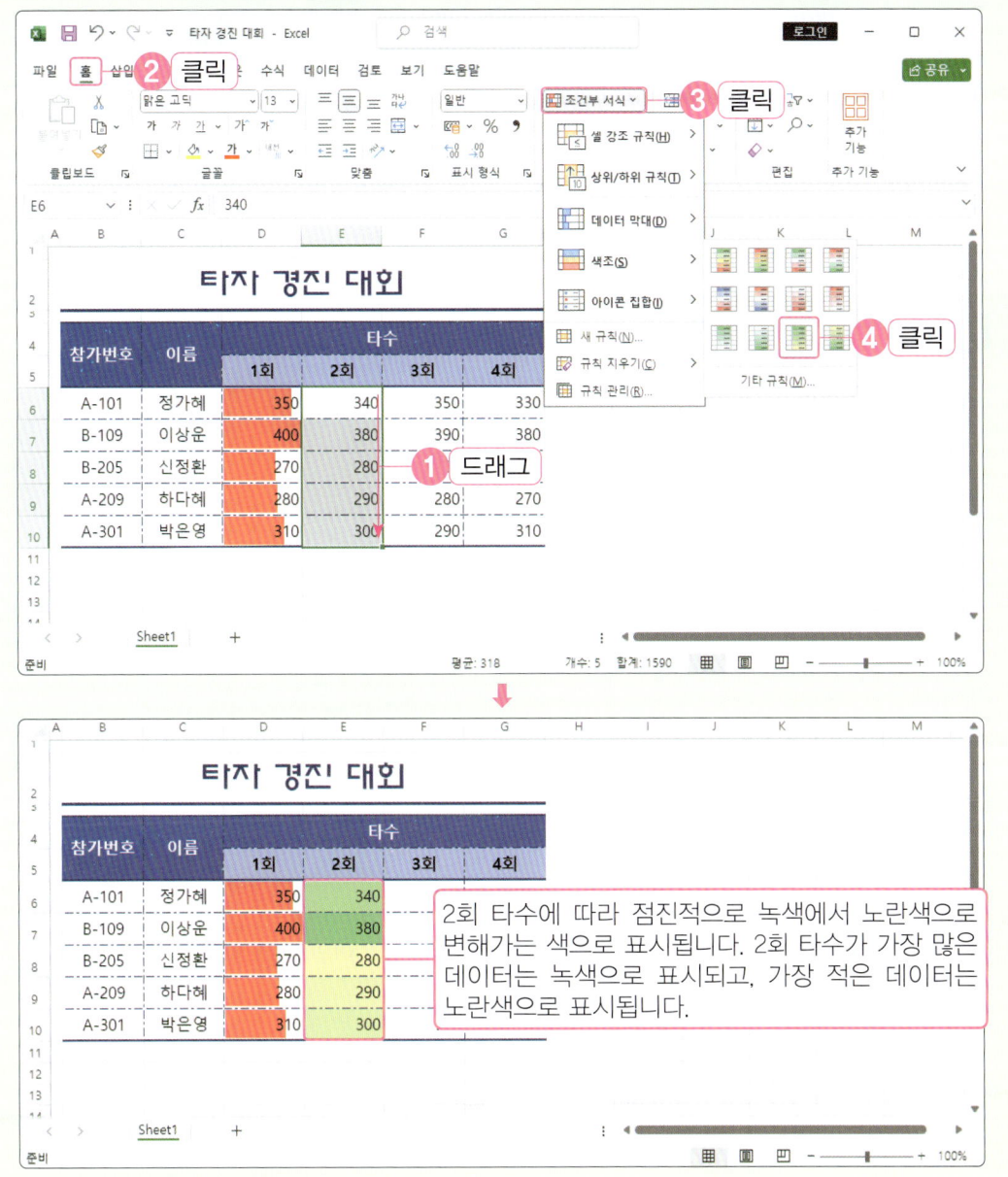

2회 타수에 따라 점진적으로 녹색에서 노란색으로 변해가는 색으로 표시됩니다. 2회 타수가 가장 많은 데이터는 녹색으로 표시되고, 가장 적은 데이터는 노란색으로 표시됩니다.

THEME 02 셀 강조 규칙과 상위/하위 규칙 사용하기

1. 셀 강조 규칙을 사용하기 위해 F6:F10셀 범위를 선택한 후 [홈] 탭-[스타일] 그룹에서 [조건부 서식]을 클릭한 다음 [셀 강조 규칙]-[보다 큼]을 클릭합니다.

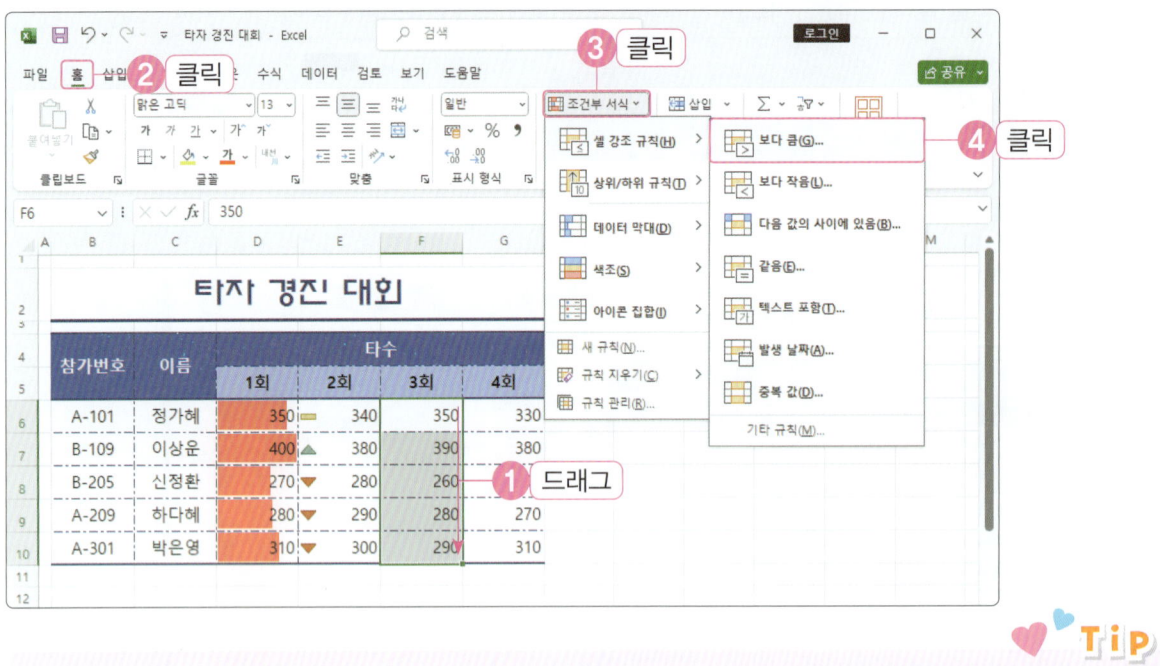

> Tip
> 셀 강조 규칙은 조건을 만족하는 데이터에만 서식을 지정할 수 있는 조건부 서식입니다.

2. [보다 큼] 대화상자가 나타나면 값(300)을 입력한 후 적용할 서식(연한 빨강 채우기)을 선택한 다음 [확인] 단추를 클릭합니다.

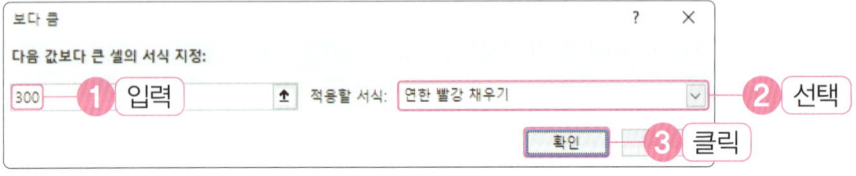

3. 다음과 같이 3회 타수가 300보다 많은 데이터에만 서식이 지정됩니다.

④ 상위/하위 규칙을 사용하기 위해 G6:G10셀 범위를 선택한 후 [홈] 탭-[스타일] 그룹에서 [조건부 서식]을 클릭한 다음 [상위/하위 규칙]-[하위 10개 항목]을 클릭합니다.

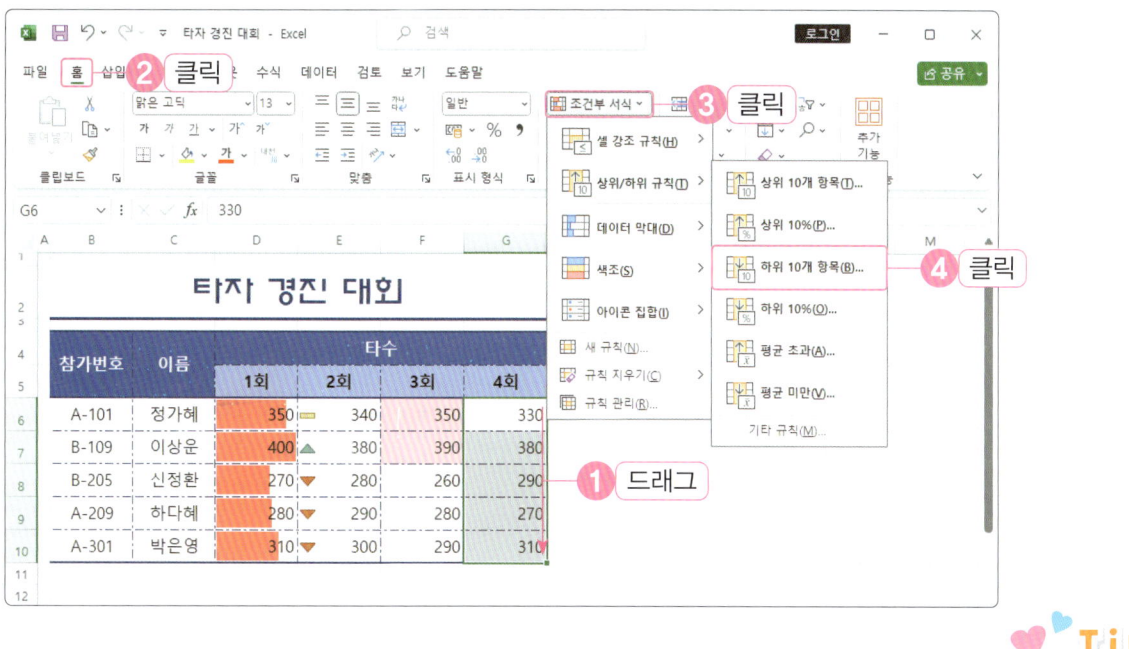

Tip
상위/하위 규칙은 셀 값이 큰 순서나 작은 순서대로 원하는 만큼의 데이터에만 서식을 지정할 수 있는 조건부 서식입니다.

⑤ [하위 10개 항목] 대화상자가 나타나면 하위 순위(3)를 입력한 후 적용할 서식(빨강 텍스트)을 선택한 다음 [확인] 단추를 클릭합니다.

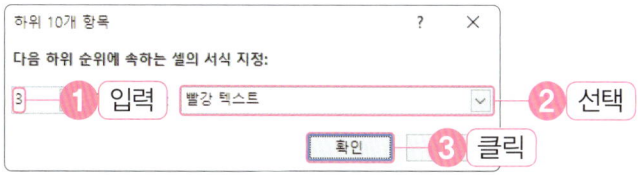

⑥ 다음과 같이 4회 타수가 적은 순서대로 3개의 데이터에만 서식이 지정됩니다.

Chapter 17 - 조건부 서식 지정하기 **109**

조건부 서식 지우기

조건부 서식이 지정된 셀 범위를 선택한 후 [홈] 탭-[스타일] 그룹에서 [조건부 서식]을 클릭한 다음 [규칙 지우기]-[선택한 셀의 규칙 지우기]를 클릭하면 선택한 셀 범위에 지정된 조건부 서식을 지울 수 있고, [규칙 지우기]-[시트 전체에서 규칙 지우기]를 클릭하면 현재 워크시트에 지정된 모든 조건부 서식을 지울 수 있는데요. 다음은 D6:D10셀 범위를 선택한 후 [홈] 탭-[스타일] 그룹에서 [조건부 서식]을 클릭한 다음 [규칙 지우기]-[선택한 셀의 규칙 지우기]를 클릭한 경우입니다.

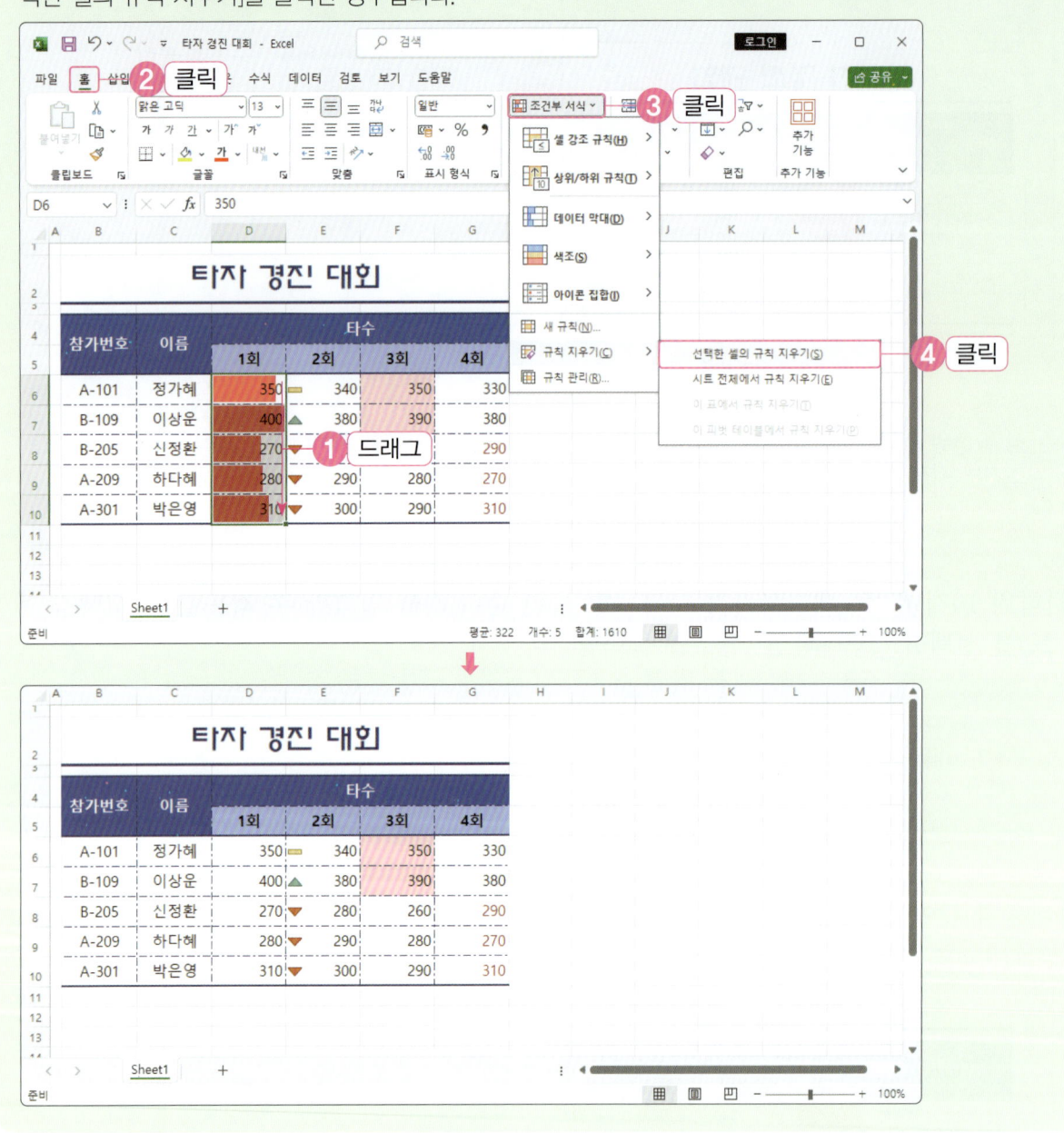

Jump! Jump!

01 다음과 같이 '과학 경진 대회' 파일을 연 후 색조와 아이콘 집합을 사용하여 조건부 서식을 지정해 보세요.

- **D5:D9셀 범위** : 색조([빨강 – 흰색 – 파랑 색조])
- **E5:E9셀 범위** : 아이콘 집합([평점 4])

Hint

D5:D9셀 범위를 선택한 후 [홈] 탭–[스타일] 그룹에서 [조건부 서식]을 클릭한 다음 [색조]–[빨강 – 흰색 – 파랑 색조]를 클릭하면 색조를 사용하여 조건부 서식을 지정할 수 있습니다.

02 다음과 같이 셀 강조 규칙을 사용하여 조건부 서식을 지정해 보세요.

- **F5:F9셀 범위** : 셀 강조 규칙(보다 작음(값(90), 적용할 서식(진한 노랑 텍스트가 있는 노랑 채우기)))

Chapter 18 이름 정의하고 데이터 유효성 검사 설정하기

학습 목표
- 이름을 정의하는 방법에 대해 알아봅니다.
- 데이터 유효성 검사를 설정하는 방법에 대해 알아봅니다.

이름 정의는 셀이나 셀 범위에 이름을 지정하여 셀이나 셀 범위를 참조할 때 지정한 이름으로 참조할 수 있도록 하는 기능이고, 데이터 유효성 검사는 입력할 수 있는 데이터를 지정하여 데이터를 잘못 입력하면 입력할 수 없도록 하는 기능입니다.

Preview

구분	옛날	오늘날		구분
주생활	기와집	아파트		의생활
의생활	모시옷	셔츠		식생활
의생활	무명옷	청바지		주생활
의생활	비단옷	스커트		
의생활	삼베옷	블라우스		
식생활	쌀과 채소로 만든 음식	가공식품		
주생활	초가집	양옥		

옛날과 오늘날의 의식주 생활

THEME 01 이름 정의하기

1 '의식주 생활' 파일을 연 후 이름을 정의하기 위해 F5:F7셀 범위를 선택한 다음 [수식] 탭-[정의된 이름] 그룹에서 [이름 정의]를 클릭합니다.

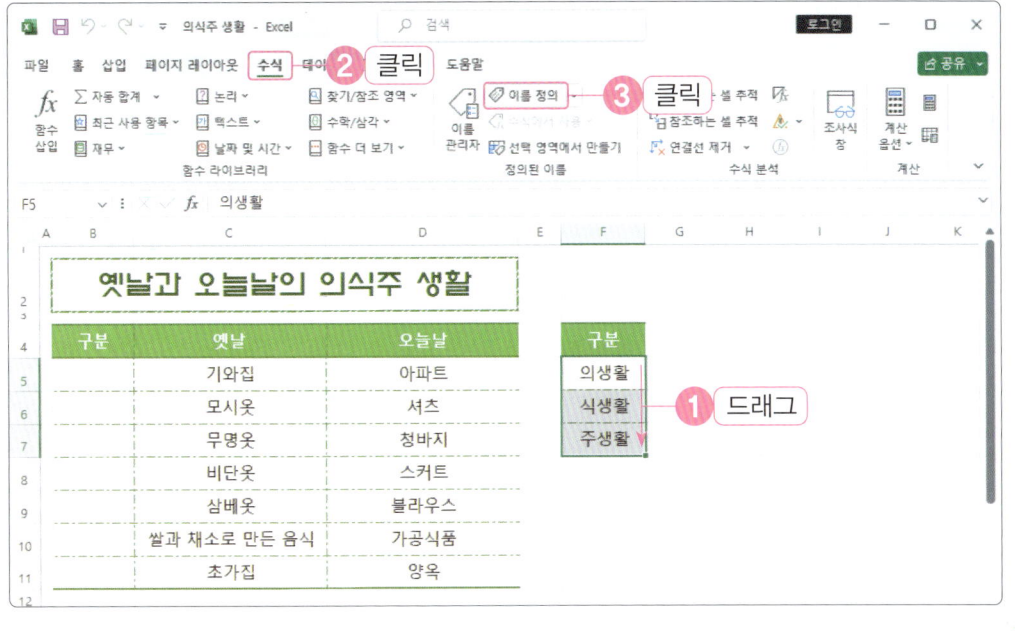

> **Tip**
> F5:F7셀 범위를 선택한 후 이름 상자에 '구분'이라고 입력한 다음 Enter를 눌러 이름을 정의할 수도 있습니다.

2 [새 이름] 대화상자가 나타나면 이름(구분)을 입력한 후 [확인] 단추를 클릭합니다.

> **Tip**
> 이름은 문자나 밑줄(_) 또는 역슬래시(\)로 시작해야 하고, 공백이나 'A1'과 같은 셀 주소는 사용할 수 없습니다.

3 F5:F7셀 범위를 선택하면 이름이 정의되어 있는 것을 확인할 수 있습니다.

알아두면 실력튼튼

정의된 이름 삭제하기

[수식] 탭-[정의된 이름] 그룹에서 [이름 관리자]를 클릭하면 [이름 관리자] 대화상자가 나타나는데요. [이름 관리자] 대화상자에서 정의된 이름을 선택한 후 [삭제] 단추를 클릭하면 정의된 이름을 삭제할 수 있습니다.

THEME 02 데이터 유효성 검사 설정하기

1 데이터 유효성 검사를 설정하기 위해 B5:B11셀 범위를 선택한 후 [데이터] 탭-[데이터 도구] 그룹에서 [데이터 유효성 검사]를 클릭합니다.

2 [데이터 유효성] 대화상자가 나타나면 [설정] 탭에서 제한 대상(목록)을 선택한 후 원본(=구분)을 입력한 다음 [확인] 단추를 클릭합니다.

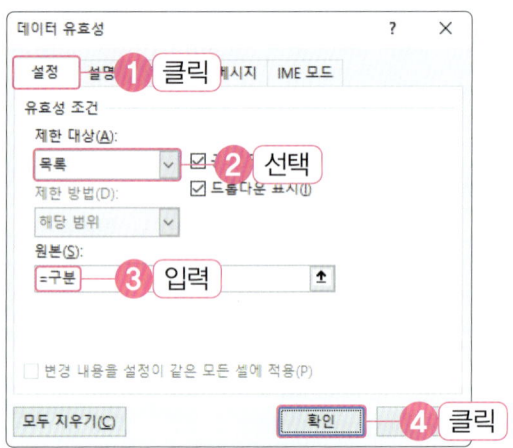

알아두면 실력튼튼

원본 입력하기

원본은 입력할 수 있는 데이터로 다음과 같이 쉼표(,)로 구분하여 직접 입력하거나 셀 범위를 선택하여 입력할 수도 있습니다.

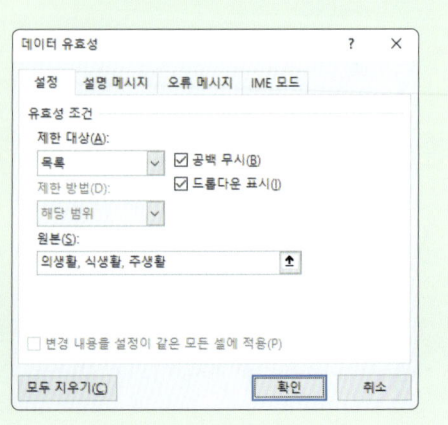

③ 데이터 유효성 검사가 설정되면 B5셀을 선택한 후 데이터 유효성 검사의 ▼[목록] 단추를 클릭한 다음 '주생활'을 클릭합니다.

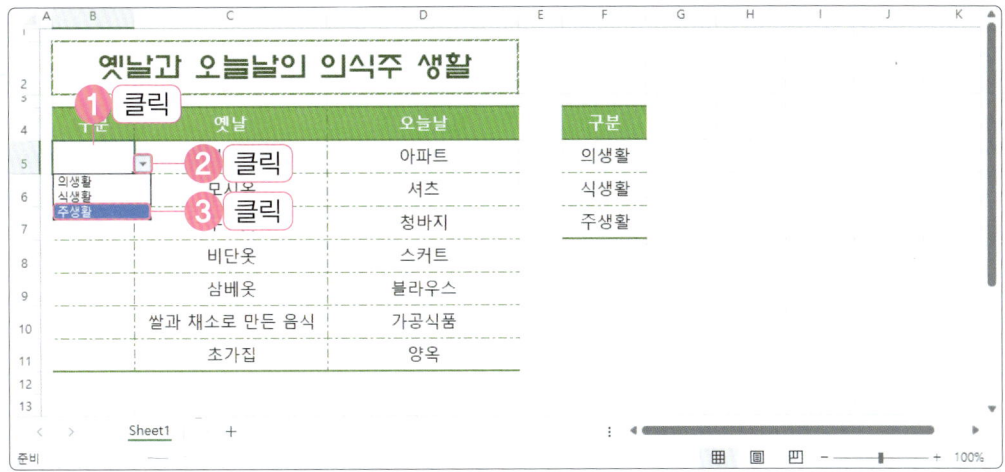

알아두면 실력튼튼

구분이 나타나는 이유

B5셀을 선택하면 [데이터 유효성] 대화상자의 [설정] 탭에서 [드롭다운 표시]가 선택되어 있기 때문에 데이터 유효성 검사의 ▼[목록] 단추가 나타납니다. 그리고 데이터 유효성 검사의 ▼[목록] 단추를 클릭하면 제한 대상을 '목록'으로 지정하고, 원본에 '=구분'을 입력하였기 때문에 '구분'이라고 이름을 정의한 F5:F7셀 범위에 있는 데이터(의생활, 식생활, 주생활)가 나타납니다.

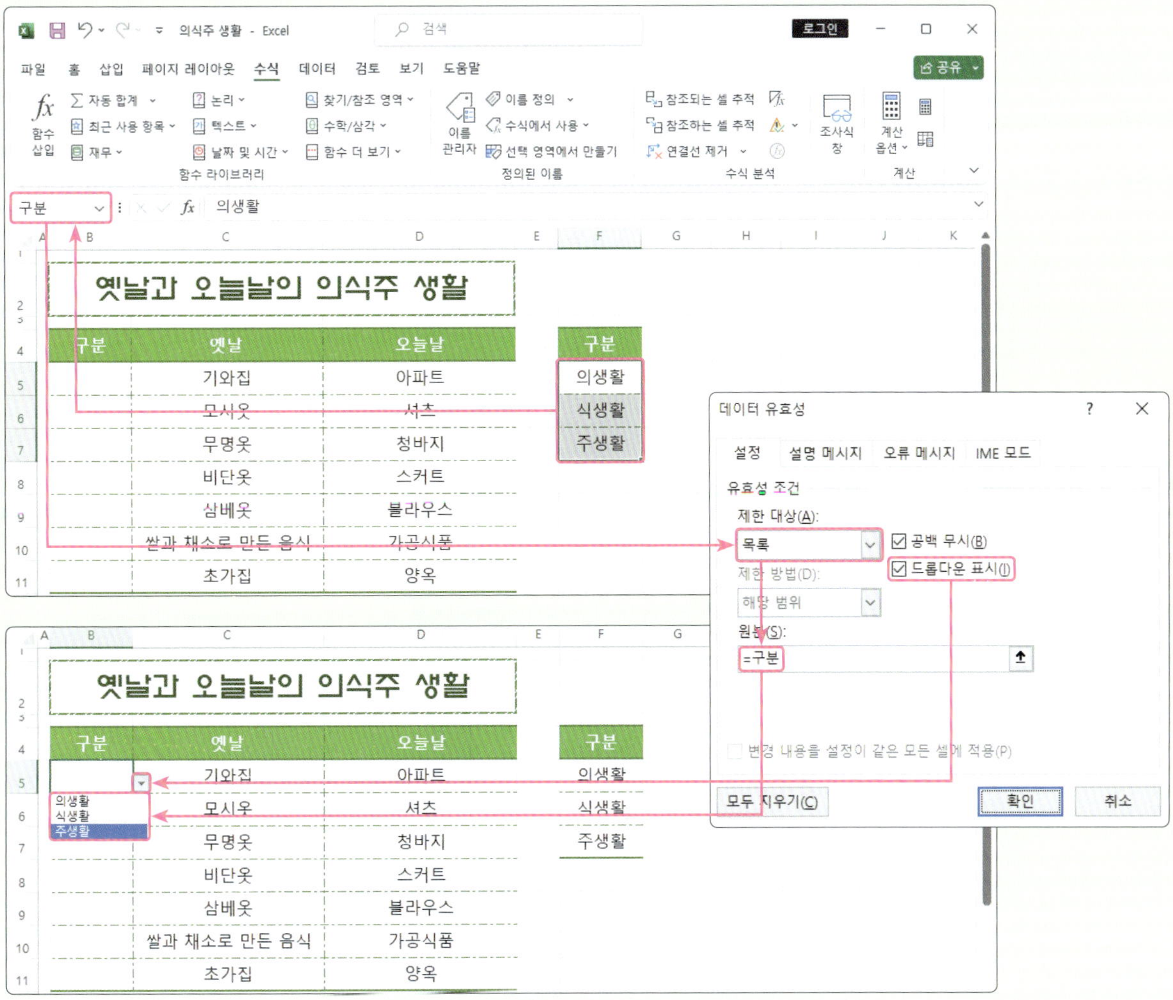

Chapter 18 - 이름 정의하고 데이터 유효성 검사 설정하기 **115**

같은 방법으로 다음과 같이 구분을 입력합니다.

알아두면 실력튼튼

데이터 유효성 검사 제거하기

데이터 유효성 검사가 설정된 셀을 선택한 후 [데이터] 탭-[데이터 도구] 그룹에서 [데이터 유효성 검사]를 클릭하면 [데이터 유효성] 대화상자가 나타나는데요. [데이터 유효성] 대화상자의 [설정] 탭에서 [모두 지우기] 단추를 클릭하면 설정된 데이터 유효성 검사를 제거할 수 있습니다.

01 다음과 같이 '즐겨 먹었던 음식' 파일을 연 후 이름을 정의해 보세요.

• **이름 정의** : 이름(명절_절기), 참조 대상(E5:E8셀 범위)

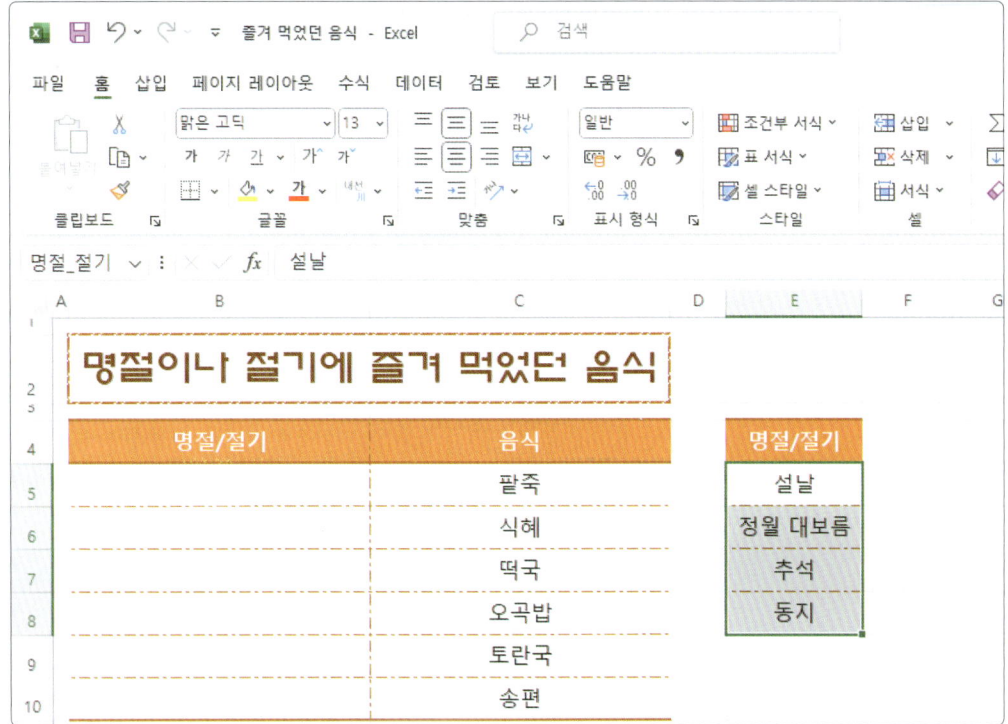

02 다음과 같이 데이터 유효성 검사를 설정한 후 명절/절기를 입력해 보세요.

• **데이터 유효성 검사 설정** : B5:B10셀 범위(제한 대상(목록), 원본(=명절_절기))

Chapter 18 – 이름 정의하고 데이터 유효성 검사 설정하기 **117**

Chapter 19 차트 작성하기

학습 목표
- ◆ 차트를 삽입하고 편집하는 방법에 대해 알아봅니다.
- ◆ 새 시트로 차트를 이동하는 방법에 대해 알아봅니다.

차트는 수치 데이터를 분석하여 그 관계를 일정한 양식의 그림으로 나타낸 것인데요. 차트를 작성하면 수치 데이터를 막대나 원 등으로 표시하여 한 눈에 파악할 수 있습니다.

Preview

THEME 01 차트 삽입하고 편집하기

1 '과목의 선호도' 파일을 연 후 차트를 삽입하기 위해 B16:F18셀 범위를 선택한 다음 [삽입] 탭-[차트] 그룹에서 [세로 또는 가로 막대형 차트 삽입]을 클릭하고 [묶은 세로 막대형]을 클릭합니다.

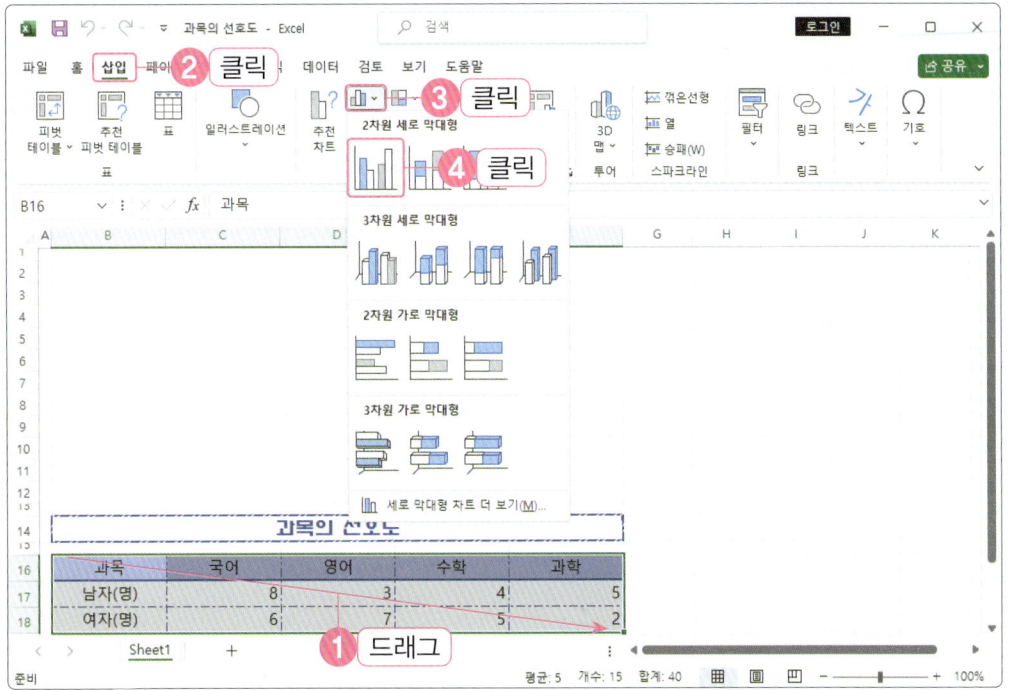

2 차트가 삽입되면 다음과 같이 차트를 이동한 후 차트의 크기를 조절하기 위해 차트의 크기 조절 핸들(○)을 드래그합니다.

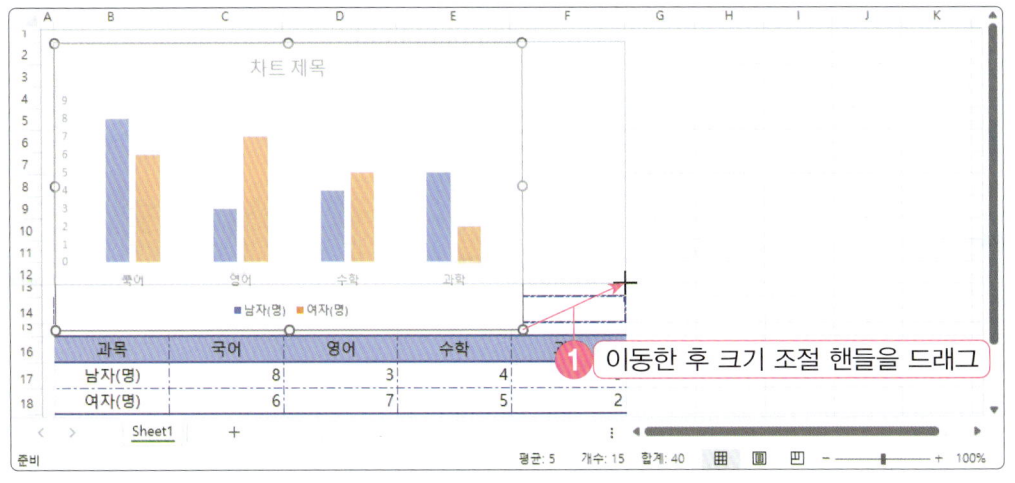

> **Tip**
> 차트 데이터(차트로 작성될 데이터)를 선택한 후 Alt+F1을 누르거나 F11을 눌러 차트를 삽입할 수도 있는데요. 차트 데이터를 선택한 후 Alt+F1을 누르면 현재 워크시트 정가운데에 기본 차트인 묶은 세로 막대형 차트가 삽입되고, F11을 누르면 현재 워크시트 앞에 새 차트시트가 삽입된 다음 새 차트시트에 기본 차트인 묶은 세로 막대형 차트가 삽입됩니다.

차트의 구성

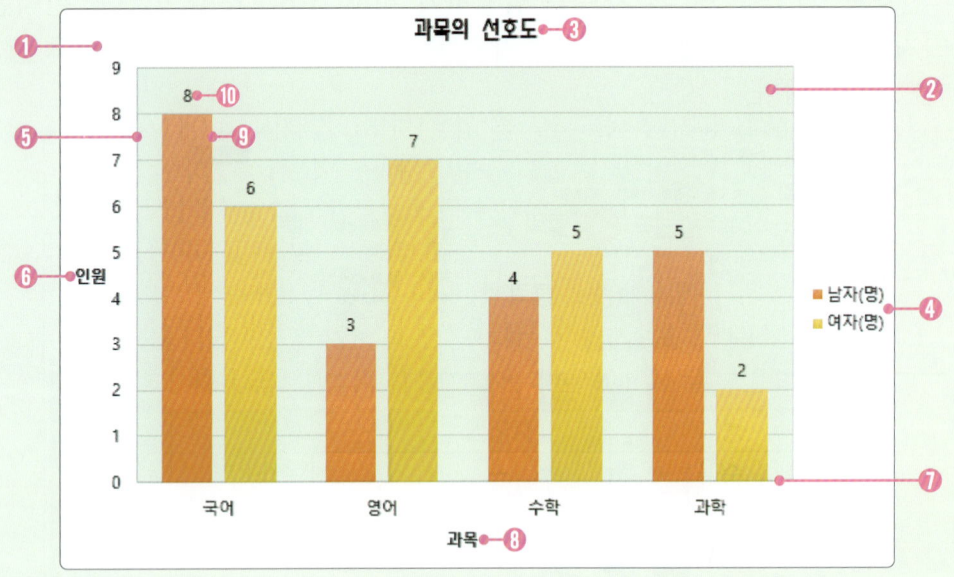

1. **차트 영역** : 모든 차트 요소(차트 영역, 그림 영역, 차트 제목 등)를 포함한 차트 전체입니다.
2. **그림 영역** : 2차원 차트에서는 데이터 계열을 포함한 축으로 둘러싸인 영역이고, 3차원 차트에서는 세로 축, 세로 축 제목, 가로 축, 가로 축 제목을 포함합니다.
3. **차트 제목** : 차트의 제목입니다.
4. **범례** : 데이터 계열을 구분하는 색과 이름을 표시하는 상자입니다.
5. **세로 축** : 데이터 계열의 값을 표시하는 축입니다.
6. **세로 축 제목** : 세로 축의 제목입니다.
7. **가로 축** : 데이터 계열의 이름을 표시하는 축입니다.
8. **가로 축 제목** : 가로 축의 제목입니다.
9. **데이터 계열** : 관련 있는 데이터 요소의 집합입니다. 데이터 계열은 '계열', 데이터 요소는 '요소'라고도 합니다.
10. **데이터 레이블** : 데이터 요소의 계열 이름, 항목 이름, 값을 표시합니다.

차트 종류

- **[세로 막대형]** : 시간 경과에 따른 데이터 변화를 표시하거나 항목을 비교하는 경우에 주로 사용합니다. 항목은 가로 축에 표시되고, 값은 세로 축에 표시되어 시간 경과에 따른 데이터 변화를 강조할 수 있습니다.
- **[꺾은선형]** : 월이나 연도와 같이 일정한 기간 동안의 데이터 추세를 표시하는 경우에 주로 사용합니다.
- **[원형]** : 전체 항목에 대한 각 항목의 비율을 표시하는 경우에 주로 사용합니다.
- **[가로 막대형]** : 세로 막대형 차트와 마찬가지로 시간 경과에 따른 데이터 변화를 표시하거나 항목을 비교하는 경우에 주로 사용합니다. 세로 막대형 차트와 다른 점은 항목은 세로 축에 표시되고, 값은 가로 축에 표시되어 비교하는 항목을 강조할 수 있다는 것입니다.
- **[영역형]** : 시간 경과에 따른 데이터 변화를 강조하는 경우에 주로 사용합니다. 전체 항목과 특정 항목의 영역을 비교하여 전체 항목과 특정 항목의 관계를 파악하는 경우에 유용합니다.
- **[분산형]** : 여러 데이터 계열 사이의 관계를 표시하는 경우에 주로 사용합니다.

③ 차트 스타일을 지정하기 위해 차트를 선택한 후 [차트 디자인] 탭-[차트 스타일] 그룹에서 ▽[빠른 스타일] 단추를 클릭합니다.

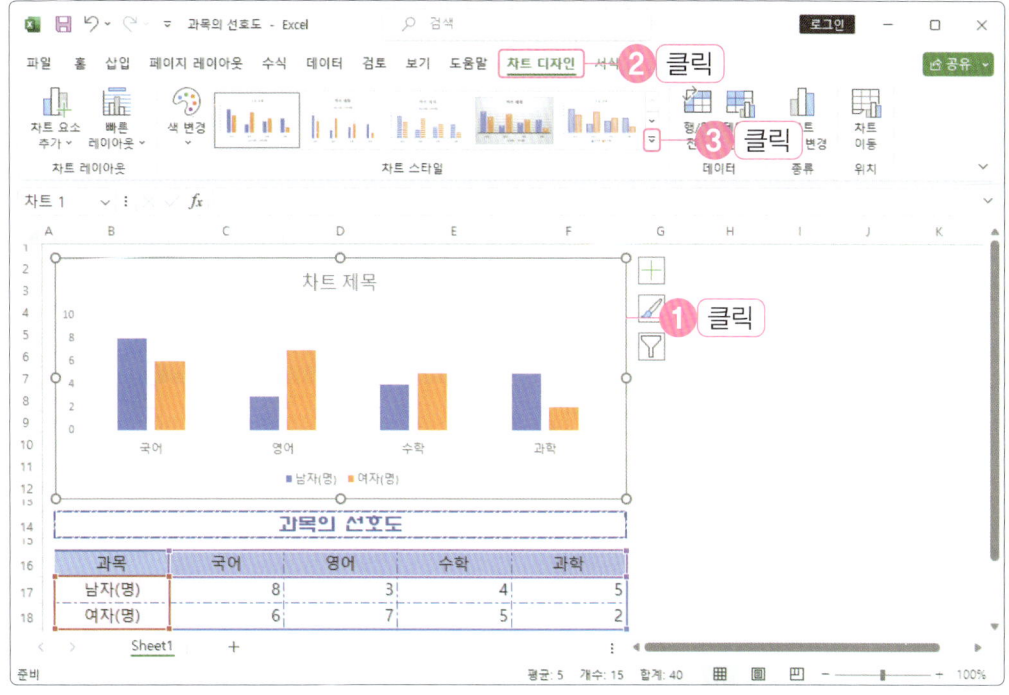

Tip
- 차트 영역을 클릭하면 차트를 선택할 수 있습니다.
- 차트 영역 서식이나 그림 영역 서식 등을 지정한 후 차트 스타일을 지정하면 지정한 차트 스타일과 관련 있는 차트 영역 서식이나 그림 영역 서식 등으로 다시 지정되므로 먼저 차트 스타일을 지정한 후 차트 영역 서식이나 그림 영역 서식 등을 지정합니다.

④ 차트 스타일 목록이 나타나면 [스타일 6]을 클릭합니다.

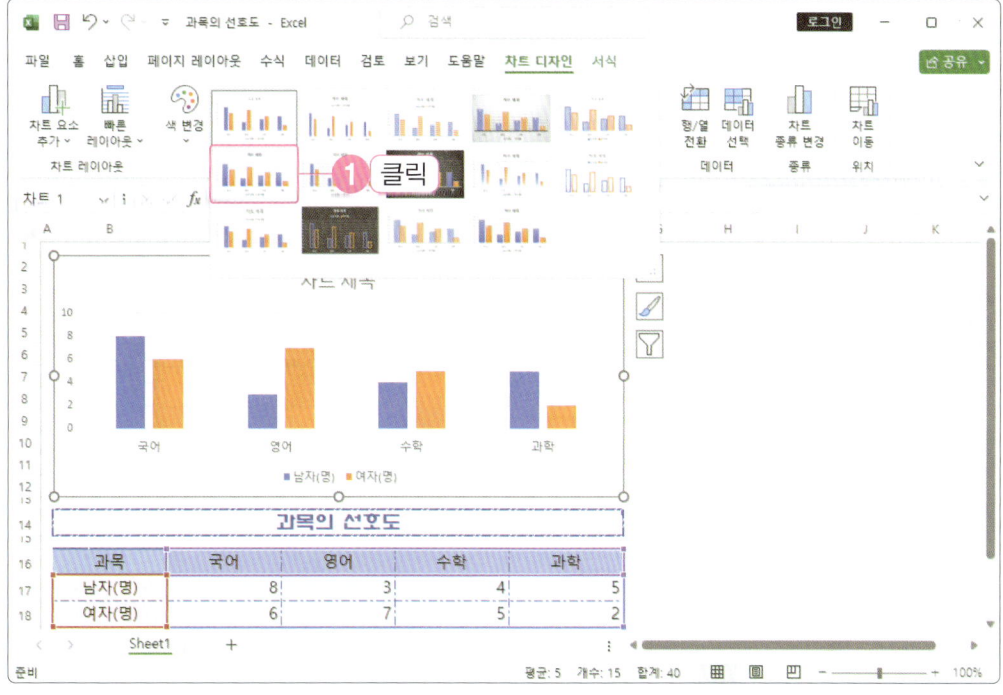

Chapter 19 - 차트 작성하기 **121**

5️⃣ 차트 색을 변경하기 위해 [차트 디자인] 탭-[차트 스타일] 그룹에서 [색 변경]을 클릭한 후 [다양한 색상표 3]을 클릭합니다.

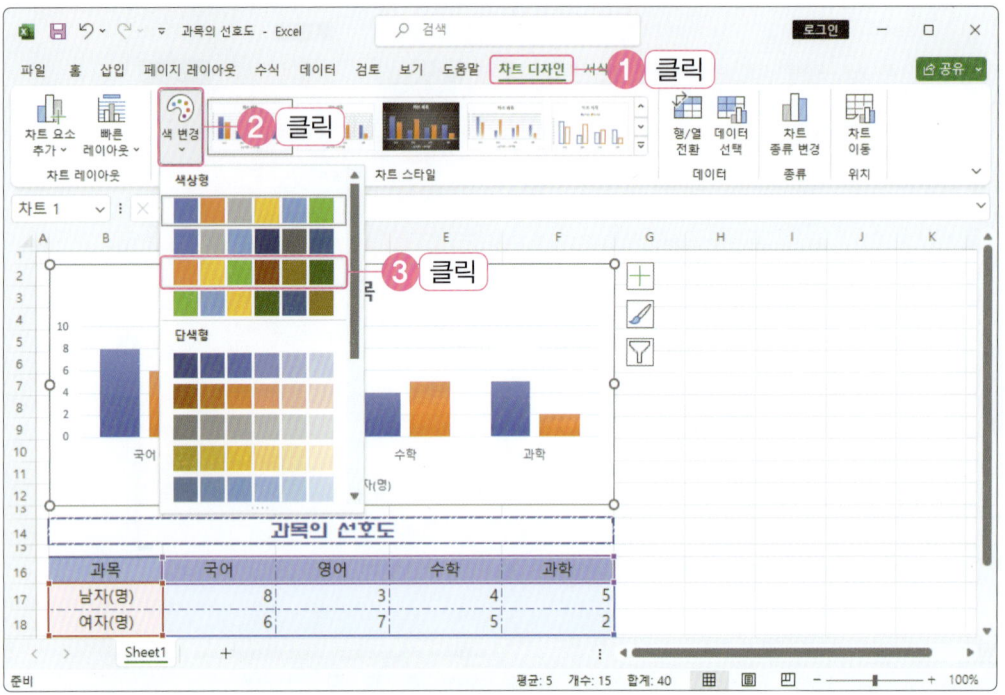

6️⃣ 범례의 위치를 변경하기 위해 [차트 디자인] 탭-[차트 레이아웃] 그룹에서 [차트 요소 추가]를 클릭한 후 [범례]-[오른쪽]을 클릭합니다.

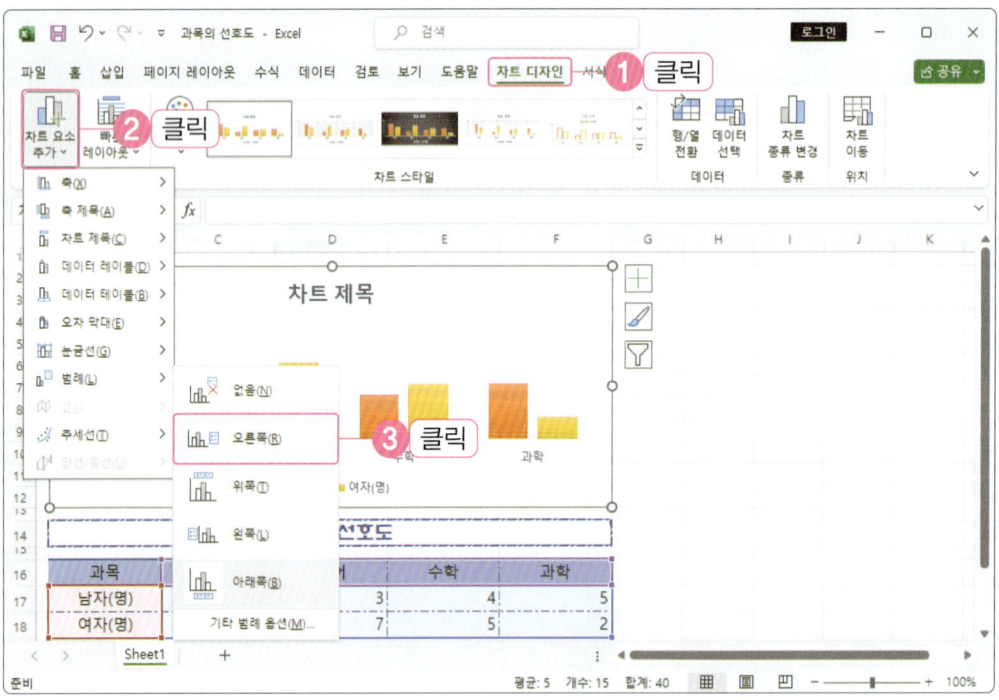

7 '여자(명)' 데이터 계열의 '과학' 데이터 요소만 데이터 레이블을 표시하기 위해 '여자(명)' 데이터 계열의 '과학' 데이터 요소만 선택한 후 [차트 디자인] 탭-[차트 레이아웃] 그룹에서 [차트 요소 추가]를 클릭한 다음 [데이터 레이블]-[가운데]를 클릭합니다.

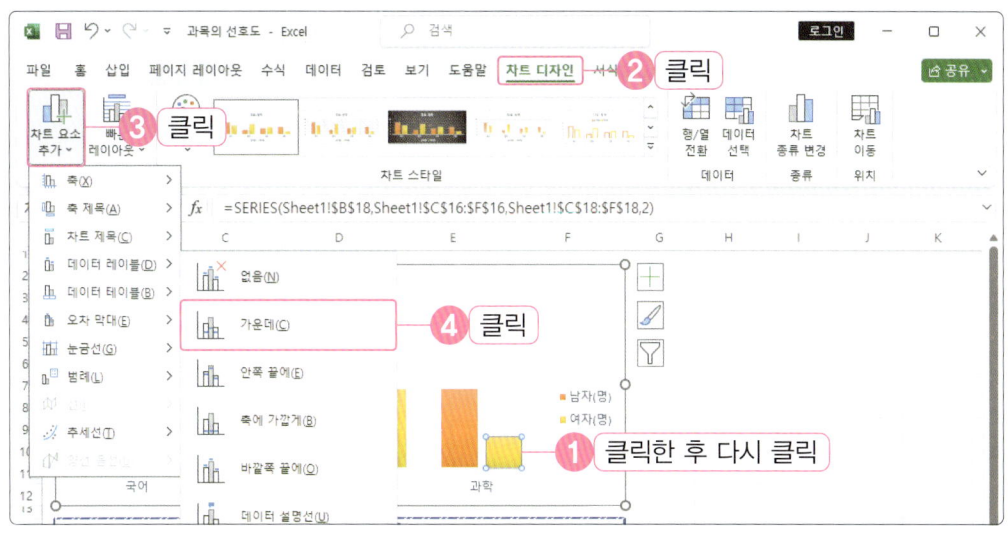

'여자(명)' 데이터 계열의 '과학' 데이터 요소를 클릭한 후 다시 클릭하면 '여자(명)' 데이터 계열의 '과학' 데이터 요소만 선택할 수 있습니다.

알아두면 실력튼튼

차트 요소 선택하기

- **방법1** : 차트를 선택한 후 [서식] 탭-[현재 선택 영역] 그룹에서 [차트 요소]의 [목록] 단추를 클릭한 다음 차트 요소(차트 영역, 그림 영역, 차트 제목 등)를 클릭합니다. 이 방법을 사용하면 한 번에 선택하기 힘든 차트 요소를 쉽게 선택할 수 있습니다.
- **방법2** : 차트 요소로 마우스 포인터를 가져가서 마우스 포인터가 ✥ 모양이나 ⬚ 모양으로 변경되었을 때 클릭합니다.

8 차트 영역에 글꼴 서식을 지정하기 위해 차트 영역을 선택한 후 [홈] 탭-[글꼴] 그룹에서 글꼴(맑은 고딕)과 글꼴 크기(10)를 선택합니다.

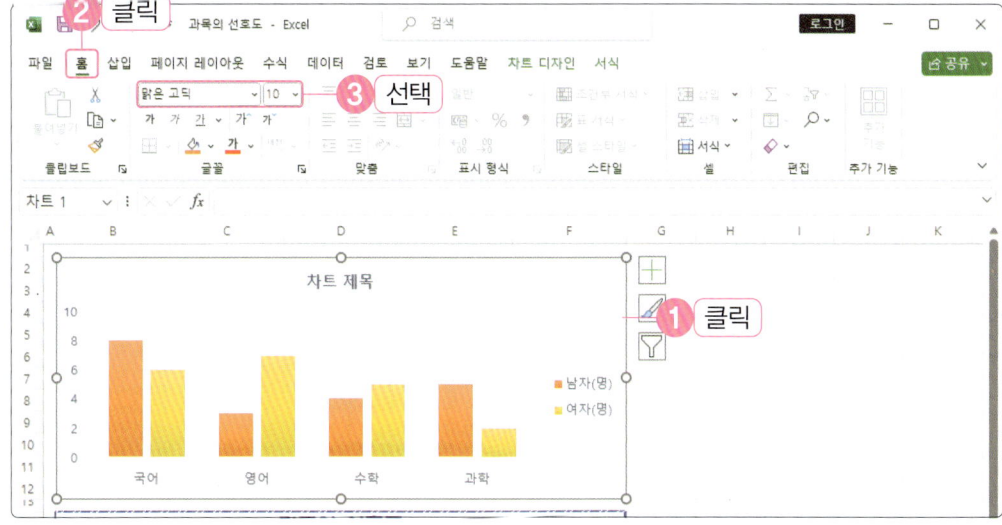

⑨ 차트 제목(과목의 선호도)을 수정합니다. 그런 다음 차트 제목에 글꼴 서식을 지정하기 위해 차트 제목을 드래그하여 선택한 후 [홈] 탭-[글꼴] 그룹에서 글꼴(휴먼모음T)과 글꼴 크기(20)를 선택합니다.

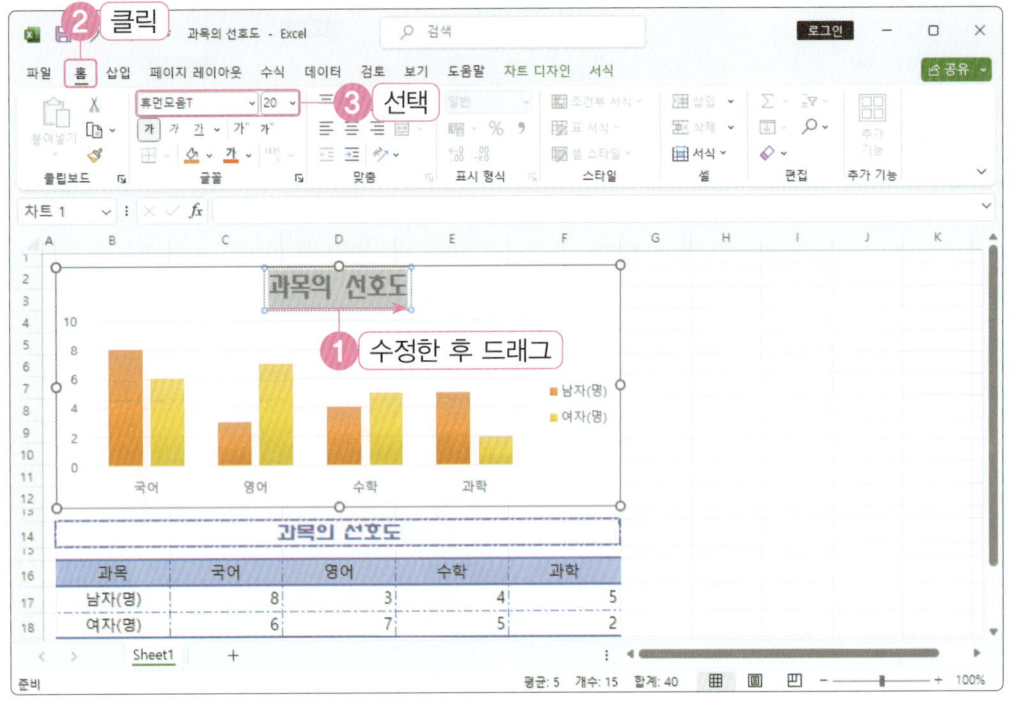

TIP
차트 제목을 선택한 후 차트 제목으로 마우스 포인터를 가져가서 마우스 포인터가 I 모양으로 변경되었을 때 클릭하면 차트 제목을 수정할 수 있습니다.

⑩ 그림 영역 서식을 지정하기 위해 그림 영역을 선택한 후 [서식] 탭-[현재 선택 영역] 그룹에서 [선택 영역 서식]을 클릭합니다.

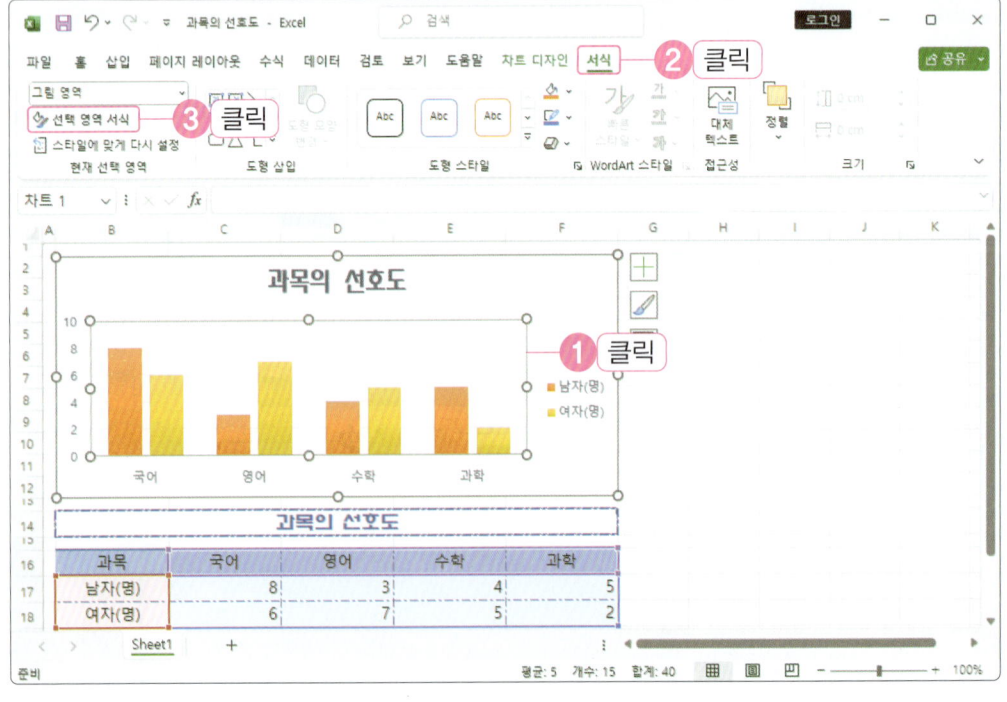

124 엑셀 2021

⑪ [그림 영역 서식] 작업 창이 나타나면 [그림 영역 옵션]-[채우기 및 선]-[채우기]에서 [단색 채우기]를 선택한 후 색(녹색, 강조 6, 80% 더 밝게)을 선택한 다음 ×[닫기]를 클릭합니다.

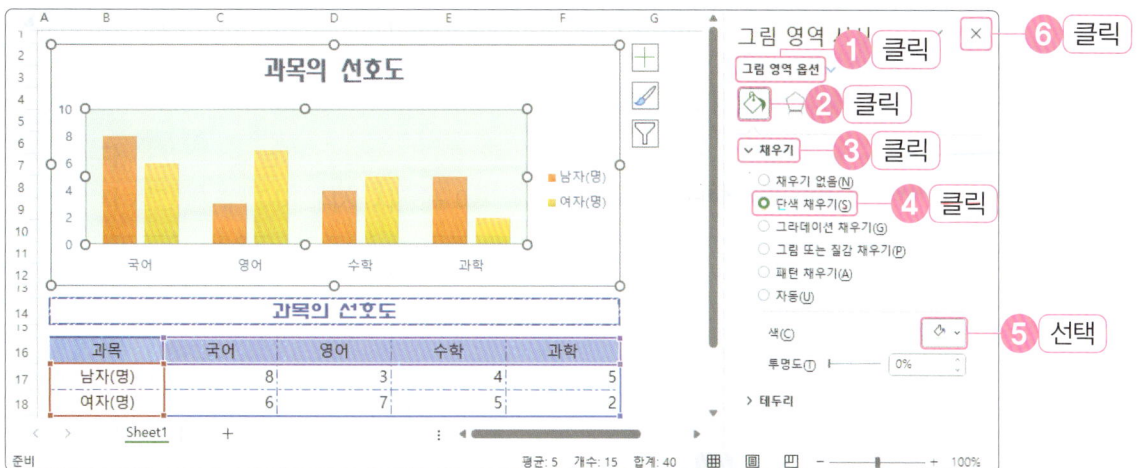

⑫ 다음과 같이 그림 영역 서식이 지정됩니다.

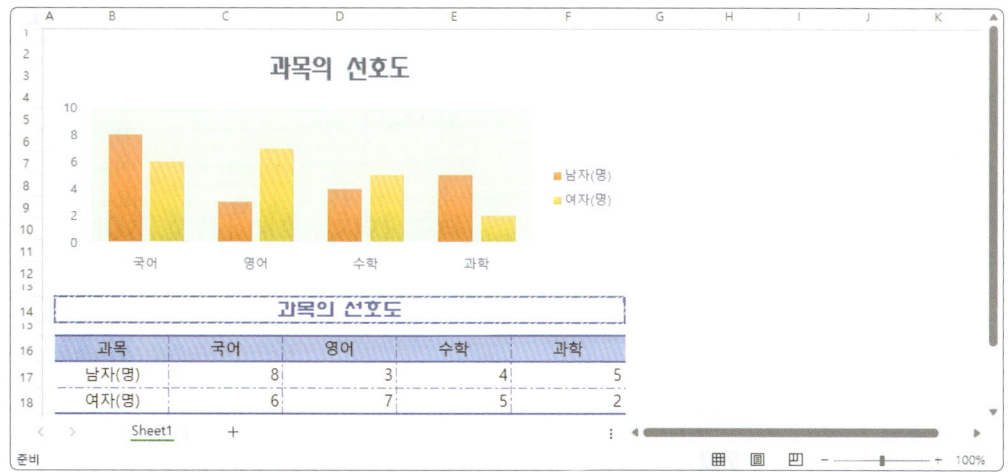

Chapter 19 - 차트 작성하기 **125**

THEME 02 새 시트로 차트 이동하기

1 새 시트로 차트를 이동하기 위해 차트를 선택한 후 [차트 디자인] 탭-[위치] 그룹에서 [차트 이동]을 클릭합니다.

2 [차트 이동] 대화상자가 나타나면 [새 시트]를 선택한 후 새 시트 이름(과목의 선호도)을 입력한 다음 [확인] 단추를 클릭합니다.

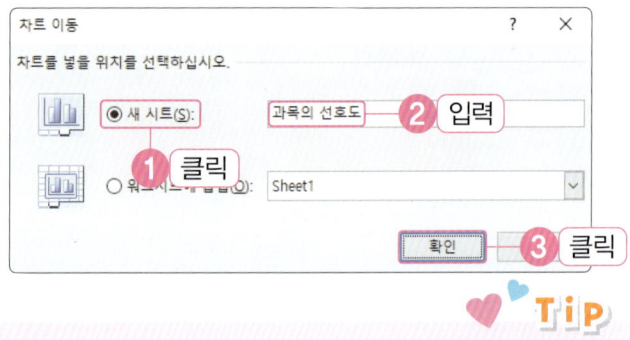

> **Tip**
> • [새 시트]를 선택하면 워크시트가 아닌 차트시트가 삽입됩니다.
> • [워크시트에 삽입]을 선택한 후 [워크시트에 삽입]의 [목록] 단추를 클릭한 다음 워크시트를 선택하면 차트를 선택한 워크시트로 이동할 수 있습니다.

3 다음과 같이 차트가 새 시트로 이동됩니다.

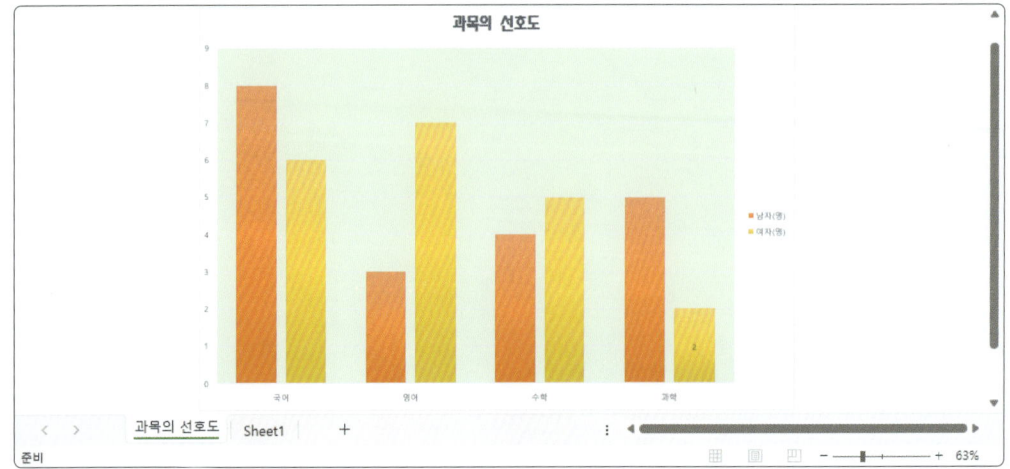

01 다음과 같이 '국어의 선호도 변화' 파일을 연 후 차트를 삽입한 다음 편집해 보세요.

- **차트 삽입** : 차트 데이터(B16:H18셀 범위), [꺾은선형 또는 영역형 차트 삽입]-[표식이 있는 꺾은선형]
- **차트 색 변경** : [다양한 색상표 4]
- **범례 위치 변경** : 위쪽
- **데이터 레이블 표시** : '여자(명)' 데이터 계열의 '10월' 데이터 요소(오른쪽)
- **차트 제목에 글꼴 서식 지정** : 글꼴(휴먼편지체), 글꼴 크기(20)
- **차트 영역 서식 지정** : 단색 채우기(색(파랑, 강조 5, 60% 더 밝게))
- **그림 영역 서식 지정** : 단색 채우기(색(흰색, 배경 1))

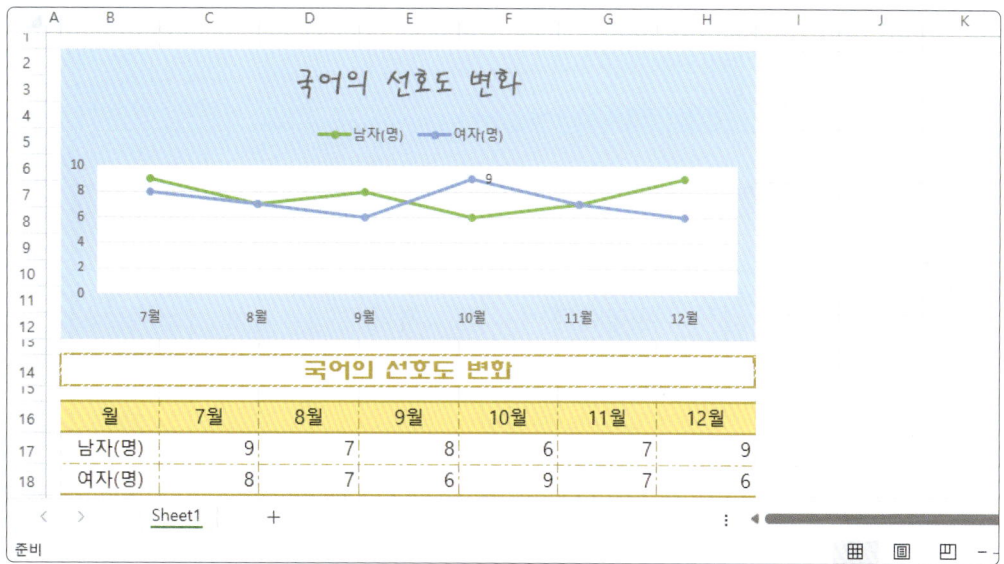

02 다음과 같이 새 시트로 차트를 이동해 보세요.

- **새 시트로 차트 이동** : 새 시트 이름(국어의 선호도 변화)

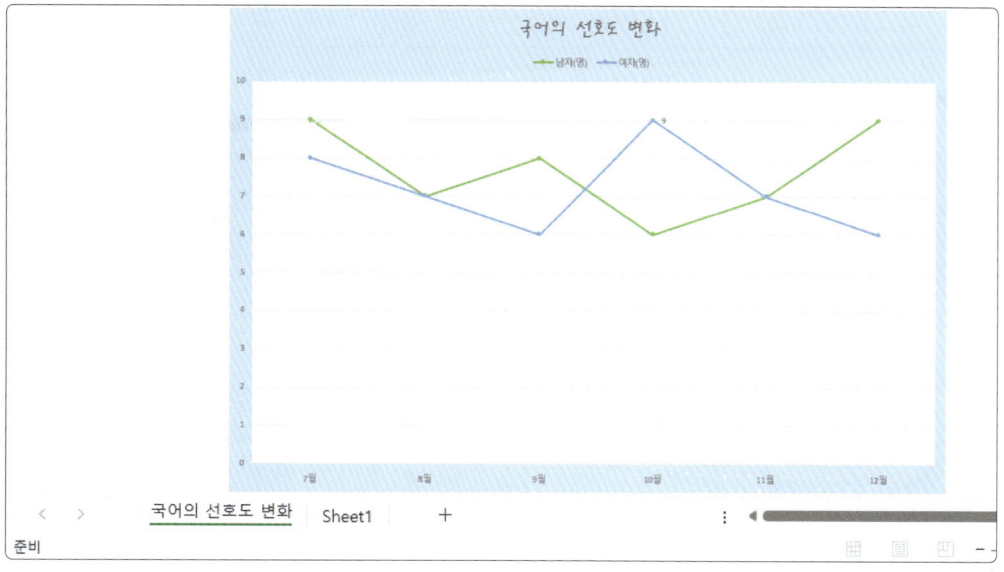

Chapter 19 – 차트 작성하기 **127**

Chapter 20 데이터 정렬하기

학습목표
- 데이터를 정렬하는 방법에 대해 알아봅니다.
- 사용자 지정 목록 순으로 데이터를 정렬하는 방법에 대해 알아봅니다.

정렬은 데이터를 일정한 순서에 의해 차례대로 재배열하는 작업을 말하는데요. 데이터를 정렬하면 데이터가 차례대로 배열되어 있기 때문에 그만큼 원하는 데이터를 쉽고 빠르게 찾을 수 있습니다.

Preview

쥐라기에 살던 공룡

한글학명	영어학명	지역	식성	크기(m)
모놀로포사우루스	Monolophosaurus	아시아	육식	5
마멘키사우루스	Mamenchisaurus	아시아	초식	22
케라토사우루스	Ceratosaurus	북아메리카	육식	6
코엘루루스	Coelurus	북아메리카	육식	2
울트라사우루스	Ultrasaurus	북아메리카	초식	30
카마라사우루스	Camarasaurus	북아메리카	초식	18
스테고사우루스	Stegosaurus	북아메리카	초식	9
마크로플라타	Macroplata	유럽	육식	4.5

THEME 01 데이터 정렬하기

 '쥐라기에 살던 공룡' 파일을 연 후 영어학명을 기준으로 데이터를 정렬하기 위해 C4셀을 선택한 다음 [데이터] 탭–[정렬 및 필터] 그룹에서 [텍스트 오름차순 정렬]을 클릭합니다.

- 한 가지의 정렬 기준(여기서는 영어학명)으로 데이터를 정렬하는 경우입니다.
- [오름차순 정렬]/[내림차순 정렬]은 데이터가 텍스트이면 [텍스트 오름차순 정렬]/[텍스트 내림차순 정렬]로 표시되고, 숫자이면 [숫자 오름차순 정렬]/[숫자 내림차순 정렬]로 표시됩니다.
- C4셀을 선택한 후 [데이터] 탭–[정렬 및 필터] 그룹에서 [텍스트 내림차순 정렬]을 클릭하면 영어학명을 기준으로 내림차순 정렬을 할 수 있습니다.

정렬 순서

정렬에는 작은 값에서 큰 값 순으로 재배열하는 오름차순 정렬과 큰 값에서 작은 값 순으로 재배열하는 내림차순 정렬이 있습니다.

- **오름차순 정렬** : 숫자(작은 숫자 → 큰 숫자) ➡ 문자(A → Z → ㄱ → ㅎ) ➡ 논리값(FALSE → TRUE) ➡ 오류값 ➡ 빈 셀(데이터가 없는 셀)
- **내림차순 정렬** : 오류값 ➡ 논리값(TRUE → FALSE) ➡ 문자(ㅎ → ㄱ → Z → A) ➡ 숫자(큰 숫자 → 작은 숫자) ➡ 빈 셀(데이터가 없는 셀)

❷ 다음과 같이 영어학명을 기준으로 오름차순 정렬됩니다.

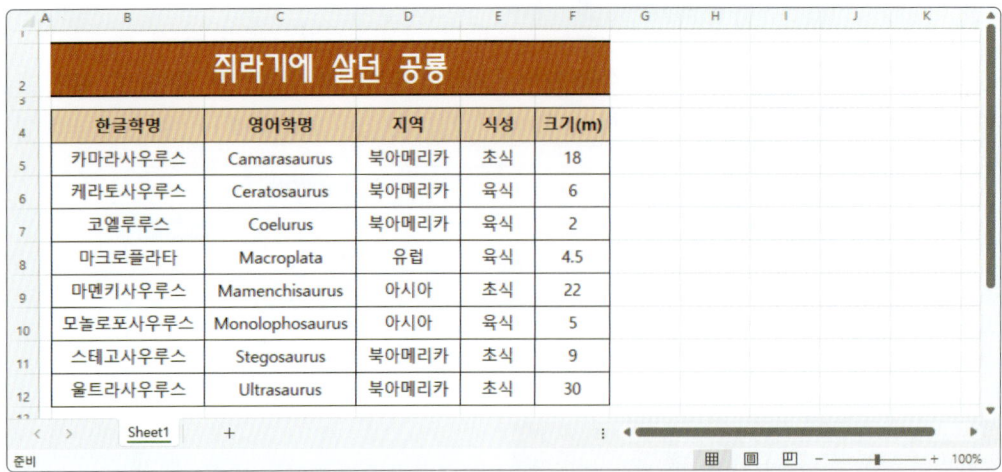

Tip
영어학명(C5:C12셀 범위)을 보면 Camarasaurus, Ceratosaurus, …, Stegosaurus, Ultrasaurus 순으로 정렬(오름차순 정렬)된 것을 확인할 수 있습니다.

❸ 식성과 크기를 기준으로 데이터를 정렬하기 위해 B4셀을 선택한 후 [데이터] 탭-[정렬 및 필터] 그룹에서 [정렬]을 클릭합니다.

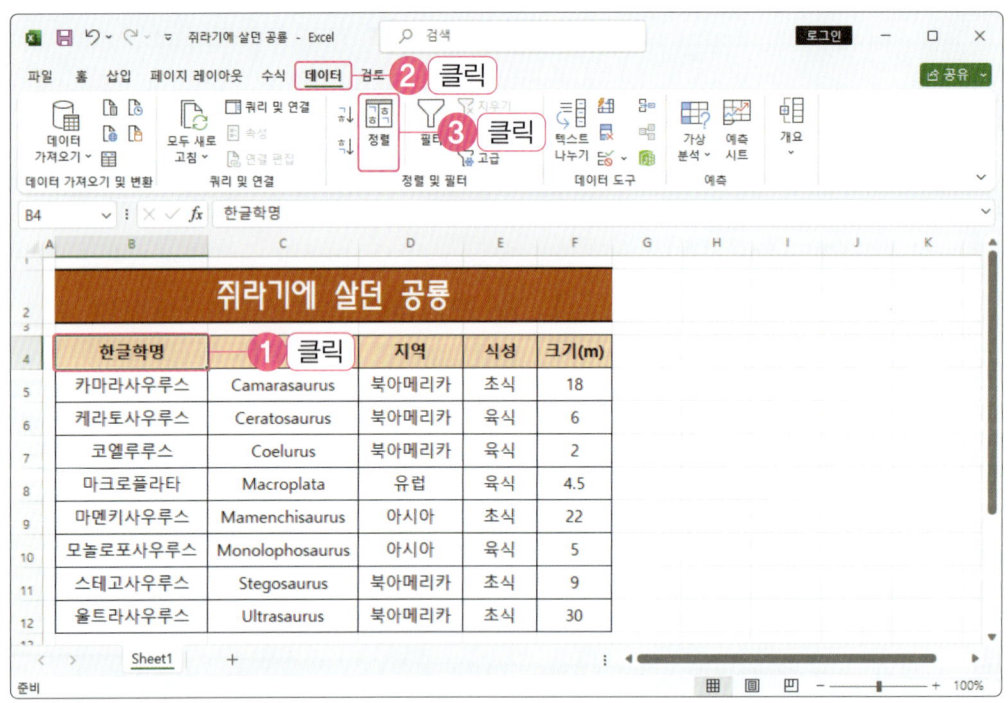

Tip
두 가지 이상의 정렬 기준(여기서는 식성과 크기)으로 데이터를 정렬하는 경우입니다.

④ [정렬] 대화상자가 나타나면 정렬 기준에서 열(식성), 정렬 기준(셀 값), 정렬(오름차순)을 선택한 후 [기준 추가] 단추를 클릭합니다.

⑤ 다음 기준이 추가되면 다음 기준에서 열(크기(m)), 정렬 기준(셀 값), 정렬(내림차순)을 선택한 후 [확인] 단추를 클릭합니다.

정렬 기준(첫 번째 정렬 기준)을 선택한 후 [아래로 이동] 단추를 클릭하거나 다음 기준(두 번째 정렬 기준)을 선택한 후 [위로 이동] 단추를 클릭하면 정렬 기준의 우선 순위를 바꿀 수 있습니다.

⑥ 다음과 같이 식성을 기준으로 오름차순 정렬, 식성이 같으면 크기를 기준으로 내림차순 정렬됩니다.

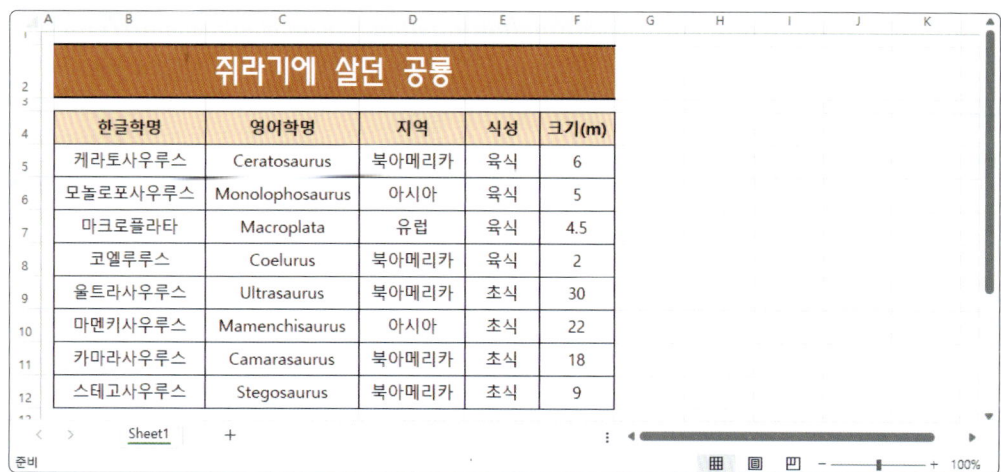

식성(E5:E12셀 범위)을 보면 육식, 초식 순으로 정렬(오름차순 정렬)된 것을 확인할 수 있고, 식성이 '육식'인 경우의 크기(F5:F8셀 범위)를 보면 6, 5, 4.5, 2 순으로 정렬(내림차순 정렬), 식성이 '초식'인 경우의 크기(F9:F12셀 범위)를 보면 30, 22, 18, 9 순으로 정렬(내림차순 정렬)된 것을 확인할 수 있습니다.

THEME 02 사용자 지정 목록 순으로 데이터 정렬하기

1 지역을 기준으로 데이터를 정렬하기 위해 B4셀을 선택한 후 [데이터] 탭-[정렬 및 필터] 그룹에서 [정렬]을 클릭합니다.

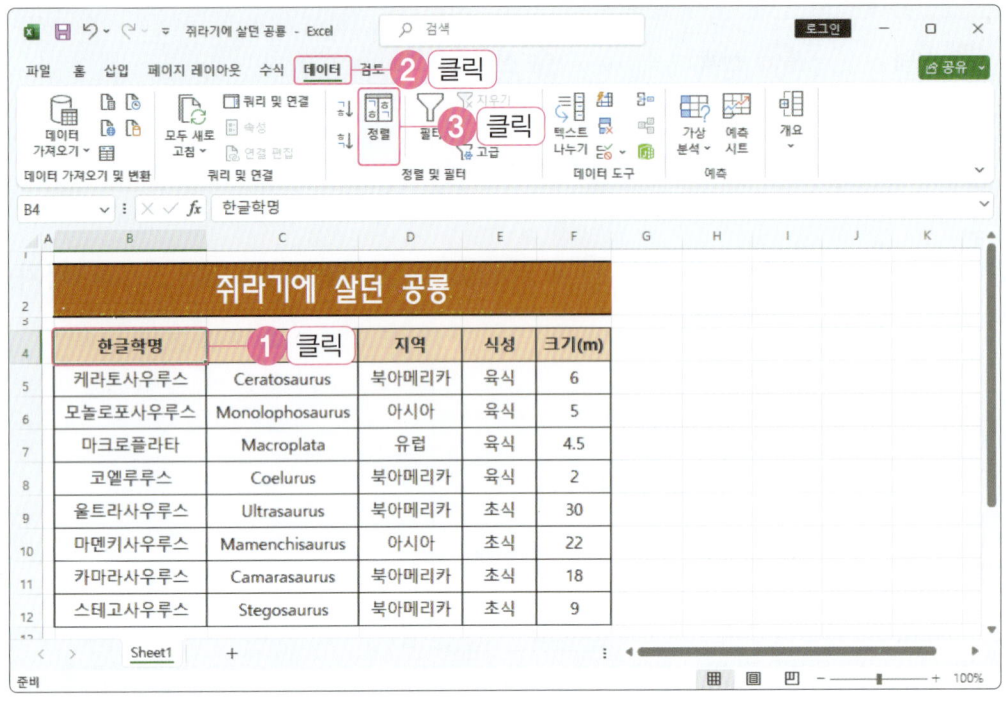

지역을 기준으로 오름차순 정렬을 하면 북아메리카, 아시아, 유럽 순으로 정렬되고, 내림차순 정렬을 하면 유럽, 아시아, 북아메리카 순으로 정렬되는데요. 여기서는 정렬 순서를 직접 지정하여 아시아, 북아메리카, 유럽 순으로 정렬할 것입니다.

2 [정렬] 대화상자가 나타나면 다음 기준을 선택한 후 [기준 삭제] 단추를 클릭합니다.

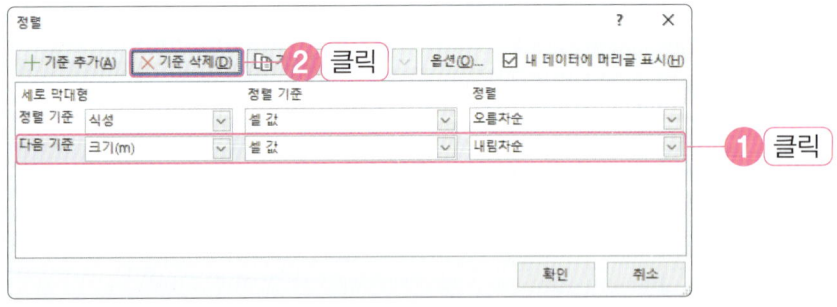

두 가지의 정렬 기준(여기서는 정렬 기준(첫 번째 정렬 기준)과 다음 기준(두 번째 정렬 기준)) 중에서 한 가지의 정렬 기준만 필요하여 다음 기준(두 번째 정렬 기준)을 삭제한 것입니다.

③ 다음 기준이 삭제되면 정렬 기준에서 열(지역)과 정렬 기준(셀 값)을 선택한 후 정렬의 ▼[목록] 단추를 클릭한 다음 [사용자 지정 목록]을 클릭합니다.

④ [사용자 지정 목록] 대화상자가 나타나면 목록 항목(아시아, 북아메리카, 유럽)을 입력한 후 [추가] 단추를 클릭합니다. 그런 다음 목록 항목이 사용자 지정 목록에 등록되면 [확인] 단추를 클릭합니다.

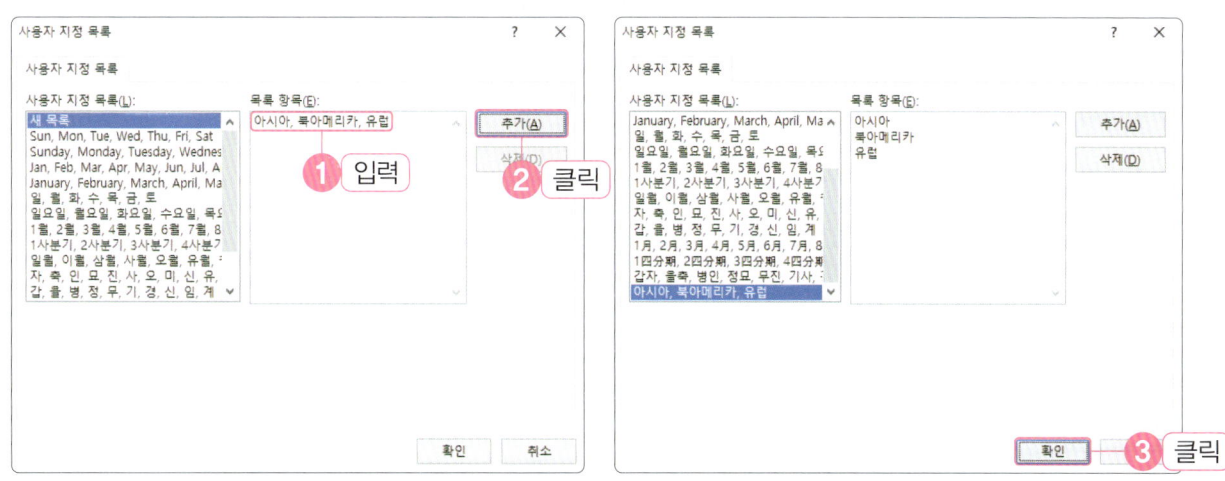

알아두면 실력튼튼

목록 항목 입력하기

목록 항목은 쉼표(,)로 구분하여 입력하거나 다음과 같이 Enter를 눌러 입력할 수도 있습니다.

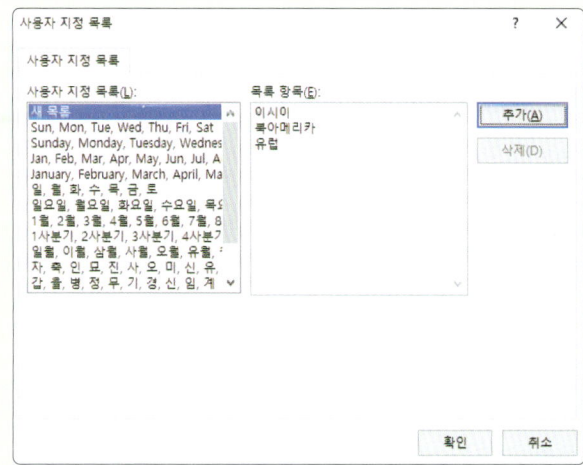

Chapter 20 - 데이터 정렬하기 **133**

5 [정렬] 대화상자가 다시 나타나면 [확인] 단추를 클릭합니다.

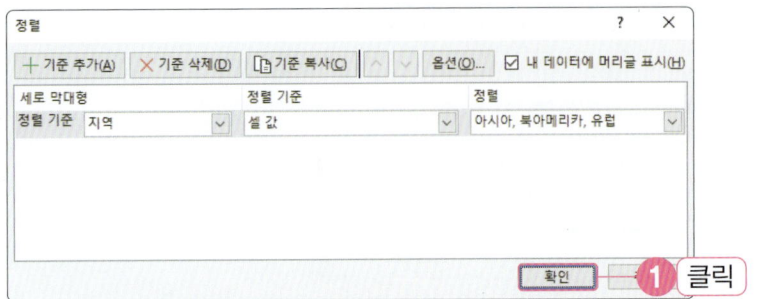

6 다음과 같이 지역을 기준으로 아시아, 북아메리카, 유럽 순으로 정렬됩니다.

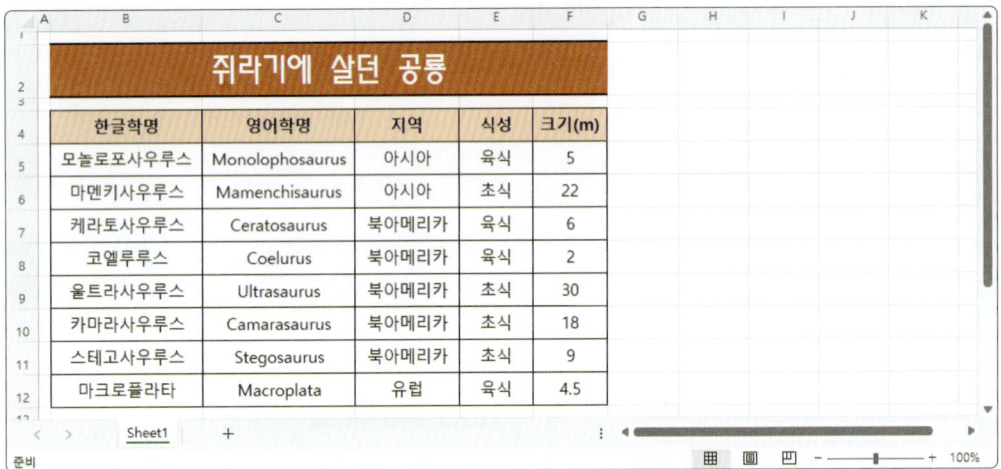

01 다음과 같이 '백악기에 살던 공룡' 파일을 연 후 한글학명을 기준으로 내림차순 정렬을 해 보세요.

> **Hint**
> B4셀을 선택한 후 [데이터] 탭-[정렬 및 필터] 그룹에서 [텍스트 내림차순 정렬]을 클릭하면 한글학명을 기준으로 내림차순 정렬을 할 수 있습니다.

02 다음과 같이 지역을 기준으로 내림차순 정렬, 지역이 같으면 크기를 기준으로 오름차순 정렬을 해 보세요.

Chapter 20 - 데이터 정렬하기 **135**

Chapter 21 자동 필터 사용하기

학습 목표
- ◆ 자동 필터를 사용하는 방법에 대해 알아봅니다.
- ◆ 사용자 지정 자동 필터를 사용하는 방법에 대해 알아봅니다.

많은 데이터 중에서 원하는 데이터만 표시하는 작업을 '필터링'이라고 하고, 필터링을 하기 위해 지정한 조건을 '필터'라고 합니다. 엑셀에서는 자동 필터나 고급 필터를 사용하면 필터링을 할 수 있는데요. 자동 필터는 필터 목록을 사용하여 필터링을 합니다.

Preview

우리 고장 사람들의 직업		
구분	종류	사람 수
제조업	제빵사	3
사무업	회사원	21
기타	교사	4
기타	집배원	4

THEME 01 자동 필터 사용하기

1 '우리 고장 사람들의 직업' 파일을 연 후 자동 필터를 사용하기 위해 B4셀을 선택한 다음 [데이터] 탭-[정렬 및 필터] 그룹에서 [필터]를 선택합니다.

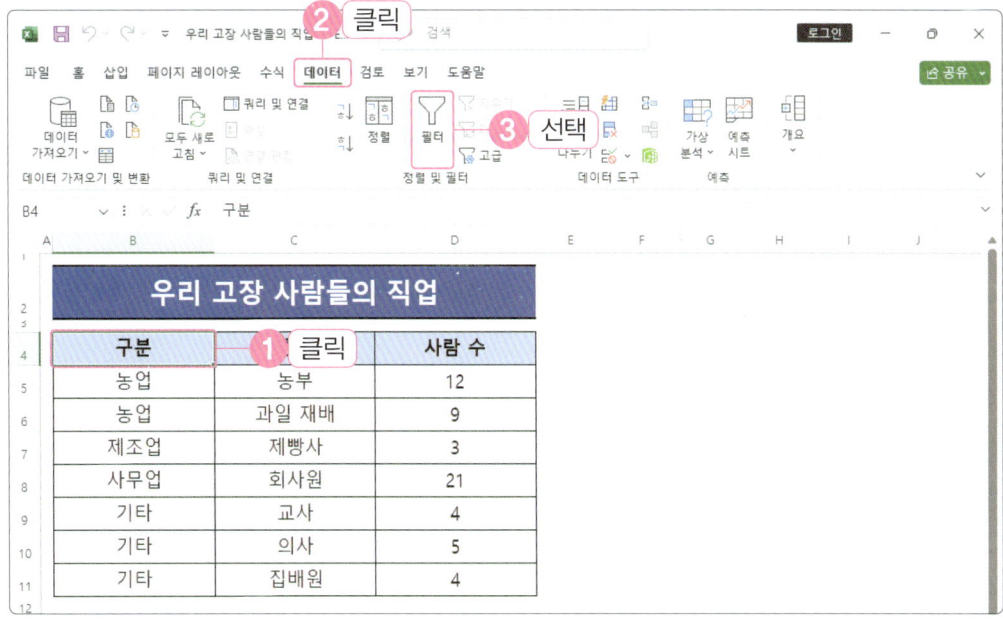

[필터]는 클릭하면 선택되고, 다시 클릭하면 선택 해제됩니다.

2 [구분] 필드의 ▼[필터 목록] 단추를 클릭한 후 [모두 선택]을 선택 해제한 다음 [기타]를 선택하고 [확인] 단추를 클릭합니다.

- 데이터에서 열을 '필드'라고 하고, 필드의 이름(여기서는 구분, 종류, 사람 수)을 '필드명'이라고 합니다.
- 자동 필터를 사용하면 필드명에 ▼[필터 목록] 단추가 나타납니다.

③ 구분이 기타인 데이터만 표시되면 필드에 지정되어 있는 조건을 모두 지우기 위해 [데이터] 탭-[정렬 및 필터] 그룹에서 [지우기]를 클릭합니다.

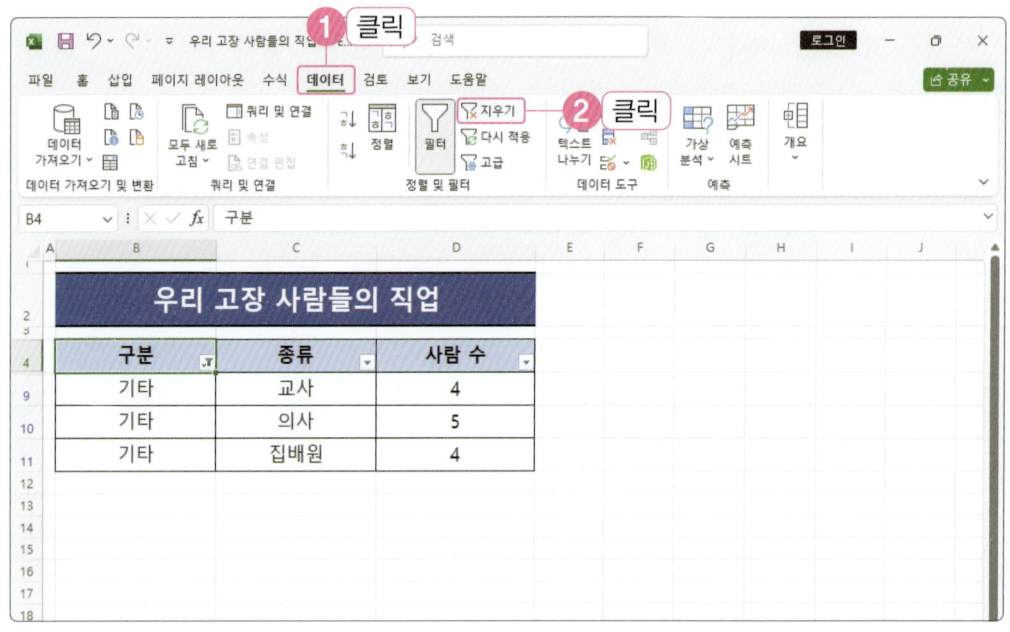

> **Tip**
> - 필터링을 하면 해당 필드의 [필터 목록] 단추가 모양으로 변경되고, 행 번호도 파란색으로 변경됩니다.
> - 여러 필드에 조건이 지정되어 있는 경우에는 여러 필드에 지정되어 있는 조건을 모두 만족하는 데이터만 표시됩니다.

④ 모든 데이터가 표시됩니다.

알아두면 실력튼튼

지우기와 필터 해제

여러 필드에 조건이 지정되어 있는 경우, [데이터] 탭-[정렬 및 필터] 그룹에 있는 [지우기]는 여러 필드에 지정되어 있는 조건을 모두 지우고, 필터 목록에 있는 [필터 해제]는 해당 필드에 지정되어 있는 조건만 지우는데요. 다음은 [구분] 필드와 [사람 수] 필드에 조건(구분이 기타이고 사람 수가 4인 데이터만 표시)을 지정한 후 [사람 수] 필드의 [필터 목록] 단추를 클릭한 다음 ["사람 수"에서 필터 해제]를 클릭한 경우입니다.

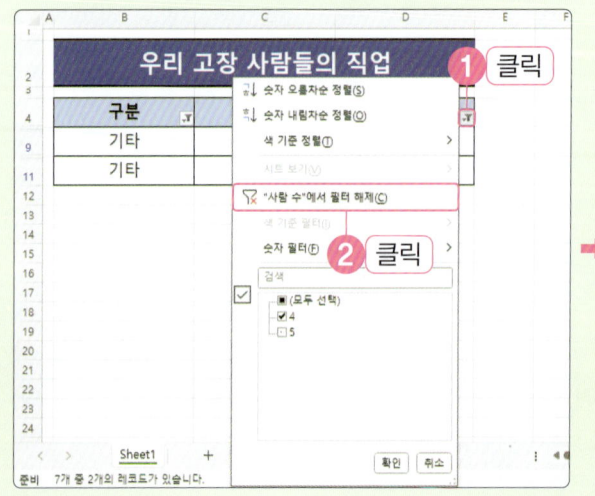 →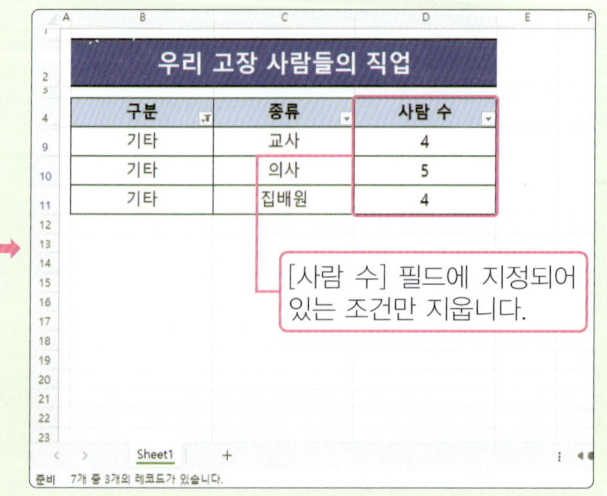

[사람 수] 필드에 지정되어 있는 조건만 지웁니다.

THEME 02 사용자 지정 자동 필터 사용하기

1 사용자 지정 자동 필터를 사용하기 위해 [사람 수] 필드의 [필터 목록] 단추를 클릭한 후 [숫자 필터]-[사용자 지정 필터]를 클릭합니다.

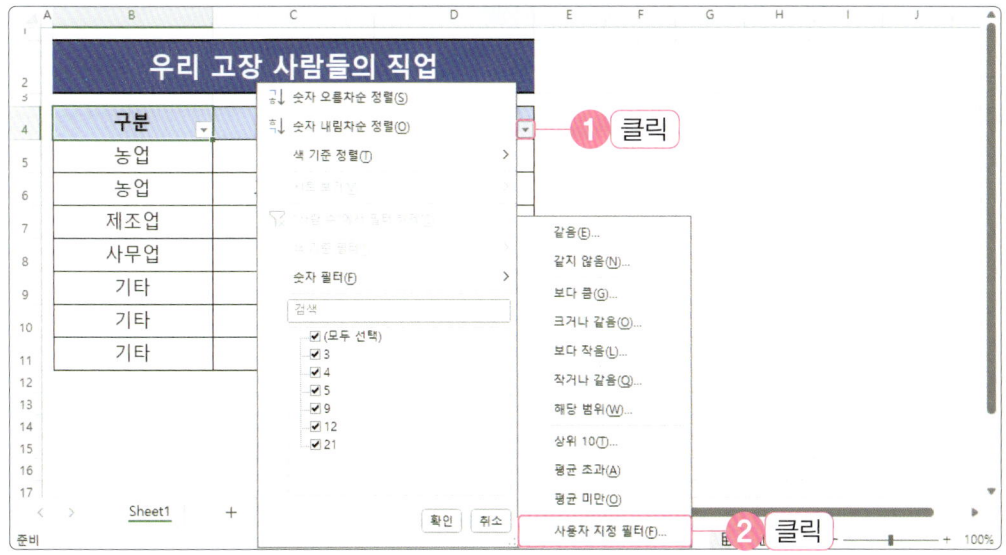

- 사용자 지정 자동 필터는 직접 조건을 지정하여 필터링을 할 수 있는 자동 필터입니다.
- 필드에 있는 데이터에 따라 필터 목록이 다르게 나타나는데요. 필드에 있는 데이터가 문자 데이터이 면 문자 필터 목록(시작 문자, 끝 문자, 포함, 포함하지 않음 등)이 나타나고, 숫자 데이터이면 숫자 필 터 목록(보다 큼, 크거나 같음, 보다 작음, 작거나 같음 등)이 나타나며 날짜 데이터이면 날짜 필터 목 록(이전, 이후, 내일, 오늘, 어제 등)이 나타납니다.

2 [사용자 지정 자동 필터] 대화상자가 나타나면 다음과 같이 조건을 지정한 후 [확인] 단추 를 클릭합니다.

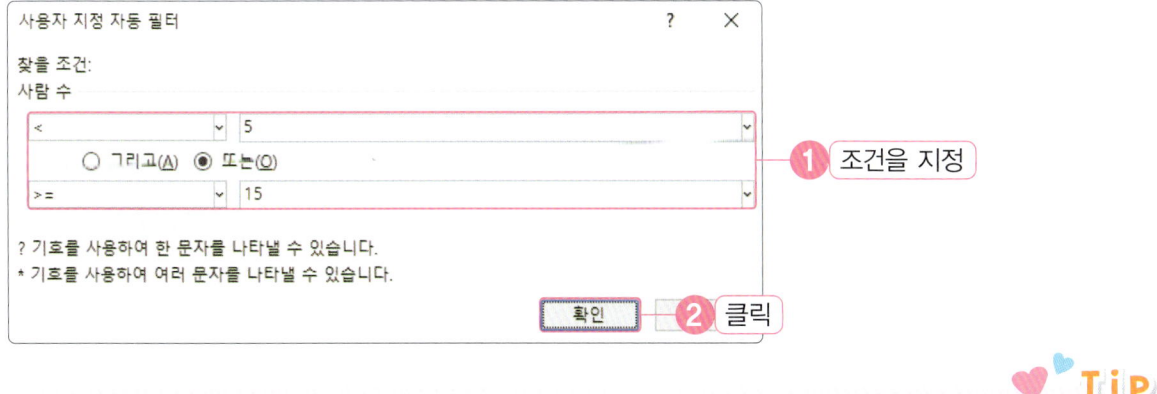

'그리고'는 AND 조건으로 두 조건을 모두 만족해야 하는 경우에 선택하고, '또는'은 OR 조건으로 두 조건 중에서 하나라도 만족하면 되는 경우에 선택합니다.

③ 사람 수가 5 미만이거나 15 이상인 데이터만 표시되면 자동 필터를 해제하기 위해 [데이터] 탭-[정렬 및 필터] 그룹에서 [필터]를 선택 해제합니다.

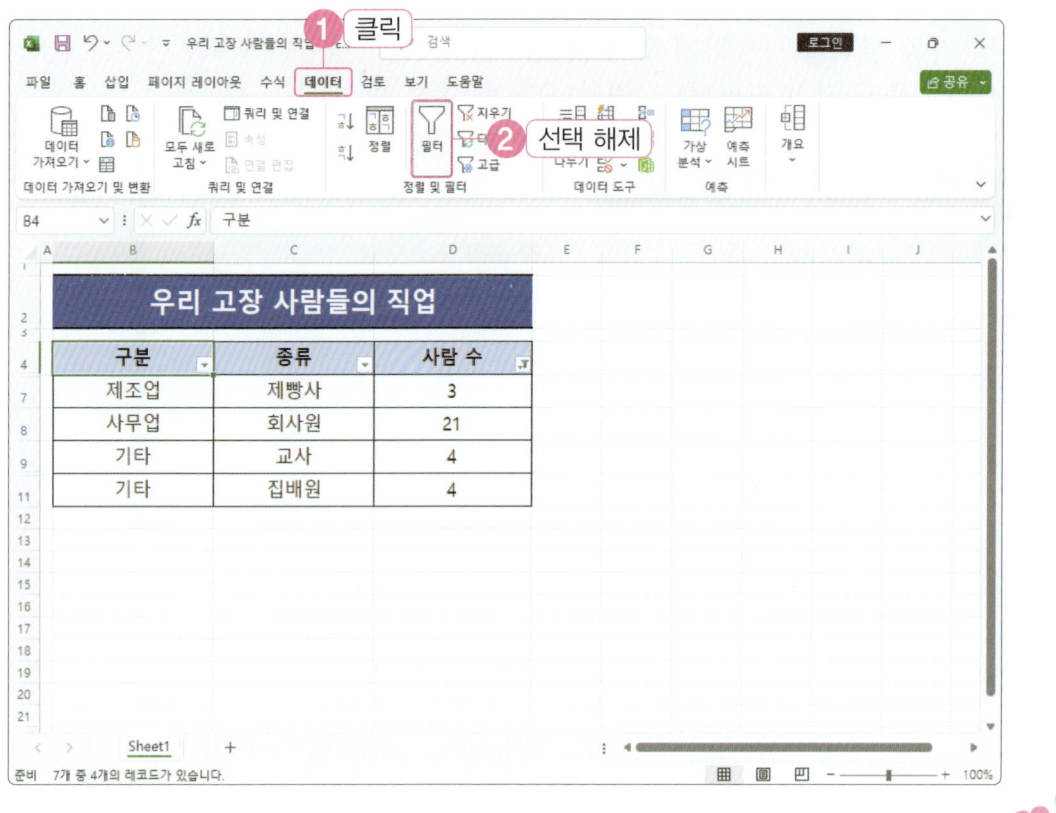

종류가 제빵사, 교사, 집배원인 데이터는 사람 수가 5 미만이기 때문에 표시된 것이고, 종류가 회사원인 데이터는 사람 수가 15 이상이기 때문에 표시된 것입니다.

④ 다음과 같이 자동 필터가 해제됩니다.

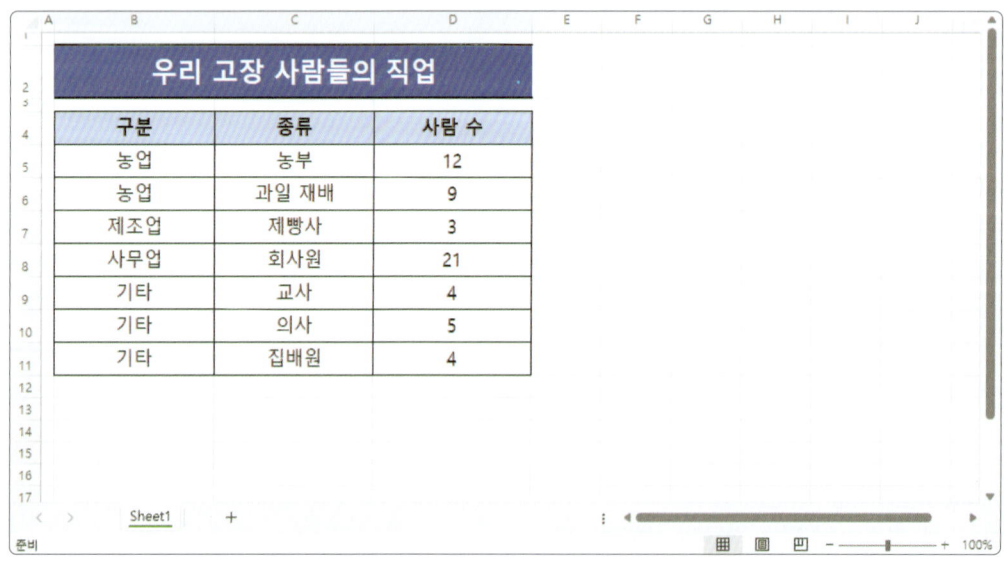

자동 필터가 해제되면 [필터 목록] 단추가 제거되고 모든 데이터가 표시됩니다.

Jump! Jump!

01 다음과 같이 '직업과 관련된 곳' 파일을 연 후 자동 필터를 사용하여 공공 기관인 데이터만 표시해 보세요.

장소	개수	공공 기관
도서관	2	O
학교	3	O
우체국	1	O
소방서	1	O

Hint
[공공 기관] 필드의 [필터 목록] 단추를 클릭한 후 [모두 선택]을 선택 해제한 다음 [O]를 선택하고 [확인] 단추를 클릭하면 공공 기관인 데이터만 표시할 수 있습니다.

02 필드에 지정되어 있는 조건을 모두 지워 보세요.

03 다음과 같이 사용자 지정 자동 필터를 사용하여 개수가 2 미만이거나 5 이상인 데이터만 표시해 보세요.

장소	개수	공공 기관
볼링장	1	X
우체국	1	O
문방구	7	X
소방서	1	O

04 자동 필터를 해제해 보세요.

Chapter 22 고급 필터 사용하기

학습목표
- ◆ 현재 위치에 원하는 데이터만 표시하는 방법에 대해 알아봅니다.
- ◆ 다른 위치에 원하는 데이터만 표시하는 방법에 대해 알아봅니다.

고급 필터는 입력된 조건을 사용하여 필터링을 합니다. 그러므로 고급 필터를 사용하려면 먼저 조건을 해당하는 필드명과 함께 입력해야 하는데요. 자동 필터는 원하는 데이터를 현재 위치에만 표시할 수 있지만 고급 필터는 다른 위치에도 표시할 수 있습니다.

Preview

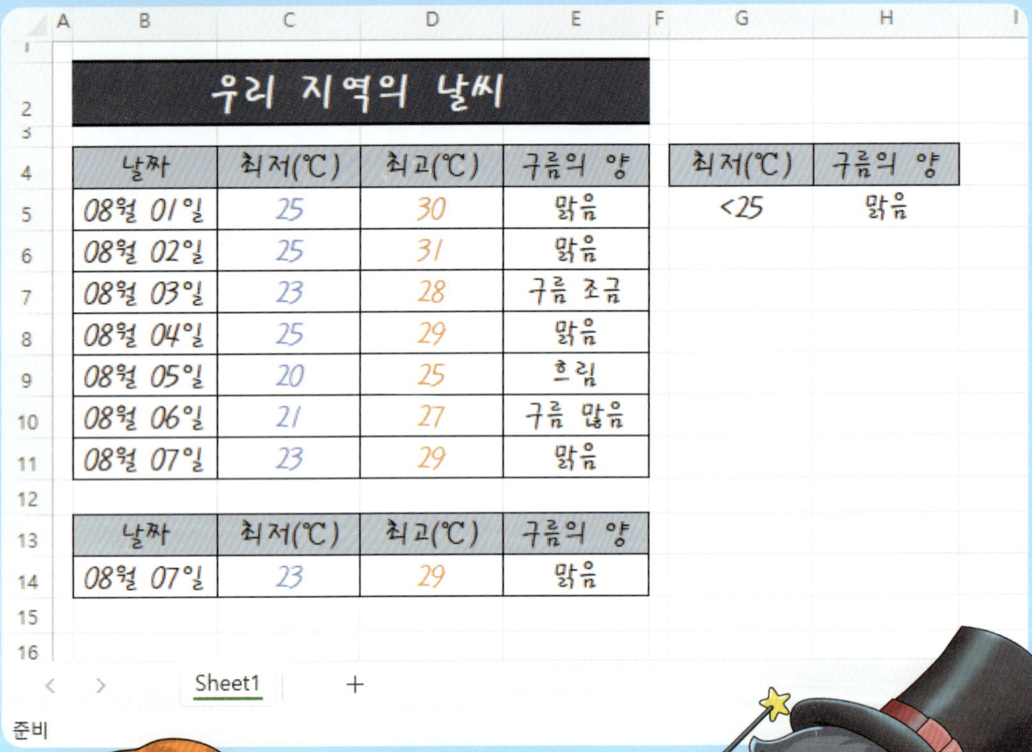

날짜	최저(℃)	최고(℃)	구름의 양		최저(℃)	구름의 양
08월 01일	25	30	맑음		<25	맑음
08월 02일	25	31	맑음			
08월 03일	23	28	구름 조금			
08월 04일	25	29	맑음			
08월 05일	20	25	흐림			
08월 06일	21	27	구름 많음			
08월 07일	23	29	맑음			

우리 지역의 날씨

날짜	최저(℃)	최고(℃)	구름의 양
08월 07일	23	29	맑음

THEME 01 현재 위치에 원하는 데이터만 표시하기

1 '우리 지역의 날씨' 파일을 연 후 필드명을 복사하기 위해 D4:E4셀 범위를 선택한 다음 [홈] 탭-[클립보드] 그룹에서 [복사]를 클릭합니다.

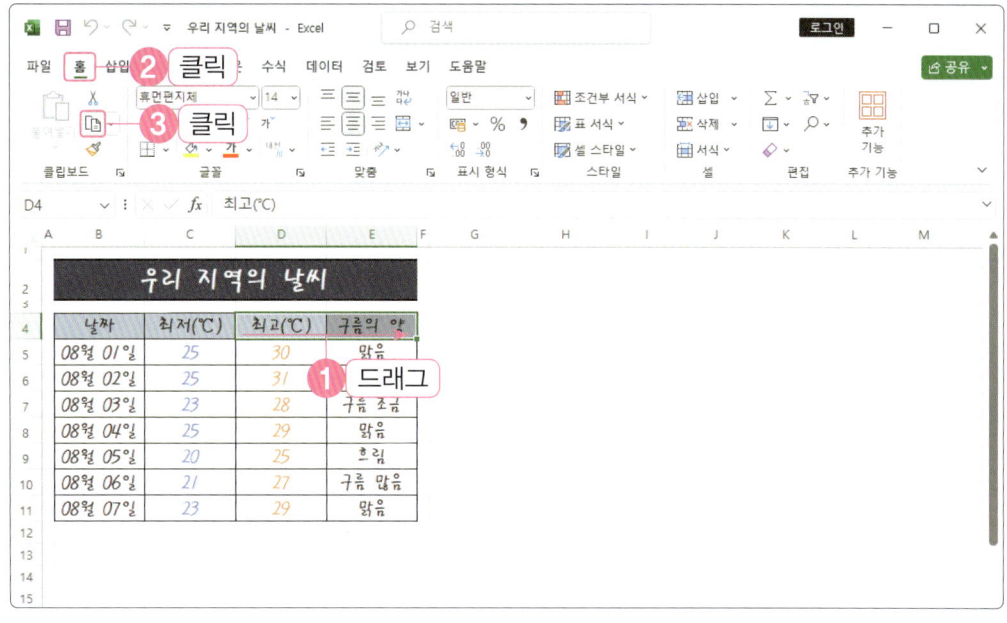

D4:E4셀 범위를 선택한 후 Ctrl+C를 눌러 필드명을 복사할 수도 있습니다.

2 필드명을 붙여넣기 위해 G4셀을 선택한 후 [홈] 탭-[클립보드] 그룹에서 [붙여넣기]를 클릭합니다.

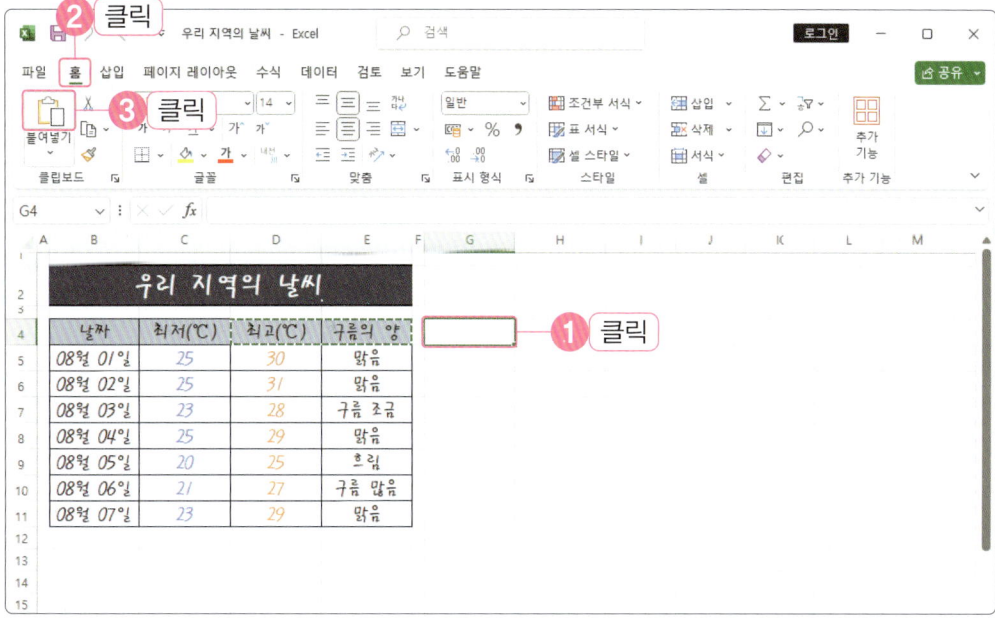

G4셀을 선택한 후 Ctrl+V를 눌러 필드명을 붙여넣을 수도 있습니다.

❸ 필드명이 붙여넣어지면 다음과 같이 G5:H6셀 범위에 조건을 입력합니다. 그런 다음 고급 필터를 사용하기 위해 B4셀을 선택한 후 [데이터] 탭-[정렬 및 필터] 그룹에서 [고급]을 클릭합니다.

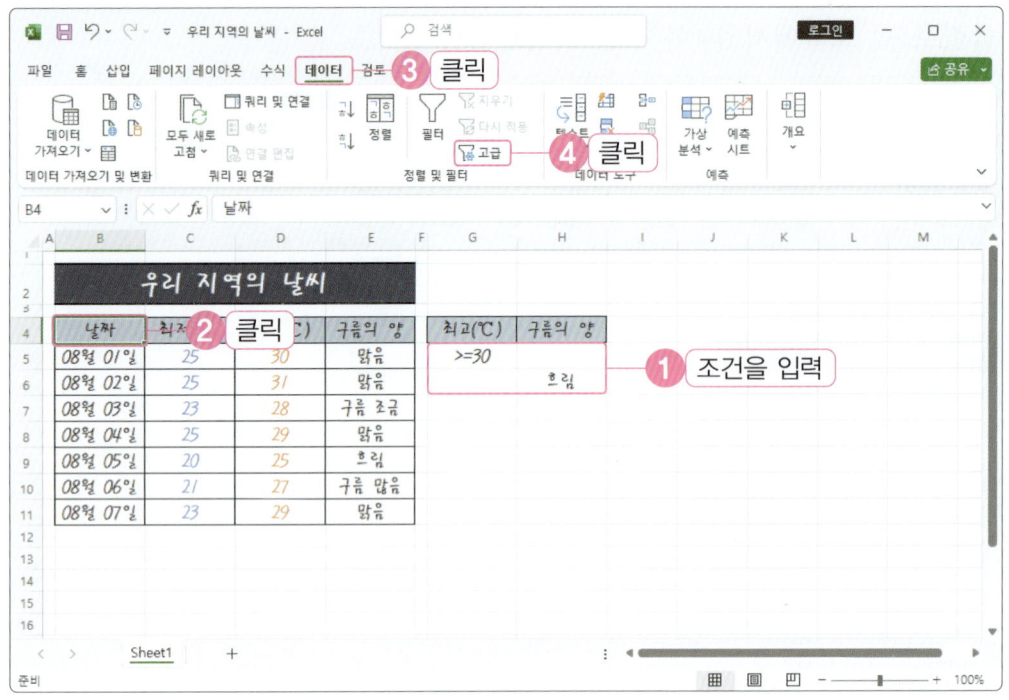

데이터에 있는 필드명과 조건에 있는 필드명이 서로 달라 필터링이 제대로 안 되는 경우가 있습니다. 예를 들어 '최고(℃)'를 '최교(℃)'와 같이 잘못 입력하거나 '최고 (℃)'와 같이 공백을 입력한 경우인데요. 조건을 입력할 때 필드명을 직접 입력하지 않고 데이터에 있는 필드명을 복사하여 붙여넣으면 이런 실수를 미연에 방지할 수 있습니다.

알아두면 실력튼튼

조건 입력하기

다음과 같이 같은 행에 조건을 입력하면 AND 조건으로 입력한 조건을 모두 만족하는 데이터만 표시하고, 다른 행에 조건을 입력하면 OR 조건으로 입력한 조건 중에서 하나라도 만족하는 데이터만 표시합니다.

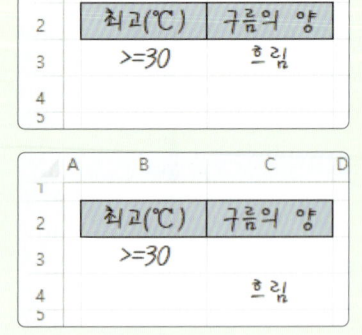

◀ 최고(℃)가 30 이상이고 구름의 양이 흐림인 데이터(AND 조건)

◀ 최고(℃)가 30 이상이거나 구름의 양이 흐림인 데이터(OR 조건)

④ [고급 필터] 대화상자가 나타나면 [현재 위치에 필터]를 선택한 후 목록 범위($B$4:$E$11)와 조건 범위($G$4:$H$6)를 입력한 다음 [확인] 단추를 클릭합니다.

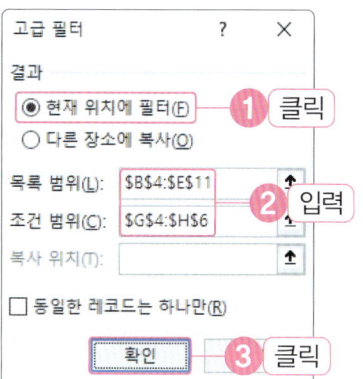

TiP
목록 범위는 데이터가 있는 셀 범위이고, 조건 범위는 조건이 있는 셀 범위입니다.

⑤ 현재 위치에 최고(℃)가 30 이상이거나 구름의 양이 흐림인 데이터만 표시되면 고급 필터에 지정되어 있는 조건을 모두 지우기 위해 [데이터] 탭-[정렬 및 필터] 그룹에서 [지우기]를 클릭합니다.

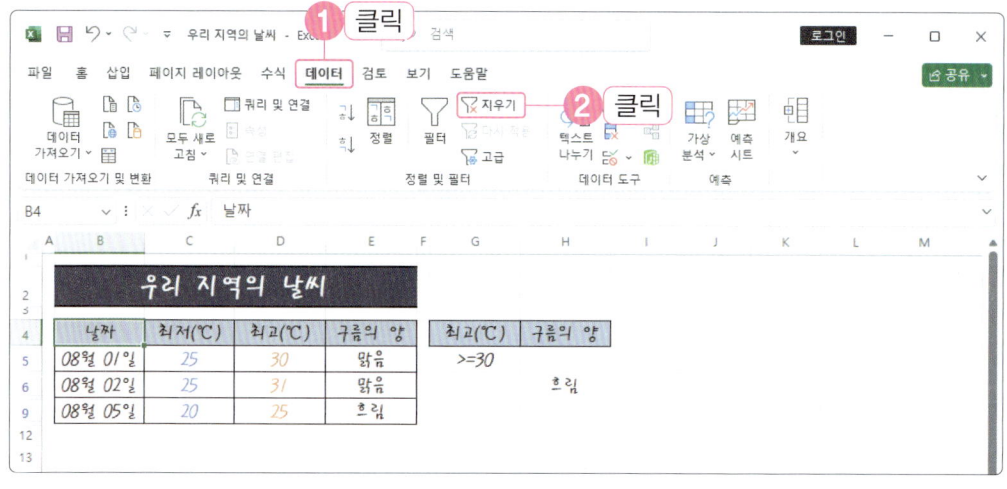

TiP
날짜가 08월 01일인 데이터와 08월 02일인 데이터는 최고(℃)가 30 이상이기 때문에 표시된 것이고, 날짜가 08월 05일인 데이터는 구름의 양이 흐림이기 때문에 표시된 것입니다.

⑥ 다음과 같이 모든 데이터가 표시됩니다.

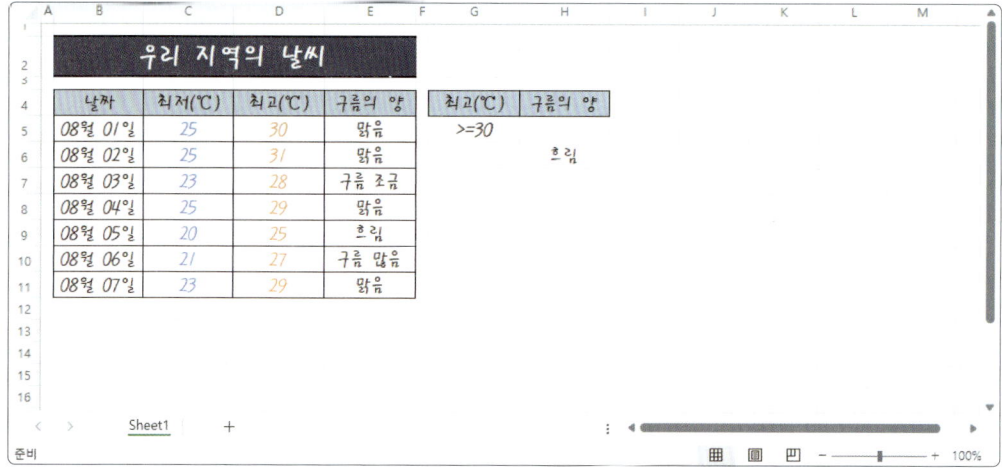

THEME 02 다른 위치에 원하는 데이터만 표시하기

1 다음과 같이 G4:H6셀 범위에 있는 기존 조건을 지운 후 G4:H5셀 범위에 새 조건을 입력합니다. 그런 다음 고급 필터를 사용하기 위해 B4셀을 선택한 후 [데이터] 탭-[정렬 및 필터] 그룹에서 [고급]을 클릭합니다.

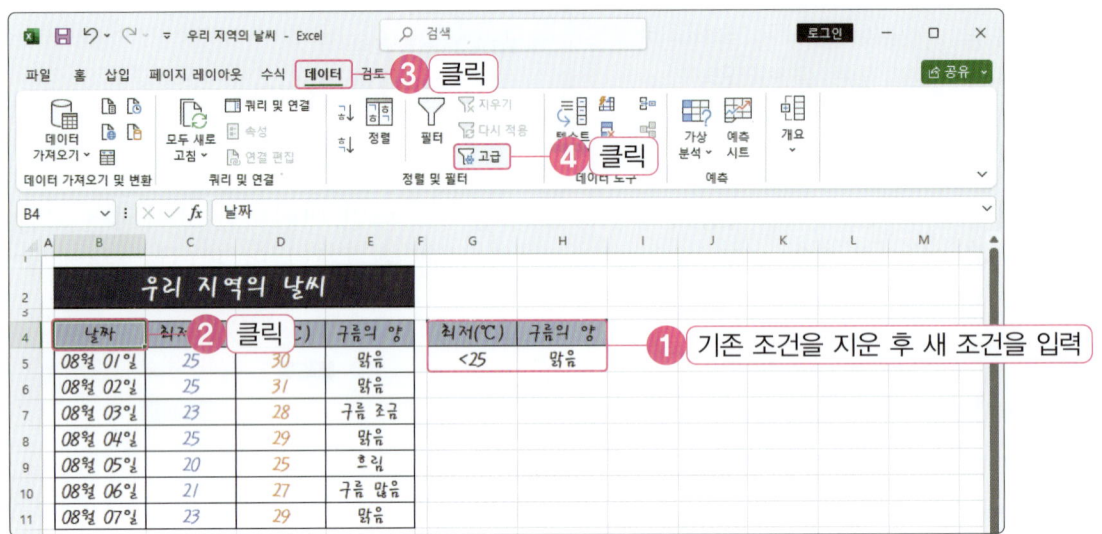

2 [고급 필터] 대화상자가 나타나면 [다른 장소에 복사]를 선택한 후 목록 범위($B$4:$E$11), 조건 범위($G$4:$H$5), 복사 위치($B$13)를 입력한 다음 [확인] 단추를 클릭합니다.

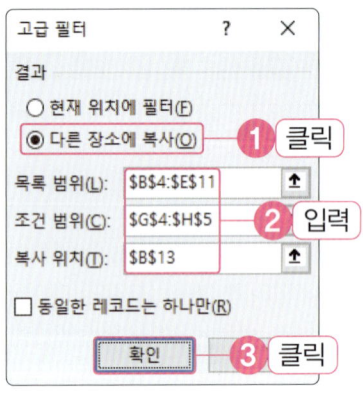

> **Tip** 복사 위치는 원하는 데이터를 복사할 위치로 [다른 장소에 복사]를 선택한 경우에만 활성화됩니다.

3 다음과 같이 다른 위치에 최저(℃)가 25 미만이고 구름의 양이 맑음인 데이터만 표시됩니다.

01 다음과 같이 '내일의 날씨' 파일을 연 후 고급 필터를 사용하여 현재 위치에 최저(℃)가 5 미만이거나 차이가 10 이상인 데이터만 표시해 보세요.

지역	최저(℃)	최고(℃)	차이		최저(℃)	차이
서울	4	12	8		<5	
강릉	3	12	9			>=10
울릉/독도	4	9	5			
광주	6	16	10			

02 고급 필터에 지정되어 있는 조건을 모두 지워 보세요.

03 다음과 같이 고급 필터를 사용하여 다른 위치에 최고(℃)가 15 이상이고 차이가 10 이상인 데이터만 표시해 보세요.

지역	최저(℃)	최고(℃)	차이		최고(℃)	차이
서울	4	12	8		>=15	>=10
강릉	3	12	9			
울릉/독도	4	9	5			
대전	6	13	7			
광주	6	16	10			
부산	7	15	8			
제주	9	14	5			

지역	최저(℃)	최고(℃)	차이
광주	6	16	10

Chapter 22 – 고급 필터 사용하기 **147**

Chapter 23 부분합 사용하기

- 부분합을 사용하는 방법에 대해 알아봅니다.
- 개요 기호를 사용하는 방법에 대해 알아봅니다.

부분합은 데이터를 특정 항목별로 그룹화한 후 그룹별로 요약하는 기능인데요. 부분합을 사용하면 그룹별로 합계, 평균, 최대값, 최소값 등을 쉽고 빠르게 구할 수 있습니다.

Preview

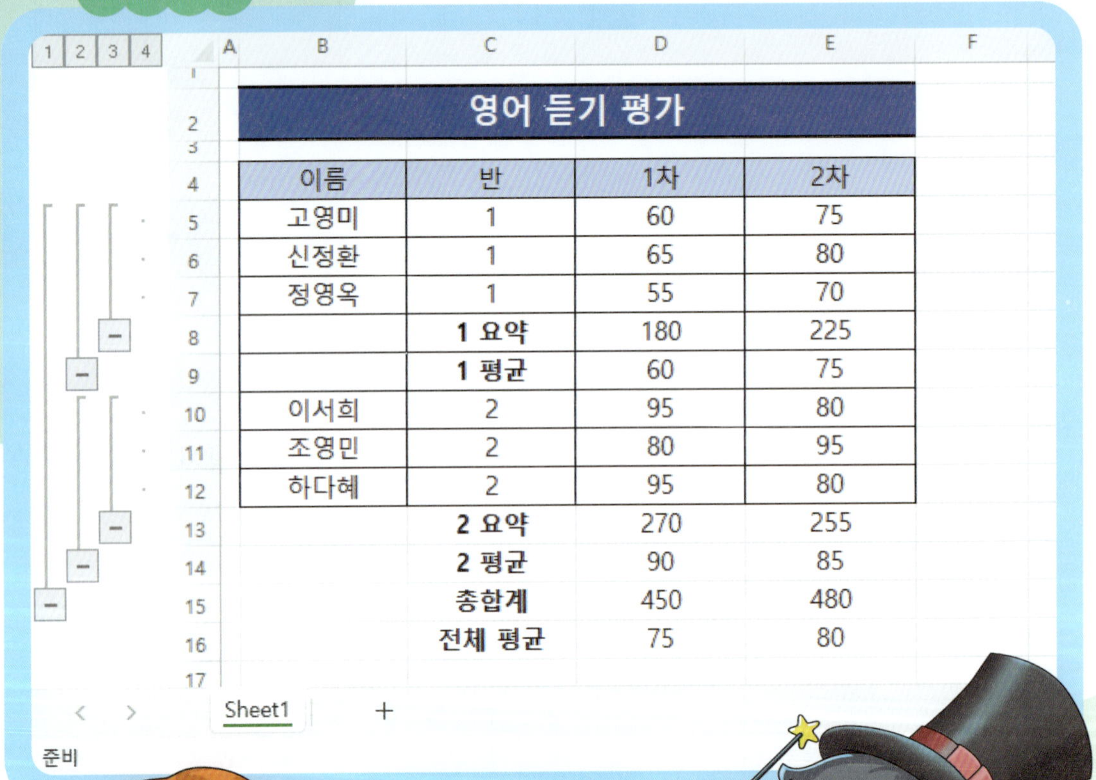

이름	반	1차	2차
		영어 듣기 평가	
이름	반	1차	2차
고영미	1	60	75
신정환	1	65	80
정영옥	1	55	70
	1 요약	180	225
	1 평균	60	75
이서희	2	95	80
조영민	2	80	95
하다혜	2	95	80
	2 요약	270	255
	2 평균	90	85
	총합계	450	480
	전체 평균	75	80

THEME 01 부분합 사용하기

1 '영어 듣기 평가' 파일을 연 후 반을 기준으로 데이터를 정렬하기 위해 C4셀을 선택한 다음 [데이터] 탭-[정렬 및 필터] 그룹에서 [텍스트 오름차순 정렬]을 클릭합니다.

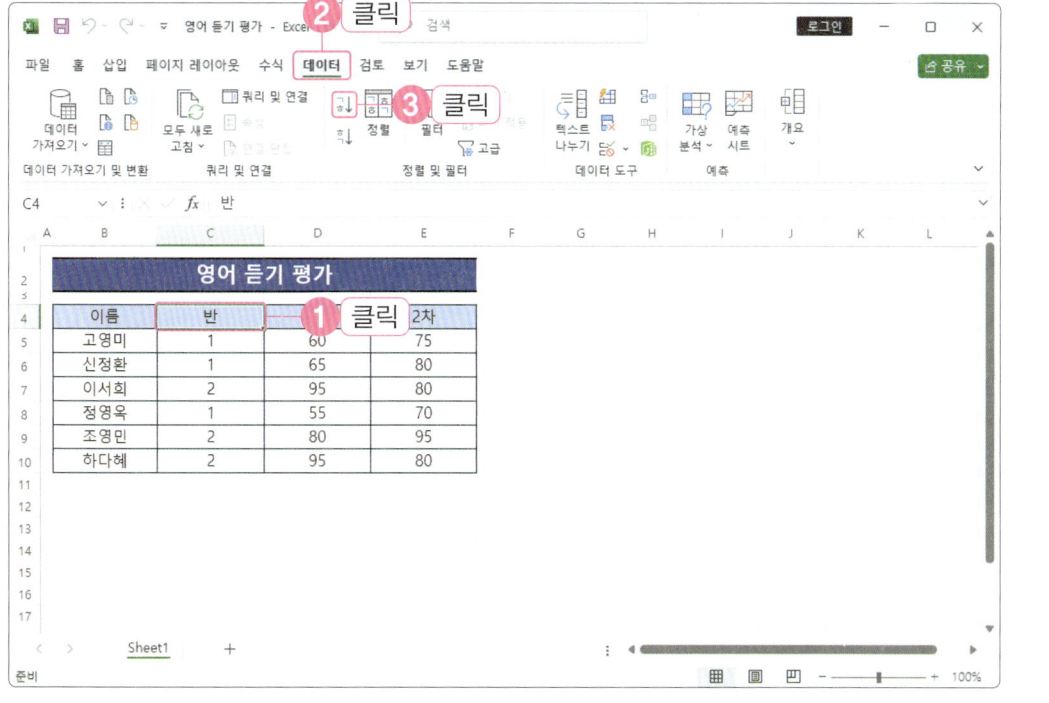

부분합을 제대로 사용하려면 먼저 데이터를 그룹화할 항목을 기준으로 정렬해야 합니다.

2 다음과 같이 반을 기준으로 오름차순 정렬됩니다.

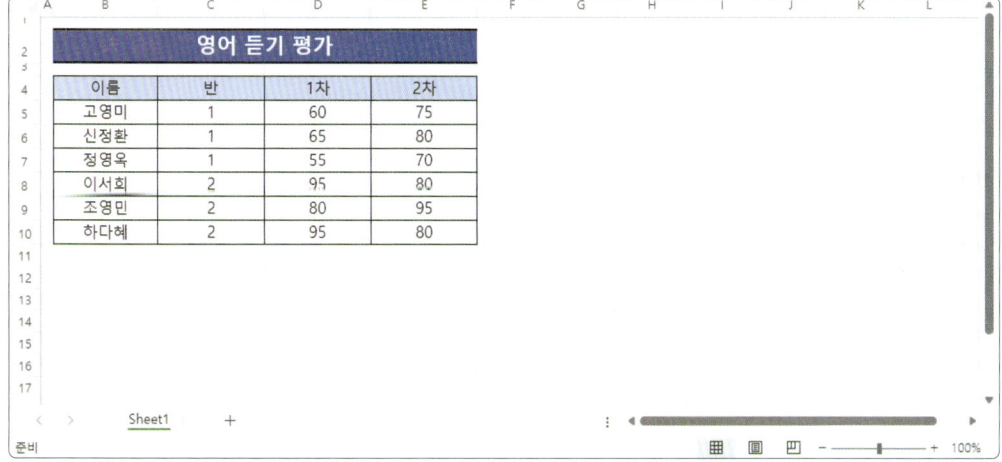

③ 반별로 1차 평균과 2차 평균을 구하기 위해 B4셀을 선택한 후 [데이터] 탭-[개요] 그룹에서 [부분합]을 클릭합니다.

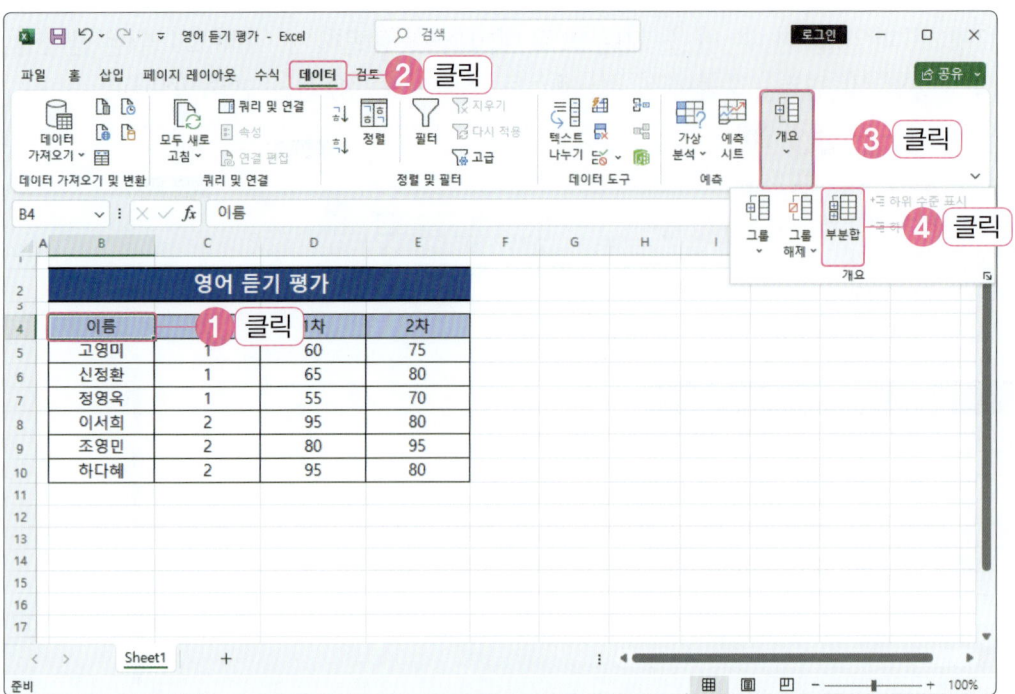

④ [부분합] 대화상자가 나타나면 그룹화할 항목(반), 사용할 함수(평균), 부분합 계산 항목(1차, 2차)을 선택한 후 [확인] 단추를 클릭합니다.

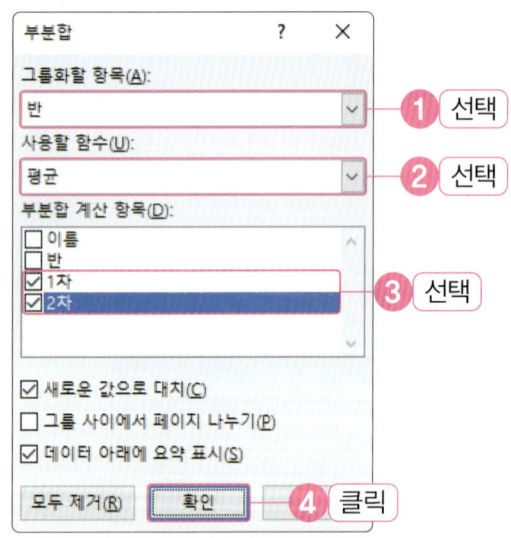

알아두면 실력튼튼

[부분합] 대화상자의 항목

- **그룹화할 항목** : 데이터를 그룹화할 때 기준이 되는 항목입니다.
- **사용할 함수** : 그룹별로 계산할 때 사용할 함수입니다.
- **부분합 계산 항목** : 그룹별로 계산할 항목입니다.

⑤ 반별로 1차 평균과 2차 평균이 구해지면 반별로 1차 합계와 2차 합계를 구하기 위해 B4셀을 선택한 후 [데이터] 탭-[개요] 그룹에서 [부분합]을 클릭합니다.

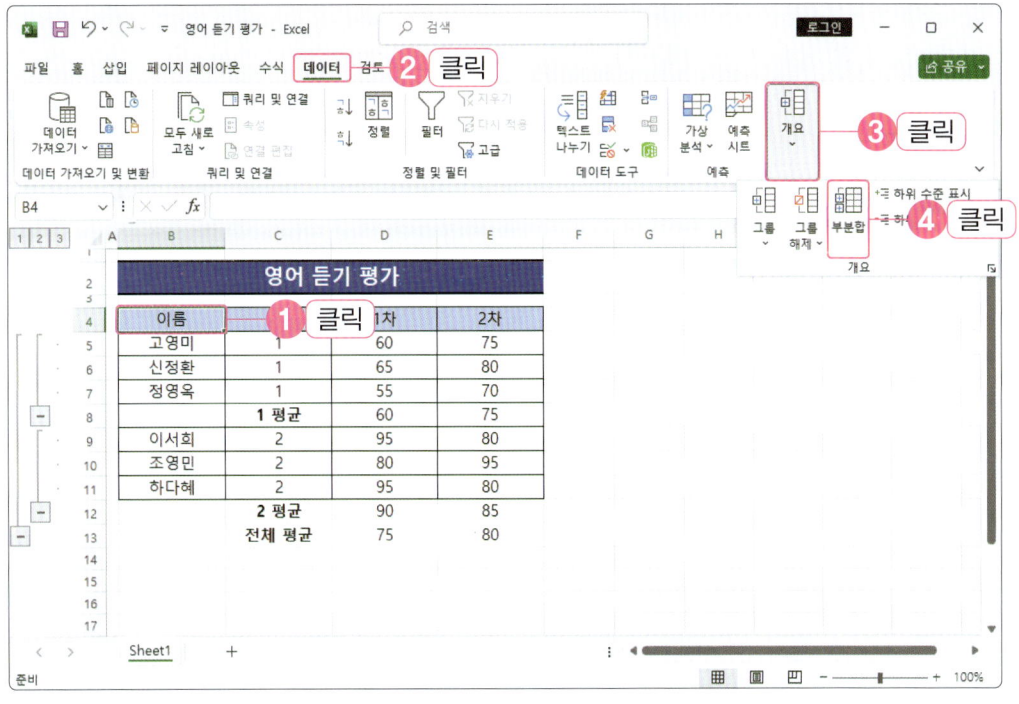

Tip

부분합을 사용하면 워크시트 왼쪽에 하위 그룹을 숨기거나 나타나게 할 수 있는 1, 2, 3 등의 개요 기호가 나타납니다.

알아두면 실력튼튼

데이터를 그룹화할 항목을 기준으로 정렬하지 않고 부분합을 사용한 경우

데이터를 그룹화할 항목인 반을 기준으로 정렬하지 않고 부분합을 사용한 경우에는 다음과 같이 반이 다를 때마다 다른 그룹으로 인식하여 1차 평균과 2차 평균이 구해집니다.

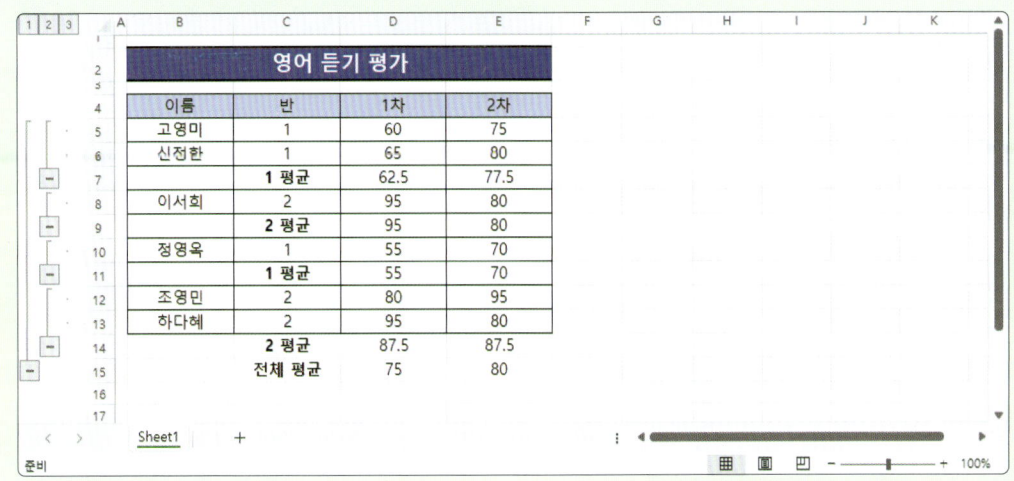

⑥ [부분합] 대화상자가 나타나면 그룹화할 항목(반), 사용할 함수(합계), 부분합 계산 항목(1차, 2차)을 선택한 후 [새로운 값으로 대치]를 선택 해제한 다음 [확인] 단추를 클릭합니다.

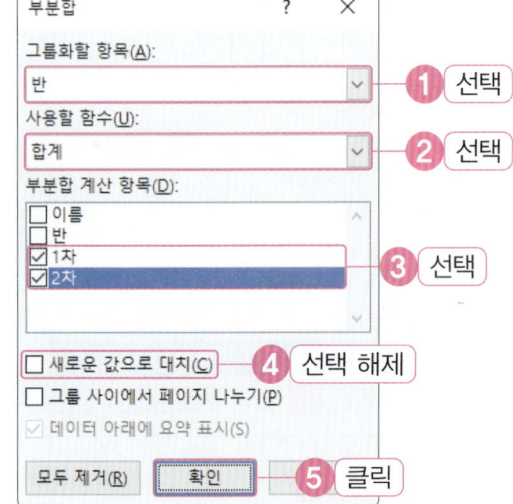

💗 Tip
[모두 제거] 단추를 클릭하면 부분합을 제거할 수 있습니다.

⑦ 다음과 같이 반별로 1차 합계와 2차 합계가 구해집니다.

💗 Tip
- 부분합에서 요약은 합계를 말합니다.
- 기존에 구한 부분합을 그대로 둔 상태에서 새로 구한 부분합이 기존에 구한 부분합 위에 나타납니다.

알아두면 실력튼튼

[부분합] 대화상자에서 [새로운 값으로 대치]를 선택한 경우

[부분합] 대화상자에서 [새로운 값으로 대치]를 선택한 경우에는 다음과 같이 기존에 구한 부분합을 제거한 후 새로 구한 부분합이 나타납니다.

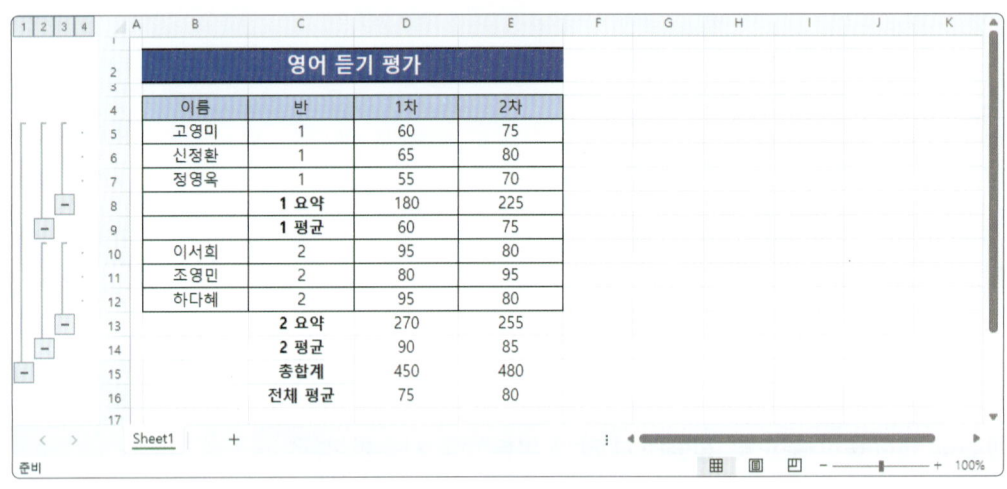

THEME 02 개요 기호 사용하기

1 개요 기호에서 1을 클릭합니다.

2 총합계와 전체 평균만 표시되면 개요 기호에서 3을 클릭합니다.

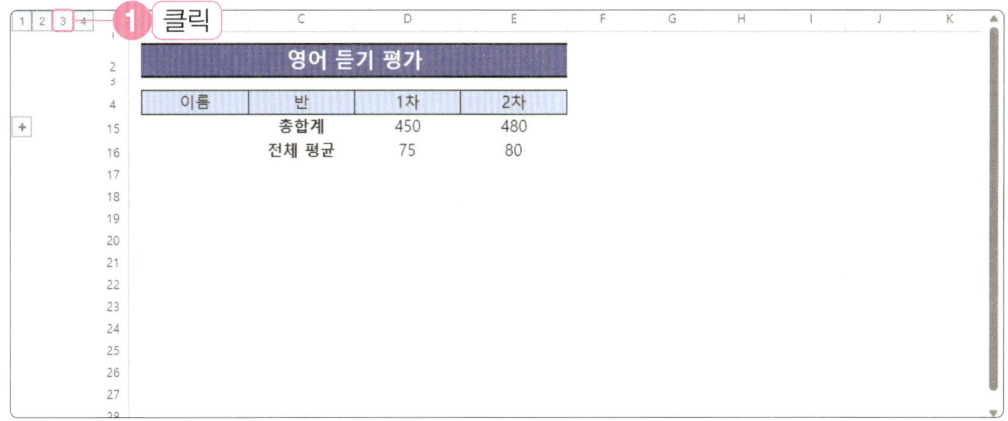

3 다음과 같이 1반 합계, 1반 평균, 2반 합계, 2반 평균, 총합계, 전체 평균만 표시됩니다.

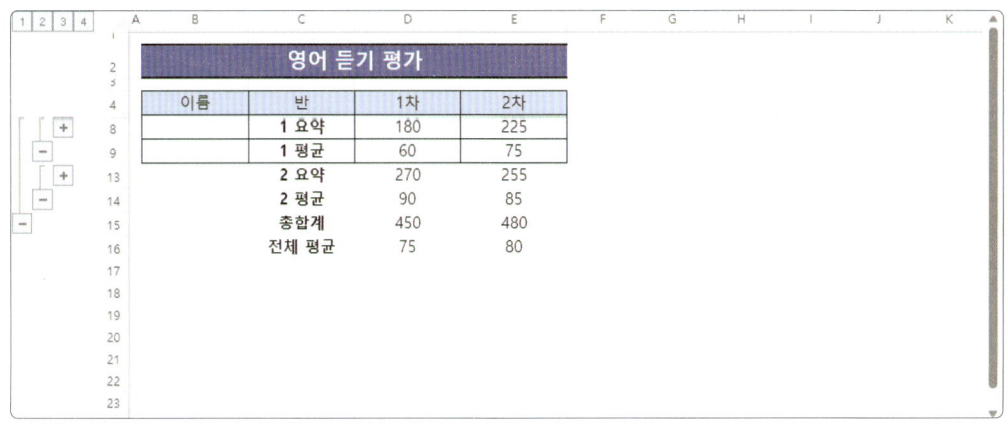

Tip

2를 클릭하면 1반 평균, 2반 평균, 총합계, 전체 평균만 표시됩니다.

개요 기호 제거하기

다음과 같이 [데이터] 탭-[개요] 그룹에서 [그룹 해제]의 [목록] 단추를 클릭한 후 [개요 지우기]를 클릭하면 개요 기호를 제거할 수 있습니다.

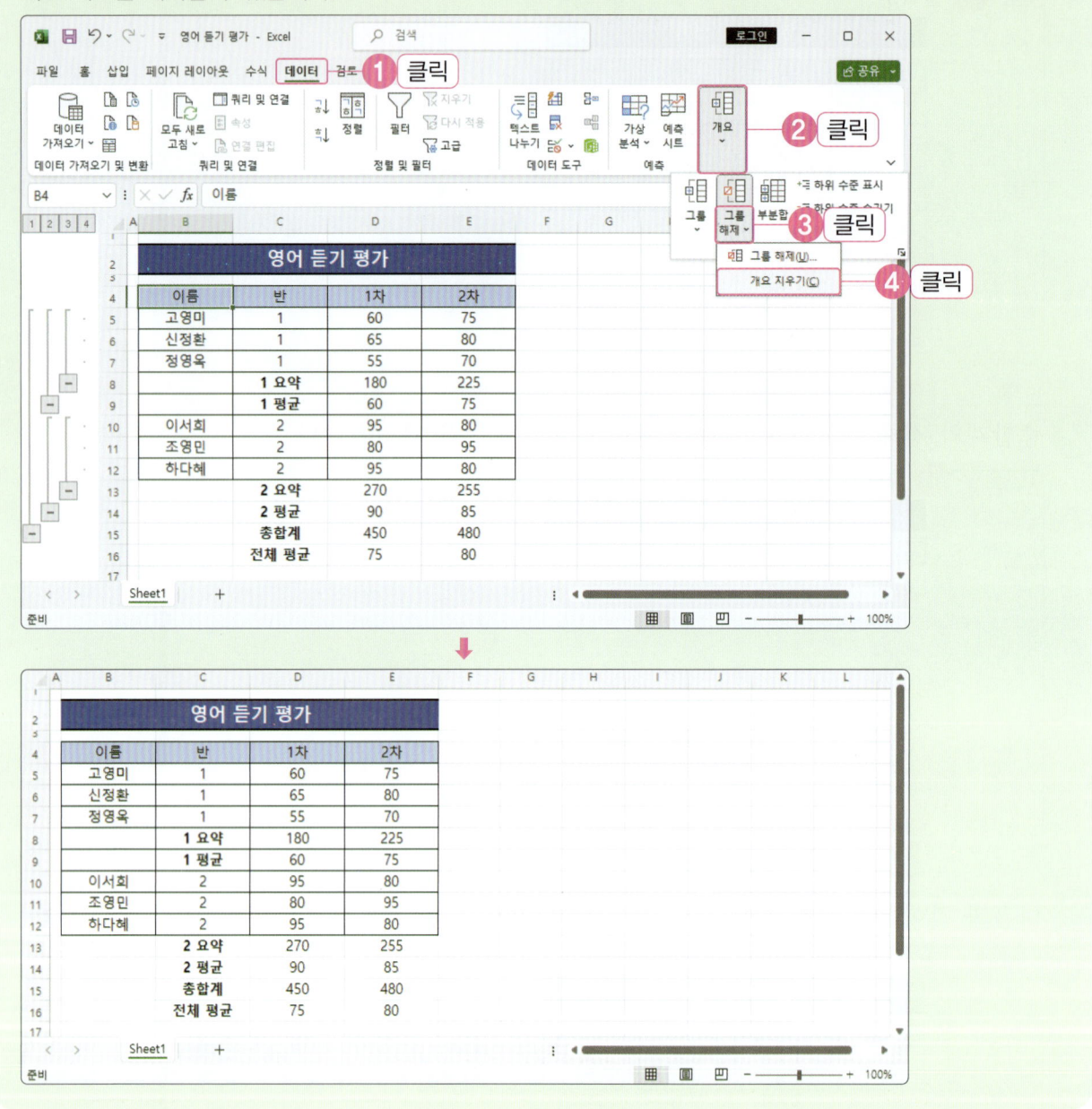

01 다음과 같이 '컴퓨터 활용 능력 평가' 파일을 연 후 부분합을 사용하여 학년별로 필기 최대와 실기 최소를 구해 보세요.

이름	학년	필기	실기
이홍수	4	95	75
조아라	4	55	70
권오율	4	60	80
	4 최소		70
	4 최대	95	
최종기	5	65	95
신해미	5	95	80
이대성	5	80	80
	5 최소		80
	5 최대	95	
	전체 최소값		70
	전체 최대값	95	

02 다음과 같이 개요 기호를 제거해 보세요.

이름	학년	필기	실기
이홍수	4	95	75
조아라	4	55	70
권오율	4	60	80
	4 최소		70
	4 최대	95	
최종기	5	65	95
신해미	5	95	80
이대성	5	80	80
	5 최소		80
	5 최대	95	
	전체 최소값		70
	전체 최대값	95	

Hint
[데이터] 탭-[개요] 그룹에서 [그룹 해제]의 [목록] 단추를 클릭한 후 [개요 지우기]를 클릭하면 개요 기호를 제거할 수 있습니다.

Chapter 24 단원 종합 평가 문제

01 다음 중 셀 값을 다른 셀 값과 비교하여 막대의 길이로 표시할 수 있는 조건부 서식은 어느 것인지 골라 보세요.
① 셀 강조 규칙
② 상위/하위 규칙
③ 데이터 막대
④ 색조

02 다음 ☐ 안에 들어갈 말은 무엇인지 적어 보세요.

☐ 은(는) 수치 데이터를 분석하여 그 관계를 일정한 양식의 그림으로 나타낸 것입니다.

03 다음 중 차트의 구성 요소에 대한 설명으로 옳지 않은 것은 어느 것인지 골라 보세요.
① 차트 영역 : 모든 차트 요소를 포함한 차트 전체입니다.
② 차트 제목 : 차트의 제목입니다.
③ 범례 : 데이터 계열을 구분하는 색과 이름을 표시하는 상자입니다.
④ 데이터 계열 : 데이터 요소의 계열 이름, 항목 이름, 값을 표시합니다.

04 다음 중 월이나 연도와 같이 일정한 기간 동안의 데이터 추세를 표시하는 경우에 주로 사용하는 차트는 어느 것인지 골라 보세요.

05 다음 중 데이터를 일정한 순서에 의해 차례대로 재배열하는 작업을 무엇이라고 하는지 골라 보세요.
① 정렬
② 자동 필터
③ 고급 필터
④ 부분합

06 다음 데이터를 내림차순 정렬한 결과로 옳은 것은 어느 것인지 골라 보세요.

> 대한민국, 중국, 일본

① 대한민국, 일본, 중국
② 중국, 일본, 대한민국
③ 대한민국, 중국, 일본
④ 일본, 대한민국, 중국

07 다음 중 고급 필터에서 구분이 기타이고 사람 수가 5 이상인 데이터만 표시되도록 조건을 입력한 것은 어느 것인지 골라 보세요.

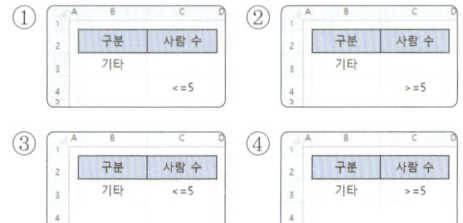

08 다음 중 부분합에 대한 설명으로 옳지 않은 것은 어느 것인지 골라 보세요.
① 부분합은 데이터를 특정 항목별로 그룹화한 후 그룹별로 요약하는 기능입니다.
② 부분합을 제대로 구하려면 먼저 데이터를 그룹화할 항목을 기준으로 정렬해야 합니다.
③ [부분합] 대화상자에서 [새로운 값으로 대치]를 선택하면 기존에 구한 부분합을 그대로 둔 상태에서 새로 구한 부분합이 기존에 구한 부분합 위에 나타납니다.
④ [부분합] 대화상자에서 [모두 제거] 단추를 클릭하면 부분합을 제거할 수 있습니다.

■ 정답은 158 페이지에 있습니다.

09 다음과 같이 '우리 집의 온도 변화' 파일을 연 후 차트를 작성해 보세요.
- 차트 삽입 : 차트 데이터(B17:H18셀 범위), [꺾은선형 또는 영역형 차트 삽입]-[표식이 있는 꺾은선형]
- 차트 제목 표시 : 없음
- 데이터 레이블 표시 : '온도(℃)' 데이터 계열(위쪽)
- 차트 영역 서식 지정 : 단색 채우기(색(녹색, 강조 6, 80% 더 밝게))
- 그림 영역 서식 지정 : 단색 채우기(색(흰색, 배경 1))

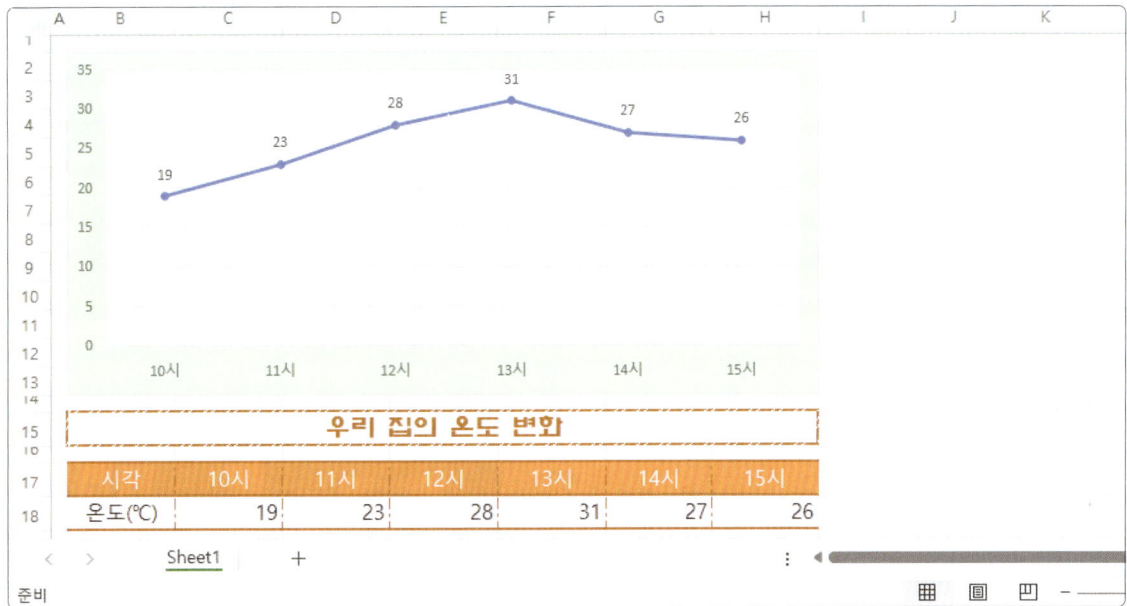

10 다음과 같이 '공연 안내' 파일을 연 후 예매수량을 기준으로 오름차순 정렬, 예매수량이 같으면 좌석수를 기준으로 내림차순 정렬을 해 보세요.

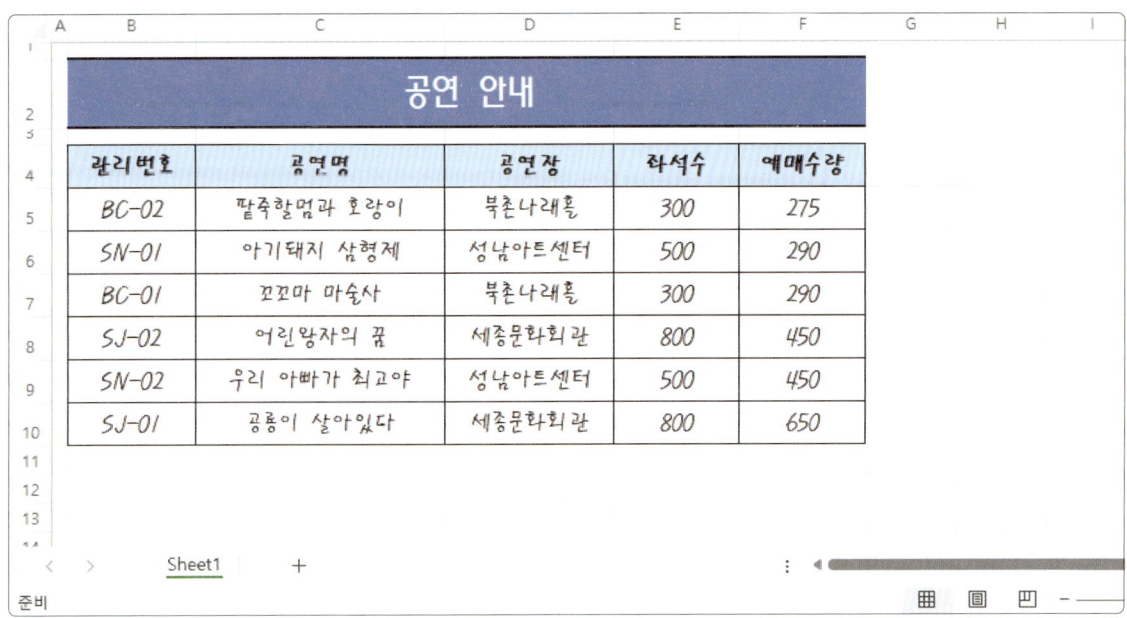

Chapter 24 - 단원 종합 평가 문제

단원 종합 평가 문제 정답

08 단원 종합 평가 문제 - 46 페이지

01 ④ ①, ②는 문서 작성 프로그램, ③은 프레젠테이션 작성 프로그램입니다.

02 ② 워크시트는 문서 작성하는 곳을 의미합니다.

03 셀 행과 열이 교차하면서 생긴 영역을 셀이라고 말합니다.

04 ③ Alt + Enter 는 한 셀에 두 줄 이상을 입력할 수 있도록 도와줍니다.

05 ① 자동 채우기 핸들은 셀 안의 문자나 숫자 또는 수식 등을 빠르게 채울 때 사용합니다.

06 ④ B3 셀은 학교2, B4 셀은 학교3, B5 셀은 학교4 등이 입력됩니다.

07 ② 열 머리글을 클릭하면 열 전체가 선택됩니다.

08 ④ ①은 왼쪽 정렬, ②는 가운데 정렬, ③은 오른쪽 정렬을 의미합니다.

16 단원 종합 평가 문제 - 102 페이지

01 ② 개체를 서로 겹치면 먼저 삽입한 개체가 나중에 삽입한 개체 아래에 겹쳐집니다.

02 ② ①은 텍스트, ③은 그림, ④는 SmartArt를 삽입할 때 사용합니다.

03 ④ ①은 목록형, ②는 프로세스형, ③은 주기형에 사용합니다.

04 ④ 등호는 다음 내용이 수식이라는 것을 나타내는 기호이며, 함수는 수식을 쉽고 빠르게 입력할 수 있도록 미리 정의되어 있는 수식을 의미하며, 연산자는 계산의 종류를 나타내는 기호입니다.

05 ①

06 참조 셀 주소를 사용하여 셀 값을 가져오는 것을 참조하고 합니다.

07 ② COUNT는 숫자가 포함된 셀의 개수를 구하며, MAX는 가장 큰 값, MIN은 가장 작은값을 구합니다.

08 ③ =SUM(A1,B1)은 A1셀의 값인 8과 B1셀의 값인 4를 합하여 12의 결과를 표시합니다.

단원 종합 평가 문제 정답

24 단원 종합 평가 문제 - 156 페이지

01 ③ 셀 값을 서로 비교하여 막대의 길이로 표시하는 조건부 서식을 색조라고 합니다.

02 **차트** 수치 데이터를 분석하여 그 관계를 일정한 양식의 그림으로 나타내는 것을 차트라고 합니다.

03 ④ 데이터 요소의 계열 이름, 항목 이름, 값을 표시하는 것을 데이터 레이블이라고 합니다.

04 ③ ①은 가로 막대형 차트, ②는 세로 막대형 차트, ④는 원형 차트를 의미합니다.

05 ① 데이터를 일정한 순서에 의해 차례대로 재배열하는 작업을 정렬이라고 합니다.

06 ② 중국, 일본, 대한민국은 내림차순 정렬, 대한민국, 일본, 중국의 순서는 오름차순입니다.

07 ④ 고급 필터에서 조건에 '이고(AND)'는 같은 행, '이거나(OR)'는 다른 행에 조건을 입력합니다.

08 ③ 기존의 구분한 부분합을 그대로 둔 상태에서 새로 구한 부분합을 기존에 구한 부분합 위에 나타낼 때는 [새로운 값으로 대치]를 선택 해제해야 합니다.